↑ Otto Korn [*1933]

SCHILDOW

Andrej Hermlin [*1965]

PANKOW

Peter Patzek [*1941]

André Herzberg [*1955]

WEISSENSEE

Renate von Au [*1933]

5]

PRENZLAUER BERG

Johanna [*1984]

Violetta [*1987]

MARZAHN

traud Jerominski [*1920]

Juliane Winkler [*1978]

Kai [*1979]

te Spiering [*1949]

Hans-Otto Bredendiek [*1964]

Karl [*1996]

Gisela Preuss [*1931]

MITTE

LICHTENBERG

Giang [*2001]

FRIEDRICHSHAIN

Abini Herzberg [*1967]

Cihan [*1984]

KREUZBERG

Waltraud Gasche [*1927]

Horst Bosetzky [*1938]

NEUKÖLLN

d Jacobitz [*1947]

Gülay Başgöl [*1971]

Marina Meier [*1962]

TEMPELHOF

GRÜNAU

↓ Karin Frucht [*1957]

© 2. Auflage 2023 TRANSIT Buchverlag
Postfach 120307, 10593 Berlin
**www.transit-verlag.de**

Umschlagentwurf unter Verwendung
einer Grafik von Johannes Zillhardt,
und Layout: © Gudrun Fröba
Vor- und Nachsatz: Map Illustration
© Ulrike Jensen / www.ulrikejensen.de
Druck und Bindung:
CPI Gruppe Deutschland
ISBN 978-3-88747-394-5

Johannes Zillhardt

# *Freiheit ist auf der Straße*

## BERLINER KINDHEITEN

**: TRANSIT**

# INHALT

## GETEILTE WELT – MAUERBAU

## ALLES ANDERS? – WENDEZEIT

## VEREINTE STADT – EIN NEUES JAHRHUNDERT

# Statt eines Vorworts
## Meine Nachbarin Frau Gasche

*Meine Begegnung mit Waltraud Gasche war der Ausgangspunkt für die Berliner Kindheiten. Ich wohnte damals in einer WG in der Böckhstraße 14, 1. OG, und Frau Gasche genau eine Etage über uns. Täglich läutete sie an der Tür und bat um Hilfe, oft mehrmals täglich. Entweder funktionierte der Fernseher nicht oder die Heizung musste dringend entlüftet werden. »Kommste mal hoch, ja?« Sollte ich ihr Klopfen überhören, klapperte Frau Gasche am Briefkastenschlitz und rief langanhaltend in die Wohnung: »Huhuuu! Ich kann dich sehen!« Sie wurde ihren Aussagen zu Folge in unserer Küche geboren und lebte fast ihr ganzes Leben in der Böckhstraße. Einmal lud Frau Gasche einen Freund und mich zum Kartenspielen in ihre Wohnung. Während vieler Partien Romé, bei denen Frau Gasche je nach Kartenlage die Regeln änderte, erzählte sie uns von ihrer Kindheit im Kreuzberg der dreißiger Jahre.*

Ich kann ja schon mal anfangen zu erzählen, nicht? Nach meiner Geburt wurde ich zu meiner Tante gebracht. Und die haben mich unter das Bett geschoben, weil sie wussten, die Großeltern kommen. Also von meiner Mutter die Mutter. Die sind reingekommen in die Stube, und ich lag unterm Bett, aber das war mir wohl zu dunkel und da habe ich geschrien, gebrüllt! »Was habt ihr denn da unterm Bett?« Da hat meine Cousine mich vorgeholt! Na, das war ja das Letzte! »Ja, von wem ist denn die?« Die war von der jüngsten Tochter, ja, die war aber nicht da. Denn hat meine Tante, die älteste Tochter, mit meinen Großeltern gesprochen, dass sie mich anerkennen sollen und nach Möglichkeit mitnehmen. Die wohnten in Fürstenwalde. Nee, hin und her, hin und her. Dann kam meine andere Tante dazu, die hier in der Böckhstraße wohnte, und hat auch noch zugeredet: »Nu macht doch det, wo soll sie denn hin?« So ging das. Meine Großeltern haben mich anerkannt, und ich wurde nach Fürstenwalde gebracht. Da bin ich mit meinem Großvater viel in den Wald gegangen Pilze sammeln. »Die darfste nehmen, die darfste nicht nehmen.« Dann zog meine Tante aus der Wohnung in der Böckhstraße aus und hat dafür gesorgt, dass wir hierher zogen.

Meine Mutter hat sich nie viel um mich gekümmert. Die kam jeden Sonntag zu Besuch und dann hat sie mal ne Tafel Schokolade oder ne Tüte Bonbons mitgebracht, aber damit war alles abgetan. Ich bin mal eingeladen gewesen bei ihr, da war ich am Küchenschrank und wollte eine Tasse rausnehmen, da ist sie gleich aus dem Anzug gehopst. Ich »soll da weggehen von dem Schrank!«, ich habe da nichts mehr angefasst.

Ich durfte auch in keinen BDM rein. Und ich wäre so gerne mit dabei gewesen und hätte was gemacht. Aber ich bin mit der Büchse gegangen. Meine Hauswartin, die hat immer eine Büchse gekriegt, und dann bin ich immer sammeln gegangen. So habe ich sämtliche Gaststätten kennengelernt, die hier so ringsum waren. Ich habe jedesmal die Büchse vollgekriegt. Einmal kam ein Mann zu mir und sagte, »Komm mal rein, komm mal rein.« Und der hat gefragt, ob ich im BDM bin, und da sagt er, ganz laut: »Ah, da haben wir ja wieder so ein Judenschwein!« Und ich wusste gar nicht, was das ist. Und der vom Jugendamt hat gesagt – also meine Mutter hat nichts erzählt, ja, damit gar nichts ans Licht kommt – der hat gesagt: »Also, dein Vater ist Jude und der ist in Amerika.« Ich durfte also in keinen BDM rein. Später bin ich nach Kutno verschickt worden. Bei den Leuten, wo ich war, die hatten auch so eine Büchse und da bin ich wieder sammeln gegangen. Ich hatte immer die Büchse voll und da fragten die, was ich dafür haben möchte. »Ja«, sag ich, »ich hätte gerne den Knoten und das Tuch.« Ich wusste ja, ich darf das nicht tragen, ich habe es aber trotzdem getragen und habe mich fotografieren lassen, »Das weiß ja keiner in Berlin!«, dachte ich. Denn bin ich wieder nach Hause und hab' das gleich versteckt, damit ich keinen Ärger kriege.

Meinen Vater habe ich nie kennengelernt. Vielleicht wusste der gar nicht, dass ich existiere. Der hatte meine Mutter verlassen und weg war er, der musste weg, sonst hätte der sich doch vielleicht gemeldet. Ich wollte gerne wissen, wo in Amerika, ich wollte ihm mal schreiben nach dem Krieg. Aber ich habe es nicht rausgekriegt. War nicht möglich.

Ich bin immer viel tanzen gegangen. Ich kannte die Lokalitäten hier alle, die »Potsdamer Klause«, das »Resi«, »Hasenheide« und hier vorne, das »Intermezzo«, das war Ecke Graefestraße. Da bin ich auch hin. Da haben sie mich rausgeschmissen. Weil ich immer rein kam, alleine und denn habe ich mich immer am Ofen hingesetzt, damals war doch nüscht, da gab es ja keine Kohle und nüscht, nüscht, nüscht. Da habe ich immer am Ofen gesessen und immer nur ein Zosch verbraucht, eben ein Bier getrunken, ein Malzbier oder irgendwas und dann kam der Ober und hat gesagt: »Also morgen darfst du hier nicht mehr sitzen.« Da durfte ich nicht mehr rein, weil ich mich da immer aufgewärmt habe, denn mir war kalt, nich. Und dann bin ich immer dahin gegangen, wo es warm war. Und wenn einer kam, habe ich getanzt. Deswegen bin ich ja hingegangen, dass einem ein bisschen warm wird. Walzer und Foxtrott wurde da getanzt, Rock'n'Roll war noch nicht. Aber dann war nüscht mehr. Was sollte ich machen? Durfte ich nicht mehr rein. Naja. Das waren alles so Zeiten. Aber ich war jeden Tag tanzen.

www.berlinerkindheiten.de/1927-waltraud-gasche/

*

Frau Gasche ist kurz nach unserem Gespräch 2015 im Alter von 87 gestorben, wie sie selbst immer prophezeit hatte. Sie war eine im besten Sinne »zähe« und lebenslustige Dame, täglich ging sie mit ihrem altersschwachen Dackel (»Kommst du, Jannie, kommst du!«) um den Block und sang dabei selbstvergessen vor sich hin. Frau Gasche hat nicht nur mein Leben, sondern auch meinen Sprachgebrauch ungemein bereichert (»Ne, ne, ne, nicht mit mir!«) und ich habe immer ihren Lebensmut und ihr »sich nicht unterkriegen lassen« bewundert. Frau Gasche war die Inspirationsgeberin für die »Berliner Kindheiten« neben – am Namen schon erkenntlich – Walter Benjamins »Berliner Kindheit um 1900« und die Interviewsammlungen von Studs Terkel. Terkel hat seit den fünfziger Jahren ziegelsteindicke Bücher herausgegeben, die voll sind mit alltäglichen Berichten und Erinnerungen »normaler« US-Amerikaner*innen. Diese Texte haben keinen literarischen Anspruch, sondern sind transskribierte mündliche Berichte, bei denen der Sprachgebrauch und die Persönlichkeit der erzählenden Person im Vordergrund steht.

Die »Berliner Kindheiten« haben mich über sieben Jahre begleitet. In dieser Zeit habe ich unwahrscheinlich viel gelernt. Über Berlin, über die Berlinerinnen und Berliner, über Ost und West, über Familienkonstellationen und Schicksalsschläge, Liebe und Zurückweisung und – wie kann es anders sein – über mich selbst. Zu jedem der Interviews bin ich auf dem Rad gefahren und bin dabei buchstäblich durch ganz Berlin gekommen. Gut 125 mal, eigentlich sogar deutlich öfter, denn viele Interviews fanden aus dem ein oder anderen Grund am Ende doch nicht statt oder wurden nie veröffentlicht. Für mich sind diese Interviews verbunden mit den Wegstrecken und Gegenden, die ich abgefahren bin, und wenn ich heute an dem ein oder anderen Ort wieder vorbeikomme, tauchen in meinem Kopf die Stimmen und Geschichten auf, die Wohnzimmer und Treppenhäuser, die ich besuchen durfte.

Mein großer Dank gilt allen Beteiligten, die so offen waren, mich, einen Fremden, in ihre Wohnzimmer zu lassen und mir und der Kamera so offen von ihren Leben zu berichten. Ich habe das immer als sehr intimen Vorgang empfunden und hoffe, dem Vertrauen das mir gewährt wurde, gerecht zu werden. Die Monologe wie sie hier zu lesen sind, sind gesprochener Originalton, ich habe die Texte lediglich gekürzt, verdichtet und manchmal etwas sortiert, die Erinnerungen und Ansichten der einzelnen Personen sind unberührt geblieben.

Mein Plan war es, alle Interviewten in einem Buch zu versammeln und jede Geschichte, die hier fehlt, empfinde ich als großen Verlust. Die hier vorgestellten Monologe sind keinesfalls als ein »Best of« zu verstehen, sie bilden lediglich den Versuch ab, eine größtmögliche Bandbreite an Personen, Geschichten und Orten zu versammeln, und diese Auswahl ist mir sehr, sehr schwer gefallen. Der Grund für die Beschränkung ist – wie könnte es anders sein – der Wirtschaftlichkeit eines solchen Buches unterworfen und damit den Zwängen, die auch der wohlmeinendste Verlag seinem Autor zumuten muss. Man könnte ein zweites oder drittes Buch mit den fehlenden Geschichten zusammenstellen, das genauso vielfältig und spannend wäre.

Widmen möchte ich dieses Buch meiner Frau Friederike, die von Anfang an dabei war und der ich immer genau berichten musste, wen ich besucht und was ich erlebt habe und die mir mit viel Elan und Ideen zur Seite stand und steht und unserem Sohn Ostap, der ganz am Ende dazu kam und seitdem unser Leben mit seiner eigenen Berliner Kindheit bereichert.

*Berlin, 10. Juni 2022*
*Johannes Zillhardt*

# GEBOREN IN EINE REPUBLIK
## 20er Jahre

## »Lockeres Mädchen«
### Hildegard Franke (*1915), Waidmannslust

*Hildegard Franke berichtet aus ihrem 104-jährigen Leben, von ihrer Kindheit in Waidmannslust, einer wenig liebevollen Mutter und einem sehr liebevollen Stiefvater, von dessen Stiefvaterschaft sie aber erst viel später erfährt. Hildegard Franke erzählt von ihrer Lehre in der Konfektion bei Guggenheim, ihrer glücklichen, fast 70-jährigen Ehe und wie sie nachts oft wach liegt und über die Wörter nachdenkt, die ihr bei Tage nicht mehr einfallen.*

Ich hatte eine Mutter, die nicht sehr lieb mit ihrem Kind umgehen konnte und sich kaum um mich gekümmert hat. Mein Vater, was ich im hohen Alter erst erfahren habe, war gar nicht mein Vater. Der war dagegen sehr lieb zu mir. Der hat mich anerkannt als Vater, hat mir das aber nie gesagt. Das hat ein anderer getan. Der war da schon 98 Jahre alt, daran kann ich mich noch erinnern. Der fragte mich: »Wissen Sie eigentlich, dass Ihr Vater gar nicht Ihr Vater gewesen ist?« Da war ich geschockt. Aber mein Vater war so ein Charakter, der hätte mir das nie verraten. Weil er genau wusste, das hätte mir sehr wehgetan.

Meine Mutter hatte keinen Beruf, die war Hausfrau, und mein Vater war bei der AEG in der Brunnenstraße bis zum Krieg. Meine Mutter war ein lockeres Mädchen, die hat immer Liebhaber gehabt. Und dabei habe ich sie auch erwischt. Wie ich mit meinem ersten Freund abends spazieren ging, da ist sie mir begegnet mit einem fremden Mann. Ich habe das meinem Vater nicht gesagt, aber er hat es gewusst, dass sie nicht treu war. Sie hat sich auch nie viel um mich gekümmert. Mit fünf Jahren hatte ich eine Drüsenerkrankung, das war in den Lenden, die waren vereitert und das musste austamponiert werden und von unten verheilen. Meine Mutter hat mich jeden Tag mehrere Stunden alleine gelassen, obwohl ich so krank war.

In der Schule war ich sehr schlecht im Diktat. Einmal habe ich 27 Fehler gehabt. Bei Aufsätzen hatte ich immer eine Eins, wo ich selber denken konnte, da habe ich auch nicht soviele Fehler gemacht. Ich war immer durcheinander, wenn es hieß »Diktat«. Ich konnte dann überhaupt nicht denken. An und für sich bin ich gerne zur Schule gegangen. Turnen und Zeichnen und Aufsätze Schreiben, das war meins, und Singen.

Mit 14 Jahren bin ich von der Schule ab und in die Konfektion gegangen. Da wurden die Stoffe eingeteilt und Knöpfe und Nahtband und alles, was so zur Kleidung gehört. Da war ich zuerst bei Guggenheim, das war ein Jude. Vor der Hitlerzeit war die Konfektion zum größten Teil jüdisch. Ich bin durch sämtliche Abteilungen gegangen, Büro, Atelier, Abnahme und habe da drei Jahre gelernt. Ich habe die Lehre auch gut bestanden. Dann mussten die Juden verschwinden. Da war ein Vertreter bei Guggenheim, auch ein Jude, der hat im Ausland die Firma vertreten. Der musste heimlich gehen und dessen Möbel haben wir gekauft. Der ist morgens um sieben mit dem Möbelwagen gekommen, das musste ganz schnell gehen.

Ich musste zur Arbeit immer von der Freien Scholle bis nach Tegel laufen, dann mit der Straßenbahn zur Seestraße, da in die U-Bahn rein bis zur Kochstraße. Da habe ich meinen Mann kennengelernt. Ich hatte einen Jugendfreund, den Herbert Schünemann, der hatte so eine Art Buchladen in Tegel. Ich saß also in der Straßenbahn, und da saß der Herbert, zusammen mit einem Freund. Das war mein Fritze. Eigentlich kein Freund, die waren Kollegen. Der Herbert war ein schöner Mann, hatte aber für mich kein Interesse. Da war eine Andere, mit der er dann gegangen ist. Mein Mann, also Fritze, hatte eine Jolle, eine Segeljolle. »Ach«, hat der Herbert gesagt, ob ich nicht mal rausfahren wollte nach Spandau, »mit Fritze segeln gehen?« Da konnte ich doch nicht widerstehen und bin mit dem Rad nach Tiefwerder gefahren und habe ihn besucht in diesem Bootshaus. Und von da ab haben wir uns nicht mehr getrennt und haben fast siebzig Jahre zusammengelebt. Wir hatten keine kirchliche Hochzeit. Das Geld hatte man gar nicht. In der Schule hatte ich Religionsunterricht und bin auch eingesegnet worden, ich bin aber nachher ausgetreten aus der Kirche. Warum ich ausgetreten bin, weiß ich gar nicht mehr. Des Geldes wegen wahrscheinlich. Als Lehrling habe ich mein eigenes Geld verdient. Davon hat meine Mutter mir vierzig Mark Kostgeld abgenommen und zwanzig Mark hatte ich Taschengeld, davon musste ich noch mein Fahrgeld bezahlen. Für mich selbst blieb kaum was übrig.

Wenn Saison war, haben wir in der Konfektion manchmal bis abends um neun gearbeitet und haben nichts dafür kriegt. Ein paar Mal war ich im Ballhaus, ja, da konnte man telefonieren, so von Tisch zu Tisch. Bekanntschaften machen. Aber sonst hatte ich keine Gelegenheit, tanzen zu gehen. Wir mussten froh sein, dass wir Arbeit hatten. Es gab so viele Arbeitslose. Da ist mal, das habe ich selbst erlebt, ein junger Mann an einem Gemüsegeschäft vorbeigegangen, wo die Obstauslagen draußen waren und hat einen Apfel geklaut und hat auch gleich reingebissen. Der muss großen Hunger gehabt haben.

Die Konradshöhe lag mitten im Wald vom Wasser umgeben. Da bin ich im Sommer immer um vier aufgestanden, da hatte ich meinen kleinen Uwe schon. Den musste ich dann alleine lassen. Den haben wir auf der Veranda schlafen lassen und dann bin ich los und habe Pilze gesucht. Immer mit der Angst, wird mein Junge auch nicht wach? Da habe ich schon nicht mehr gearbeitet. Als ich verheiratet war, war das aus. Ich habe erst mit 32 meinen Sohn gekriegt. Ich wusste, der Hitler macht Krieg und da habe ich gesagt: »Vorsichtig sein. Ich will nicht, dass mein Kind im Krieg groß wird oder verhungert.« Mein Sohn ist auch erst 1946 geboren. Da kam mein Mann aus der Gefangenschaft wieder, und da ist es passiert. Da war die Freude so groß, dass es gefunkt hat. Das waren arme Jahre. Wir hatten keine Windeln, ich hatte alte Laken von einer Nachbarin. Daraus habe ich Windeln gerissen, die mussten per Hand gewaschen werden. Dann hingen diese Windeln im Garten im Wind und hatten überall braune Stellen. Vom Waschen sind die nicht rausgegangen.

Den Hitler hätte ich erwürgen können. So eine Wut hatte ich auf den. Dabei war das ein Österreicher. Wie der überhaupt nach Deutschland kommen und hier die erste Figur werden konnte, das ist mir ein Rätsel! Viele waren arbeitslos, ja. Und er hat ihnen Arbeit versprochen. Aber ich mochte den nicht. Warum eigentlich? Ach so, ja! Der hat über uns bestimmt. Frauen durften nicht mehr arbeiten. Die mussten zu Hause bleiben und Kinder kriegen. Aber da waren noch mehr Gründe, was war es denn…? Wissen Sie, in den 104 Jahren ist so viel auf einen eingeströmt und jetzt lässt bei mir langsam das Gedächtnis nach. Ich weiß oftmals nicht, wie heißt denn jetzt das Wort? Was meinen Sie, wie oft mir das passiert? Aber nachts, wenn ich wach bin, dann grüble ich und dann fällt es mir auf einmal ein.

www.berlinerkindheiten.de/1915-hildegard-franke/

## »Auf den Armen der Kaiserin«
### Ernst Wendorff (*1918), Charlottenburg, Hebbelstraße

*Ernst Wendorff wurde in den letzten Monaten des Ersten Weltkriegs geboren und noch von Kaiserin Auguste-Viktoria auf den Armen gehalten. Seine Kindheit ist von den politisch wechselhaften Jahren der Weimarer Republik geprägt. Die Kämpfe zwischen Rechten und Linken erlebt er unmittelbar und »nicht nur handgreiflich« auf den Straßen Charlottenburgs. Besondere Bedeutung für sein Leben hat eine Begegnung mit Heinrich Zille, die den Anstoss liefert für seine spätere Karriere als Maler und Professor für Gestaltung an der UdK. Als ich Ernst Wendorff im Januar 2022 besuchte, um ihm »sein« Kapitel vorzulesen, erfuhr ich von Nachbarn, dass er wenige Tage zuvor verstorben war.*

Geboren wurde ich am 12. Februar 1918 in Charlottenburg in einer Entbindungsanstalt in der Nähe vom Schlosspark. Das Kaiserreich endete erst im November, und meine Geburt war im Februar. Da kam die Kaiserin mit einigen Damen aus ihrer Begleitung in diese Entbindungsanstalt. Da standen die Betten in Reihen, und dann kam sie auch an mein Bett und hat mich rausgenommen. Hatte mich auf dem Arm, hat mich den Damen präsentiert und mich dann wieder reingelegt. Das hat meine Mutter mir erzählt. Das war die wirkliche Kaiserin. Diese Damen haben später für Kinder in Berlin Strickwaren gefertigt, die sie abends am Kamin im Exil in Holland gehäkelt und gestrickt haben. Ich habe eine Mädchenjacke geschickt bekommen, die hatte die falsche Knöpfung, aber das war egal. Das war eine blaue Jacke, blau war eine feine Farbe, das hat man als Junge damals eigentlich nicht getragen. Die Kaiserin ist 1922 beigesetzt worden in einem dieser Tempel vor dem neuen Palais in Potsdam. Das war schon in der Weimarer Republik. Trotzdem waren hunderte Potsdamer bei der Beisetzung. Sie war eine wunderbare Frau, hübsch anzusehen und eine wunderbare Kaiserin.

Ich hatte noch einen Stiefbruder aus der ersten Ehe meines Vaters. Der war zehn Jahre älter, aber seine Mutter war früh verstorben. Mein Vater hat meine spätere Mutter bei Siemens kennengelernt, er war da Vorarbeiter und meine Mutter hat dort in der Werkzeugausgabe gear-

beitet. Da ist mein Vater jeden Morgen hin und hat sich etwas ausgeliehen, was er gar nicht brauchte. So fing das an. Leider ist er 1926 auf dem
Weg zur Arbeit zusammengebrochen und mit 48 Jahren, nach elfwö-
chigem Krankenhausaufenthalt, im Westend gestorben. So waren wir
zu dritt, meine Mutter, mein Stiefbruder und ich.

In der Schule fragte mein Nachbar einmal: »Du hör mal zu, willste
mal denn ollen Zille kennenlernen?« Der Lokalanzeiger oder die Mor-
genpost, die hatten Sonntags ein Beilagenblatt, da waren Witze drin
und das Titelblatt, das war meistens von Zille gezeichnet. Und da sagte
der:»Wollen wir mal den alten Zille besuchen?« Da sag ich: »Wie
kommst du auf Zille?«»Ja«, sagt er, »ich wohne bei dem im Haus.«
»Ja«, sag ich, »können wir ja mal machen.« Dann haben wir uns da
getroffen und sind raufgegangen zu ihm. Da haben wir mit so einer
Ritsch-Ratsch-Klingel geklingelt. Es dauerte eine ganze Weile und
dann schlurfte jemand hinter der Tür lang und dann ging die Tür auf.
Da hatte er die Brille so auf der Nase, guckte so rüber und hatte einen
Backenbart und die Haare hier so ein bisschen im Gesicht und die Zähne nicht mehr so ganz in Ordnung, und er hatte so eine Weste an, er war
wirklich ein Original. Dann hat er gesagt: »Na, was wollt ihr denn?«
Und wir: »Wir würden gerne mal zugucken. Dürfen wir zugucken?«
Und da hatte er ein Sofa, da haben wir ganz vorsichtig Platz genommen,
so ein rotes, und er sagte: »Ihr könnt euch da hinsetzen«. Da standen so
Glasflaschen mit Bonbons drin – »ihr könnt euch nehmen, aber nur einen«. Und dann saßen wir da und haben zugeguckt. Er hatte eine Staf-
felei und hat da sein Sonntagsbild gezeichnet. So habe ich ihn kennengelernt. Das habe ich in der Schule meinem Zeichenlehrer erzählt. Und
der hat gesagt: »Wenn du das alles so interessant findest, dann machste
mal hier ein Papier ran an die Tafel und dann machen wir Packpapier
ran und dann kriegste Buntstifte von mir und...« – da wo der Zille
wohnte, waren große freie Plätze, die wurden als Kohlenlager genutzt
und im Winter haben die die Plätze bespritzt mit Wasser und dann waren das Eisplätze, dann sind wir mit Schlittschuhen da rumgelaufen –
»... und diese Szenerie«, sagt er, »was auf der Straße alles passiert, so
mit den Eisläufern, das zeichnest du mal!« Das war so eine dreiteilige
Tafel, links und rechts aufklappbar und da habe ich so einen Zug gemalt
mit Eisläufern, und das fand er schon ganz gut, die einzige Eins, die ich

immer bekommen habe, das war Zeichnen. Mathematik war nicht so doll, Französisch ging noch. Aber Zeichnen war mein Gebiet. Ich bin dann ja auch Maler geworden.

Ich habe später mit meiner Mutter abends immer Spaziergänge gemacht, die war ja verwitwet und alleine. In der Hebbelstraße saß eine SA-Einheit, der Sturm 33, der Anführer von denen war der Hans Eberhard Maikowski. Ein großes Tier. Und die Kommunisten hatten ihr Quartier in der Mehringstraße. Das ist nicht allzu weit. Die haben sich abends meist richtiggehende Straßenschlachten geliefert. Die haben nicht nur geprügelt, mit Keulen oder sonst was, die haben auch geschossen. Ich bin mit meiner Mutter einmal hinter einem Sandkasten in Deckung gegangen, weil wir zu Verwandten wollten, und da mussten wir in Deckung gehen, die vorbeiflitzenden Geschosse hätten uns sonst erwischt. Da kam es einmal zu einer ganz großen Prügelei in der Wallstraße, der heutigen Zillestraße. Da ist der Zauritz erschossen worden, das war ein Polizeibeamter und der Maikowski[1]. Das war ein Verein von fast hundert Mann, die gehörten alle zu diesem SA-Sturm und die waren immer involviert in Keilereien, wenn die Kommunisten eine Veranstaltung hatten, waren die Nazis da und haben die Veranstaltung gestört und umgekehrt, das war immer ziemlich handgreiflich.

Und dann kam der 21. März 1933. Da war der Tag von Potsdam, die Übergabe an den Herrn Hitler. Da war ich als Schüler dabei. Das war ein ganz gewaltiger Aufmarsch der Deutschnationalen. Sogar der Kronprinz war dabei. Der Kronprinz in alter kaiserlicher Uniform und der Mackensen, der Husarengeneral. Der Kronprinz hatte auch eine Mütze mit dem Totenkopf vorne drauf. Die hatten 1933 noch geglaubt, der Kaiser lebte ja noch in Doorn, und die hatten irgendwie geglaubt, der Kaiser könne noch mal zurückkehren, aber das hat sich ja nicht bewahrheitet.

Es war eine zwielichtige und undurchsichtige Zeit. Wenn die Wahlen waren, waren die Litfasssäulen voll. Da war Hindenburg ringsherum, da war Hitler ringsherum, da waren die Deutschnationalen, der Stahlhelm,

---

[1] Neuere Forschungen legen nahe, dass es sich bei der Ermordung Maikowskis um einen Auftragsmord Joseph Goebbels handelte, der einen Konkurrenten ausschalten wollte. Das hindert Goebbels nicht daran, ihn anschließend zu einem »Märtyrer« des Dritten Reichs zu verklären.

die Kommunisten, die SPD, es gab in einem unglaublichen Umfang Parteien, die alle gar keine Möglichkeiten hatten, an die Macht zu kommen und nur in die Opposition kamen. Und Hitler ging, nachdem er dann gewählt wurde, ging er ans Mikrofon und sagte: »Ich werde diese Parteien aus Deutschland rausfegen!« Nun, das hat er dann ja auch getan.

Als ich später in der Schule feststellte, dass der oder jener nicht mehr kam morgens, da haben sie gesagt: »Weeste das nicht? Die holen doch die Juden ab, die jüdischen Kinder, die holen die doch nachts ab!« »Was machen die? Das habe ich ja noch nie erlebt!« Habe ich auch nicht erlebt, aber ich weiß, dass sich jüdische Ärzte noch in den zwanziger Jahren hervorragend verhalten haben. Denjenigen gegenüber, die kein Geld hatten. Wir hatten kein Geld. Meine Mutter musste mit mir zum Arzt gehen, der wohnte bei uns an der Ecke Kaiser-Friedrich-Straße und da hat er mich untersucht und mir so Aufbaupräparate gegeben, ich war ein Zwirnsfaden von der Figur, ich war sehr unterernährt, und da hat meine Mutter gesagt: »Herr Doktor, was bekommen Sie denn?« Der war ein netter älterer Herr. Was die immer erzählt haben, »die sind überall in der Wirtschaft«, ja, die haben aber auch Köpfchen gehabt! Die haben ihr Geld nicht auf der Straße gefunden, die haben es sich auch verdient! Wenn man diese »Stürmerbilder« sieht! »Der Stürmer« war die Kampfzeitung der NSDAP. Da waren immer so antijüdische Bilder. »Der Jude als ewiger Feind«, furchtbar. Aber das waren Könner, die haben ganz hervorragend gezeichnet. Das trug alles dazu bei, dass die Menschen langsam aber sicher auf die Juden eingestimmt wurden.

Ich will das nicht mehr. Nie mehr! Ich will frei sein, in allem was ich tue oder mit anderen bespreche. Ich habe als Soldat einen Lagebericht geben müssen. Und da habe ich den Kriegsbericht vom Tag zuvor weitergegeben. Da habe ich etwas Dummes gesagt. Dumm nun nicht, aber: »Wir sind im Raum von Kiew mit Erfolg zurückgegangen.« Dieser Satz, der wurde aufgenommen von einem Hitlerjugendführer, der in Offiziersuniform war und der ist sofort hingegangen zum Kompaniechef und der ließ mich kommen und sagte: »Sagen Sie mal! Was haben Sie da erzählt? »Wir sind im Raum von Kiew erfolgreich zurückgegangen!« »Das gibt es doch gar nicht! Entweder wir gehen siegreich zurück oder wir gehen gar nicht zurück!« Ich wäre beinahe drangekommen, wegen defätistischer Äußerungen. Aber man kann mich in meiner

Meinung und Einstellung nicht mehr ändern. Die Nazis waren unser Unglück. Absolut unser Unglück. Nachdem ihre Zeit um war und die Menschen erkennen mussten, dass hier nichts mehr zu gewinnen war, da waren sie auf einmal alle verschwunden. Da war auf einmal keiner mehr Nazi.

www.berlinerkindheiten.de/1918-ernst-wendorff

# »Tanztee im Krollgarten«
## Waltraud Jerominski, geb. Krüger (*1920), Mitte

*Waltraud Jerominski wächst in der Invalidenstraße in Mitte auf und berichtet von den beginnenden dreißiger Jahren. Vom Turnverein und den Gymnastikübungen ihrer Mutter, von den plötzlich verschwundenen jüdischen Mitschülerinnen und Lehrern und wie sie in Krolls Tanzcafé als »Mauerblümchen« am Rand saß, während ihre Freundinnen wie verrückt tanzten, aber dann doch die »beste Ehe« hatte.*

Ich bin in Berlin geboren und zwar am 6. Juni 1920. Das war wohl Prenzlauer Berg. Aber meine Eltern sind sehr schnell nach Mitte gezogen, in die Invalidenstraße. Da wohnten wir, und man schaute auf die Bergstraße und auf den Sophienfriedhof. Das war ein schöner Blick auf die hohen alten Bäume, wenn ich morgens aus dem Fenster guckte. Ich war das einzige Kind meiner Eltern, meine Mitschülerinnen waren eigentlich alle Einzelkinder. So kurz nach dem Weltkrieg haben die Eltern sich das nicht leisten können, noch ein Kind zu haben. Mein Vater war Konditor, gelernter Bäcker, aber er war so geschickt, dass er sich das Konditorenhandwerk selbst beigebracht hatte. Meine Mutti war Hausfrau und konnte sehr gut nähen. Die ganze Familie konnte gut nähen, sie hat natürlich meine Kleidchen genäht. Ich war sehr geborgen in dieser kleinen Familie.

Mit vier Jahren ging ich zur Grundschule und das war eine Schule in der man eigentlich acht Jahre blieb. Einmal habe ich von einem Lehrer, bei dem ich gar keinen Unterricht hatte, eine Backpfeife gekriegt und zwar eine sehr dolle. Ich war noch ziemlich klein, aber wenn die Pause zu Ende war, musste man sich anstellen und gesittet die Treppe raufgehen. Und da hatte ich von unserer Lehrerin gesagt bekommen: »Du stellst dich als Erste dahin.« Habe ich gemacht. Und der Lauterstein, der Lehrer, der wollte, dass man nach der Größe ansteht. Jedenfalls habe ich gesagt: »Ich soll mich aber hierhin stellen.« Patsch, habe ich eine geklebt gekriegt.

Und dann habe ich ein interessantes Erlebnis gehabt. Über jüdische Leute haben wir überhaupt niemals gesprochen zu Hause. Aber wir hatten in der Grundschule ein paar jüdische Mädchen, das war normal. Und in der Bergstraße, da war eine Kellerwohnung, und da wohnten auch jüdische Leute. Das war mir nicht bewusst. Die Sarah spielte auch mit uns. Die sah ein bisschen anders aus, aber die spielte mit uns. Und da sprach mich aus unserem Haus eine Frau an. Meine Eltern waren mit der nicht besonders befreundet, aber man sagte einander »Guten Tag, Frau Sowieso«. Und da sagte sie: »Trautchen, du wirst doch nicht mit dem Judenmädel spielen!« Das war für mich das erste Erlebnis von so einem Unterschied von Menschen. Ich glaube, ich habe das zu Hause gar nicht erzählt, aber es ist mir im Gedächtnis geblieben. Die Sarah war das, Sarah Davidoruth hieß die.

Nach den vier Grundschuljahren ist die Lehrerin zu uns nach Hause gekommen und hat meine Eltern aufmerksam gemacht, dass eine gewisse Begabung da sei und dass sie mich doch an einer höheren Schule anmelden möchten. Sie haben mich am Luisen-Lyzeum angemeldet, das ist eine sehr alte Mädchenschule gewesen. Ich habe mit Französisch angefangen. Allerdings die Französisch-Lehrerin, die war aus der Kaiserzeit und hat ein bisschen sehr auf – wie soll ich sagen – die Lehrerin hat Unterschiede gemacht, ob der Vater Generaldirektor war oder ob er Konditor war. Und die hatte mich auf dem Kieker. Die hat auch meine Mutter mal hinbestellt, und die hat sich da auch einschüchtern lassen und denn hat die sich doch erlaubt zu sagen: »Wissen Sie, Frau Krüger, auf einem Kartoffelacker kann ja auch kein Weizen gedeihen.« Aber ich konnte sehr gut singen und konnte auch dirigieren, mit »do re mi fa so«, und da hat die Musiklehrerin die Französischlehrerin zu sich in die Stunde eingeladen, wo ich nun ein bisschen was vorgemacht habe, sie wollte wohl damit zeigen, dass die Waltraud Krüger nicht so eine Versagerin sei. Das ist mir erst viel später klar geworden. Das war immer noch vor '33. '32, da bekamen wir eine Französisch-Lehrerin, das war eine kleine Jüdin. Jüngere, nette, schwarzes krauses Haar, eine jüdische Lehrerin und die ruft mich nach einer Arbeit nach vorne und ich frage: »Und, habe ich die wieder verhauen?« »Nein, du hast eine zwei bis drei.« Und von dieser Stunde an war ich gar nicht mehr so schlecht. In allen anderen Fächern war ich sehr gut, ich konnte gut zeichnen und ich war im Turnverein.

Ich war mit meiner Freundin, die in der Bergstraße wohnte, die war so hoch geschossen und die sollte orthopädisches Turnen bekommen, da hat unsere Lehrerin gesagt, »Weißte, geh doch mal in den Turnverein. Da wo du wohnst, daneben ist so ein Turnverein. Geh doch da mal hin, vielleicht reicht das schon.« Und da bin ich mitgegangen, die Eltern kannten sich ja. Und dann haben wir da zweimal in der Woche geturnt. Und die Mütter saßen daneben. Da meinte der Leiter, ich glaube, der hieß Herr Fleischer: »Meine Damen, wir haben hinterher noch Frauenturnen, machen Sie doch da mit!« Und dann haben die beiden sich schwarze Turnanzüge gekauft und schwarze Strümpfe und haben auch geturnt. Bis die Mutter von meiner Freundin sich das Bein verknackst hat und dann war das vorbei. Fünfzig Pfennig kostete das im Monat Beitrag. Der Verein nannte sich »Frisch, fromm, fröhlich, frei«.

Meine Schule hatte ein Oberlyzeum, wo man auch das Abitur machen konnte, aus meiner Klasse sind aber nur zwei weitergegangen. Die meisten sind mit dem Einjährigen abgegangen, also mit der Obersekunda-Reife. Die eine ist Ärztin geworden – die lebt heute auch nicht mehr –, und die andere war eine Jüdin und die durfte dann nicht weitermachen. Die hieß Ursel Goldschmidt und wir haben später regelmäßige Klassentreffen abgehalten und haben immer nach der Ursel geforscht, aber nichts herausbekommen. Wir sind auch zu dem jüdischen Friedhof gegangen, da konnte man nachschauen, aber wir haben nichts herausgefunden.[2] Wir hatten eine ganze Menge Jüdinnen in unserer Klasse bis '33. Die blieben erst noch in unserer Klasse, es war eine konservative Schule, die waren nicht gleich so, da waren nur wenige Eltern dann gleich so dolle. Mein Vater war ganz und gar dagegen, der hat nie eine Fahne rausgehängt, das war mir immer ein bisschen peinlich, es war eben so. Und als dann die großen Ferien waren, da waren einige Lehrer nicht mehr da und auch viele Mitschülerinnen. Wenn wir vor '33 bei den Verwandten, wir hatten viele Verwandte, zu Besuch waren in deren Gärten, da haben die Frauen sich miteinander unterhalten und ich habe gespielt mit meinen Cousins. Und die Männer haben diskutiert. Da ging es sehr laut her. Diese Diskussionen vor '33. Und dann war alles anders, dann hat keiner mehr was gesagt. Mein Vater auch nicht.

---

[2] Späteren Recherchen zufolge wurde Ursula »Ursel« Goldschmidt 1944 nach Auschwitz deportiert und dort ermordet.

Mir fällt noch ein Erlebnis mit meiner Freundin Ellie ein. In ihrem Hause wohnte noch ein Mädel in unserem Alter. Die sind immer mit der Mutter von Ellie mittags zu Kroll gegangen. Kroll ist ein Etablissement gewesen, wo man tanzen und wo man Kaffee trinken konnte, und nachmittags war das ganz seriös, die Tanzmusik im Krollgarten. Die haben da getanzt. Wurden aufgefordert und haben getanzt. Und da haben sie mich mal mitgenommen. Meine Mutti hatte mir ein schönes buntes Kleid genäht und ein dunkelblaues, wie so ein Cape war das, und einen Hut hatte ich, der auch dunkelblau war. Von hinten sah das sehr dunkel, von vorne aber sehr hübsch aus. Und die Mutti von Elli, naja Gott, die wird das übersehen haben. Ich hab also mit dem Rücken zur Tanzfläche gesessen. Die beiden Mädels sind dauernd aufgefordert worden, Soldaten waren das, junge Soldaten, aber mich hat keiner aufgefordert. Anstatt dass die Frau sagt: »Waltraud jetzt setz dich mal hier hin«, die konnten mich ja gar nicht sehen. Die haben ja nur den Hut gesehen und das dunkelblaue Cape. Die werden gedacht haben, ich bin ein altes Mütterchen. Ich hatte nicht einen Tänzer gehabt. Die haben getanzt wie verrückt. Und ich saß da als Mauerblümchen. Aber ich hatte nachher die beste Ehe von allen.

Als junges Mädchen habe ich eine kaufmännische Ausbildung gemacht. Das war eine Firma, die Straßenbaumaschinen hergestellt hat. Da gab es einen Herrn Rühmann, der war sehr angesehen. Großer, sportlicher Mensch. Eine Kollegin, die mich anleitete, die war für mich natürlich uralt, die war dreißig, ich war 17, die meinte: »Wenn, dann würde ich mir den Herrn Rühmann aussuchen.« Da musst ich mir den ja mal angucken, wie der aussieht. Dann stand der da an einer Trockentrommel, an der er gearbeitet hat. Und wenn ich morgens kam, dann war er schon da und lächelte mich an. Ich lächelte zurück. Und dann hatten wir ein Betriebsfest mit Tanz, und Herr Rühmann erschien auch. Tanzte mit der Frau des Chefs und anschließend mit Fräulein Krüger und dann ging er. Später musste ich mal an den Werkstätten vorbeilaufen, um etwas zu erledigen. Und da kniete Herr Rühmann an einem Werkstück und sprach mich an. Er hätte mir etwas von einer Montage mitgebracht, wann er mir das denn überreichen könne, und dann haben wir uns verabredet. Er hat mir ein kleines Armband mitgebracht, lauter kleine Edelweiss, ganz hübsch. So fing es an.

Er war Sportschwimmer und hatte Freunde, die sich am Wochenende immer am Stienitzsee trafen. Da wurden Zelte aufgebaut, die blieben den ganzen Sommer über. Privat bei einem Bauern, da gab es eine große Zeltstadt. 1937 haben wir uns kennen gelernt und '38 wurde ich da mit hingenommen, da wurde ich den Freunden vorgestellt. Da haben wir von zu Hause Butterbrote mitgebracht und Schmorfleisch und Kartoffeln und haben da selber gekocht auf einem Spirituskocher. Das war eine sehr schöne Gemeinschaft. Die hatten alle ein Zelt für sich, aber ich durfte natürlich nicht über Nacht bleiben. Gotteswillen! Ich bin Sonntags immer ganz früh rausgefahren und man musste ein ganzes Stück durch den Wald laufen. Manchmal holte mein Mann mich auch ab. Aber manchmal haben die abends so lange gefeiert, dass ich die dann geweckt habe. Aber einmal musste mein Vater zu einer Luftschutzwache, da hat meine Mutti es mir erlaubt. »Na gut, Papa ist nicht da. Ich schmeiß dir den Pullover aus dem Fenster raus.« Dieses eine Mal bin ich über Nacht geblieben. Aber als dann der Krieg war, da wurden sie alle Soldat, da hat das alles aufgehört.

www.berlinerkindheiten.de/1920-waltraud-jerominski/

## »Untergetaucht in Kreuzberg«
### Ursula Ziebarth (*1921), Friedenau, Kaiserallee

*Ursula Ziebarth war eine beeindruckende und wunderbar eigenwilli-*
*ge Frau. Ich hatte von ihr in einem Artikel über Gottfried Benn gele-*
*sen, dessen wohl letzte Geliebte sie war. Im Berliner Telefonbuch fanden*
*sich zwei Einträge auf den Namen »Ursula Ziebarth«. Die erste Frau*
*Ziebarth konnte mit Gottfried Benn nichts anfangen, bei meinem zweiten*
*Anruf aber hatte ich Glück. Einen Tag später saß ich Ursula Ziebarth bei*
*Honigkuchen und Ingwertee gegenüber. Sie lag seitlich auf ihrem Bett, wäh-*
*rend die Zugehfrau die Wohnung säuberte, die zwar klein, aber über und*
*über mit Kunstwerken und kleinen Figürchen vollgestellt war. Dass sie auch*
*noch acht riesige Keller vollgepackt mit Kunstwerken, Masken und anderen*
*ethnologischen Objekten in der Nachbarschaft hatte, wusste ich da noch*
*nicht. Unser Gespräch ging über einen ganzen Nachmittag und schwankte*
*zwischen Kindheitserinnerungen, Reiseerlebnissen, dem Theater (ihrer gro-*
*ßen Leidenschaft) und Belehrungen, wenn ich nicht schnell genug die rich-*
*tigen Stichworte liefern konnte. »Das wissen Sie natürlich alles nicht, denn*
*Sie gehen eben nicht regelmäßig ins Theater!«, hieß es dann, oder etwas*
*freundlicher: »Das habe ich vergessen. Mit 96 Jahren vergisst man. Das*
*werden Sie auch noch feststellen, wenn Sie 96 sind.« Vier Wochen nach un-*
*serem Gespräch ist Ursula Ziebarth im März 2018 im Alter von 96 Jahren*
*gestorben.*

Ich heiße Ursula Ziebarth, ich bin in Berlin geboren. Wie auch meine
Mutter, wir sind eigentlich Berliner. Ich bin in Friedenau geboren. In
der Kaiserallee 104, 1921, und bin ein Jahr danach getauft worden, in der
Kirche zum Guten Hirten, wo die Taufe eine Billion Mark gekostet hat.
Das war die Inflationszeit. Die Wohnung in der Kaiserallee 104 war sehr
schön. Vorm Balkon war eine Glasterrasse nach hinten, ein grüner Teppich auf den Fluren, und die Möbel waren sowieso alle wunderbar. Denn
mein Vater war Arzt, mein Großonkel war Direktor eines Museums hier,
eines Klaviermuseums, und ich hatte ein eigenes Zimmer mit Balkon vor
der Tür. Es gab Vorderhäuser und Hinterhäuser. In den Hinterhäusern
waren Kinder, die immer auf die Straße durften, und wir durften nie. Als
ich ungefähr zehn Jahre alt war, früher durfte ich nicht auf die Straße mit

anderen Kindern spielen, da bearbeiteten wir wie die Boxer, wirklich, unsere Eltern richtig dafür, dass wir auf die Straße konnten. Als Einzelkind gegen vier Erwachsene muss man sich durchboxen, wenn man was will. Da waren meine Eltern, mein Großvater und meine Großmutter. Wenn man was Bestimmtes will, ja, dann musste man dagegen angehen, gegen die Verweigerung der Erwachsenen. Als kleines Mädchen wurde ich an der Hand zum Friedrich-Wilhelm-Platz geführt und durfte da spielen, aber es war eben immer ein Elternteil dabei. Aber dann kämpften wir uns richtig durch, wir Kinder aus den Vorderhäusern, wir wollten natürlich auch auf der Straße spielen. »Wenn ich heute beim Haare waschen nicht weine, darf ich dann runter auf die Straße?« Oder: »Wenn ich heute Erbsen esse«, aber dazu habe ich mich sehr selten entschlossen, es mit Erbsen zu erhandeln.

Ich bin die ganze Zeit in der Kaiserallee 104 geblieben, bis 1943 das Haus von oben nach unten ausgebombt wurde. Ich war gerade in Heidelberg, und meine Großmutter ist durch eine Luke, die es damals in den Häusern gab, so dass man immer ins Nebenhaus konnte, ist sie raus gekommen. Meine Mutter war auch nicht da. So sind wir erhalten geblieben. Ich muss vielleicht dazu sagen, dass mein Ziehvater, ich hatte einen Ziehvater, der besonders nett und sehr angenehm war. Mein richtiger Vater war nicht mehr da, und mein Ziehvater war Jude. Ich weiß nicht, ob Sie sich das vorstellen können, wie das ist, wenn man hier Arzt ist, also er war Arzt und war Jude. Die Leute in der Umgebung in der Kaiserallee, die kannten ihn alle. Es war also sehr schlimm. Er wollte nicht auswandern, weil er sich nicht gerne von mir trennen wollte. Und weil ich hier zur Schule ging und hier studieren wollte und alles mögliche wollte. Und er mich hier behalten wollte.

Aber 1938 war es dann doch soweit, dass er nicht mehr hier bleiben konnte und dass er weg musste. Er ging nach Frankreich, nach St. Wandrille in ein Kloster und dort arbeitete er als Klosterarzt. Als dann die Deutschen über Frankreich kamen, ja, auch über das Kloster St. Wandrille, was etwas südlich von Rouen liegt – es wusste nur der Abt, dass er Jude war. Die anderen wussten es nicht, und irgendjemand sagte den Deutschen: »Ah, bei uns ist ein Deutscher, ein Klosterdeutscher, eingesperrt, gucken Sie den doch mal an, der kann ganz gut französisch, das hat er gelernt bei uns, der ist seit zwei Jahren bei uns.« Daraufhin gingen die Soldaten zu ihm hin und sagten: »Um Gotteswillen, Sie armer Mensch, Sie sind in Frankreich eingesperrt in einem Kloster, wir wollen Sie erlösen.« Sie bepackten ihn mit Schokolade und Keksen und allem was man so in Frankreich bekam, setzten ihn in einen Zug und schickten ihn nach Berlin. Und in Berlin stand er also eines Abends vor unserer Wohnungstür und meine Mutter war wirklich erfreut, ihn wiederzusehen, aber auch entsetzt, weil sie nicht wusste, was sie machen sollte.

Sie ließ ihn in unsere Wohnung, fuhr aber selbst am nächsten Vormittag ganz woanders hin, wo er nicht bekannt war, nach SO36. Das ist in Kreuzberg. Und mietete da eine frei werdende Wohnung. Viele Leute waren ja weggezogen aus Berlin. Sie mietete eine Wohnung, eine Zweizimmerwohnung. In der Nacht um zwei Uhr ließ sie eine Taxe kommen und fuhr meinen Vater da hin und sich auch, mit Koffern und allem was dazu gehört. Und da blieben sie wohnen, bis unser Haus in der Kaiserallee 104 zerbombt wurde und ich nun auch irgendwohin musste. Meine Großmutter auch. Meine Großmutter nahmen sie zu sich in die Zweizimmerwohnung, Gott behüte, meine Großmutter wohnte in dem einen Zimmer und in dem anderen die zwei, und ich mietete eine Wohnung, eine Einzimmerwohnung bei einer Frau, ganz dicht nebenan, so dass man immer hin und her gehen konnte. Das alles blieb so bis 1944. Bis zu dem Datum, an dem Berlin wirklich *abrasiert* wurde. Mehr oder minder. Die Amerikaner oder Engländer schmissen Bomben und Sprengstoff und was es nicht alles gab und sie machten etwas Furchtbares, sie warfen den Sprengstoff ab, als sie das Entwarnungssignal hörten. Da kamen sie zurück und als die ganzen Leute aus Berlin aus den Kellern kamen, da warfen sie die Bomben ab. Und bei dieser Aktion wurden meine Mutter und meine Großmutter getötet.

Das war an einem Sonnabend vormittag, ungefähr gegen zwölf Uhr. Ich war um elf in die Universität gegangen, denn da las Spranger[3], ein Philosoph, der in Berlin einen guten Ruf hatte, der las immer sonnabends um elf. Ich war also übrig geblieben. Und mein Vater, der nicht in den Keller gehen konnte, der lief, wenn die Entwarnung gerade vorbei war, los in den U-Bahnhof Jannowitzbrücke. Wir beide, er in der Jannowitzbrü-

---

[3] Gemeint ist Eduard Spranger (1882 – 1963)

cke und ich, in der Universität, waren heil geblieben. Mutter und Großmutter tot. Es war furchtbar. Das war am 3. Februar, aber der Krieg endete erst im Mai.

Und die Zeit von Februar bis Mai musste ich nun dafür sorgen, dass
mein Vater am Leben blieb. Sie wissen nicht, was es heißt einen Mann,
der also ein kräftiger Mann war, der auch irgendwie beschäftigt werden
wollte, über Wasser zu halten, ja? Ich bekam ein Zimmer in der Wilde-
nowstraße, in der Straße, die den Botanischen Garten quert. Ich sah von
meinem kleinen Fenster aus direkt auf den Botanischen Garten und in
diesem Zimmer konnte ich ihn ungefähr zweimal in der Woche zum
Übernachten einladen und wenn es ging auch zum Baden. Einladen ist
nicht das richtige Wort, aber ihm das möglich machen. Da war eine Wirtin und wenn die weg war, dann konnte ich es machen. Es gab da eine
kleine Besenkammer und wenn jemand kam, Nachbarn oder so, dann
musste er sich da verstecken. Ich ging am frühen Morgen, am sehr frühen Morgen raus mit ihm, weg. Damit er wo hinkam, wo er nicht gesehen
wurde. Eben möglichst in den U-Bahnhof Jannowitzbrücke, wo viel Publikum war und man nicht auffiel. Auf diese Weise hat er tatsächlich den
Krieg überlebt. Aber Sie wollen ja über meine Kindheit sprechen. Naja,
das war es so mit meiner Kindheit. Ich glaube, ich bin heute die Einzige
aus meiner Klasse, die noch am Leben ist. Wir waren vier Klassen. Aber
jetzt ist keiner mehr da.

*Hatten Sie noch lange Kontakt zu Ihrer Klasse?*
Ja, auf der Universität noch. Es gingen natürlich mehrere studieren,
manche machten Medizin, aber ich war die einzige, die Geschichte studierte.

*Das heißt, Sie kommen schon aus einem sehr bürgerlichen Umfeld…*
Ja? Ich weiß nicht, was Sie so bürgerlich nennen.

*Nun, alle haben studiert. Es wurden keine Arbeiter aus den Kindern, son-
dern studierte Leute…*
Ja, es haben alle studiert. Wenn Sie bürgerlich studiert nennen, dann
waren in unserer Familie alle studiert, das ist wahr. Aber das würde ich
nicht bürgerlich nennen. Bürgerlich ist ganz was anderes.

*Was ist denn bürgerlich?*
Bürgerlich ist zum Beispiel auch eine gewisse Spießigkeit.

*Und spießig waren sie nie?*
Nein. Ich war immer ziemlich widerspenstig. Wissen Sie, wenn man als einziges Kind mit vier Erwachsenen aufwächst, als einziges Kind, da lernt man sich durchzusetzen. Gegen vier Erwachsene muss man lernen sich durchzuboxen, wenn man etwas will. Da musste man gegen angehen, gegen die Verweigerung der Erwachsenen. Da ist man ziemlich hart geworden. Ich konnte mich immer einigermaßen durchsetzen.

www.berlinerkindheiten.de/1921-ursula-ziebarth/

# »Alte Kommunisten«
## Peter Neuhof (*1925), Frohnau

*Ich traf Peter Neuhof im ersten Sommer der Corona-Pandemie. Er kam in einem alten Mercedes angefahren und rief mir schon aus dem offenen Fensterschlitz zu: »Bist du Johannes?« Peter Neuhof ist ungemein wach und schnell und nimmt an seinem Gegenüber lebhaft Anteil. Er ist mittlerweile 96 Jahre und wie er selbst sagt: »Ich bin ein ziemlich alter Mann. Aber der Kopf ist in Ordnung, die Beine naja, aber das sieht man nicht, das hört man nicht, das spürt man nur.« Peter Neuhof erzählt, wie er als Sohn jüdischer Kommunisten mit viel Glück und der Hilfe vieler Freunde die Nazi-Zeit und den Krieg in Berlin überlebte. Nach dem Krieg war er bis zu seiner Pensionierung West-Berlin-Korrespondent des DDR-Rundfunks und lebt bis heute in Frohnau.*

Meine ganze Familie väterlicherseits, die waren alle Kommunisten. Und unser ganzer Freundeskreis in Frohnau, das waren auch alles Kommunisten. Die alle wollten und glaubten und hofften, der Kommunismus werde die Probleme lösen und eine neue Welt wird entstehen. Und an dieser neuen Welt wollen wir mitarbeiten. Wir waren recht wohlhabend und hatten ein Dienstmädchen, von Kochen bis Saubermachen hat die den ganzen Haushalt organisiert. Meine Mutter hatte da nicht viel zu tun. Die konnte sich mit meinem Vater um Politik kümmern und zu Veranstaltungen gehen, und dieses Dienstmädchen merkte schnell, dass sie in einem sehr linken, kommunistischen Haushalt war. Sie hatte einen Freund, der war auch Kommunist, der hieß Gerhard Weiß, die beiden wollten heiraten. Aber Gerhard wurde 1932 bei einer Wahlagitation zwischen Frohnau und Glienicke von einem SA-Mann erschossen. Das war das Grunderlebnis für mich. Der Gerhard, ein Freund der Familie, wurde vor unseren Augen, vor unserer Haustür, erschossen von den Nazis. Dass ich von da ab die Nazis besonders hasste und Gegner der Nazis war, das dürfte klar sein.

Mit der sogenannten »Reichskristallnacht« hörte jüdisches Leben eigentlich auf. Da hörte auch die Arbeitstätigkeit meines Vaters auf. Er konnte noch eine Weile auf dem Bau schuften. Aber auch das durfte er

nur für kurze Zeit, dann begann die Zwangsarbeit in der Farbenfab-
rik Haneke und Böhme in Weissensee in der Juden-Kolonne. Da waren dreihundert jüdische Arbeiter, angetrieben von einem »arischen«
Vorarbeiter. Von den ganzen dreihundert jüdischen Arbeitern hat nur
einer überlebt. Die anderen sind alle ermordet worden. Ich hatte Glück.
Ich war ein sogenannter Halbjude. Die Ehe zwischen einem Arier und
einem Nicht-Arier war, wenn ein Kind vorhanden war, eine »privile-
gierte« Ehe. Privilegiert insofern, dass du nicht ganz dem Terror und
den Gesetzen der Nazis unterworfen warst. Aber das ging nur eine gewisse Zeit. Ich konnte das Realgymnasium im benachbarten Hermsdorf besuchen. Aber ab 1942 hieß es »auch Halbjuden aus priviligierten
Ehen« mussten die Schule verlassen. Mit Hilfe von kommunistischen
Freunden habe ich aber eine Lehrstelle als Maschinenschlosser in einer
Fabrik in Wittenau gefunden. Normalerweise hat damals kein Halbjude eine Lehrstelle gekriegt. Aber ich habe noch den Lehrvertrag, unterschrieben von Herbert Lindner, das war der Chef der Firma, der In-
dustrie- und Handelskammer und von Karl Israel Neuhof. Das hätte es
überhaupt nicht geben dürfen, aber das hat es gegeben. So konnte ich da
bis Kriegsende Maschinenschlosser lernen. 1943 war das. Zwei, drei Tage, bevor meine Eltern verhaftet wurden.

Das hat auch wieder eine Vorgeschichte. Bei uns wohnte ein Illegaler.
Ein Freund meiner Eltern. Ein führender Kopf der illegalen Kommunistischen Partei. Die hatten in Holland überlebt und bekamen von Moskau
über Funk 1942 die Anweisung, er müsse nach Deutschland gehen und
versuchen den Widerstand gegen Hitler zu aktivieren. Der kam nun nach
Deutschland und wusste, da gibt's den Karl Neuhof, ein Freund von ihm.
Der guckte im Adressbuch, fand unsere Adresse und stand eines Tages
im November vor unserer Tür. Ich sag: »Wilhelm, wie kommst du denn
her?« Das war der Wilhelm Beutel. Das war natürlich Wahnsinn! Mein
Vater war Jude und Kommunist und dann noch einen Illegalen aufnehmen! Durch Verrat an anderer Stelle ist das bekannt geworden. Und am
9. Februar '43, ich kam gerade von der Arbeit nach Hause und wunderte
mich, denn die Gartentür stand offen, die Haustür stand offen, die Wohnungstür nur angelehnt. Ich mach' die Tür auf. Da steht einer, mit Leder-
mantel und Schlapphut, hat sich nicht vorgestellt, sondern fragt wie aus
der Pistole geschossen: »Wer ist der Mann, der bei euch wohnt?« Mein

Vater wurde von der Arbeit weg verhaftet und uns haben sie dann auch mitgenommen. Und dann haben sie uns im Auto, einem Mercedes, bis Hermsdorf zur Polizei gebracht. Lange hin und her telefoniert. Und dann haben sie mir gesagt, ich hatte damit gerechnet, dass ich natürlich mit verhaftet war: »Du kannst nach Hause gehen, deine Kaninchen füttern.« Es war ja Krieg, zu Essen gab es ja nicht viel, also hatten wir eine Karnickelzucht. Da bin ich nach Hause und hab mich noch x-mal umgedreht, weil ich dachte, die lassen dich doch nicht laufen.

Ich habe jeden Tag damit gerechnet, dass sie mich abholen. Der Wilhelm Beutel, der bei uns gewohnt und politisch gearbeitet hat, war hingerichtet worden. Der hat in unserer Wohnung gearbeitet. Er hat Flugblätter geschrieben, die an anderer Stelle maschinell fotografiert wurden. Das wusste ich, auch wo was liegt. Wir hatten große Sessel und zum Teil waren die Materialien in der Tiefe der Sesselseiten versteckt. Das habe ich in der Nacht alles rausgesucht und vernichtet. Aber die haben gar nicht gesucht. Die waren froh, die hatten Wilhelm Beutel, den Kopf. Und von der Gruppe sind 56 Mann verhaftet worden. Alle sind hingerichtet worden. Ich habe damit gerechnet, die kommen doch noch mal wieder. Ich bin in der Nacht noch zu Freunden meiner Eltern, die eine Straße weiter wohnten. »Passt auf, meine Eltern sind verhaftet worden. Ihr wisst von nichts. Auch wer Wilhelm Beutel ist, das dürft ihr nicht wissen!« Es war eine unruhige Nacht. Ich wusste, ich sehe meine Eltern nicht wieder. Ich wusste nicht, lassen die dich wirklich frei. Im Nachhinein, ohne mich aufwerten zu wollen, habe ich ziemlich kaltblütig gehandelt. Ich wusste, es geht um Leben und Tod. Entweder die oder wir. Und nur dadurch, dass ich diese Freunde hatte, die ich da nachts noch benachrichtigt habe, die um die Ecke herum wohnen, gute, alte Kommunisten, die zur Sache hielten und zum Teil schon Zuchthaus hinter sich hatten, die mich auch moralisch unterstützten, nicht nur finanziell, die mir zur Seite standen. Das war ungeheuer wichtig. Alleine hätte ich das nicht überstehen können. Dem ehemaligen Chef meiner Mutter sagte ich: »Pass auf, meine Mutter kommt morgen nicht zur Arbeit, die ist verhaftet worden. Auch du musst dich vorsehen.« Der hat mich monatlich mit hundert Mark unterstützt. Und das war nicht wenig Geld. Die konnte ich mir bei ihm abholen. Diese Leute hat es gegeben. Es gab Leute, die das geblieben sind, was sie waren.

Solange mein Vater in Untersuchungshaft war, hatte ich Kontakt zu ihm, teils legal, teils illegal. Er war in Moabit in Untersuchungshaft bzw. in der Lehrter Straße, wo jetzt der Hauptbahnhof ist. Da gab es ein kleines Gefängnis, und dieses Gefängnis wurde von Hilfspolizisten bewacht. Das waren Leute, die schon vor '33 bei der Polizei waren und andere Uniformen trugen. Da waren zum Teil Leute, die mit den Nazis nicht sympathisierten. Da konnte man sagen: »Ich habe hier einen Brief, können Sie den meinem Vater geben?« Und das haben die gemacht. Während der Untersuchungshaft konnten wir auch legalen Briefverkehr haben. Und irgendwann kam die Post zurück. Da stand drauf »entlassen«. Aber wenn er entlassen ist, muss er doch irgendwo sein? Wir haben das nie erfahren. Erst als meine Mutter bei ihrer ersten Verhaftung den Prozess hatte, Anfang '44, da sagte der Richter beiläufig: »Ihr verstorbener Mann hat gesagt«, da fiel meine Mutter fast in Ohnmacht. Daraufhin haben wir nachgeforscht: Wo ist er denn? Und dann haben wir eine Todesurkunde bekommen. Da stand drin: »Am 15. Januar 1943« natürlich nicht ermordet, sondern »verstorben«.

Meine Mutter wurde zweimal verhaftet. Nach der ersten Verhaftung hatte sie einen Prozess, das war die Sache mit dem Wilhelm Beutel. Aber da konnten sie meiner Mutter nichts nachweisen und sie ist nur wegen Beihilfe zu zwölf Monaten verurteilt worden. Da sie aber schon so lange in Untersuchungshaft war, konnte sie nach Hause gehen. Aber '44 im September, das war bei Freunden von uns, alte Genossen, da verkehrte ein illegal lebender jüdischer Bürger. Mir kam die Sache spanisch vor, merkwürdig. Der hatte den Freund von uns irgendwie kennengelernt und hat gesagt, er lebt in der Illegalität und er möchte mal, weil er Maler sei und der Freund von uns, auch ein Amateurmaler, er möchte dessen Werke mal kennenlernen, hat ihn in Frohnau besucht. Und die hatten auch zu meiner Mutter Kontakt aufgenommen. Ich habe meiner Mutter, die damals nach der ersten Verhaftung erst wieder auf freiem Fuß war, gesagt: »Geh' da nicht hin. Der Mann ist nicht sauber, denn wenn er Jude ist und illegal lebt und dann plötzlich Fremden, die er mal zufällig kennengelernt hat, das alles erzählt, also der Mann ist nicht sauber.« Meine Mutter ist aber hingegangen und als dieser vermeintliche Maler verhaftet wurde und unsere Freunde mit verhaftet wurden, hat er dann erzählt: »Im Übrigen verkehrte da auch eine Frau Neuhof und soviel ich weiß, ist deren Mann auch Jude gewesen.« Er hat also meine Mutter verraten und dann sind unsere Freunde verhaftet worden, er ist verhaftet worden, meine Mutter auch. Meine Mutter kam nach Ravensbrück und hat unter großen Schwierigkeiten überlebt, musste noch den Todesmarsch mitmachen und wurde von der Roten Armee in Mecklenburg in Crivitz befreit.

Sie kam in eine Art Erholungslager, wo die politischen Häftlinge, die völlig kaputt waren, erst einmal Unterkunft hatten. Und eine der Häftlinge, Käte Jakob, die war mit meiner Mutter zusammen in Ravensbrück. Die war schon besser zu Fuß und ging nach Berlin zurück und hat mir einen Brief in den Briefkasten gesteckt. »Deine Mutter lebt, sie ist schwer krank, die ist dort und dort in dem Erholungslager.« Naja, da wir zu dem Zeitpunkt einen kommunistischen Bürgermeister in Frohnau hatten, bin ich zu dem hin und habe gesagt: »Du, Hermann, meine Mutter ist da und da. Ich kann die abholen, aber es fährt weder ein Auto, noch ein Bus oder die Bahn.« Wir hatten aber einen kommunalen Fuhrpark in der Zwischenzeit. »Kannst du mir ein Auto geben?« Holzgas wohlgemerkt. Benzin gab es nicht. Da wurde trockenes Holz klein gehackt und unter Druck verbrannt und dann entstand Holzgas, und mit diesem Holzgas konntest du Motoren betreiben. Sehr langsam, aber die fuhren. Und so bin ich nach Mecklenburg gefahren, nach Crivitz und habe tatsächlich meine Mutter vorgefunden. Zwei Tage später sind wir zurückgefahren, unterwegs wieder auf Bauernhöfen angehalten, gefragt: »Gibt's hier trockenes Holz?« Und haben Holz gehackt. Das kann man sich überhaupt nicht mehr vorstellen, aber die Karre fuhr und meine Mutter kam schwerkrank wieder nach Hause. So habe ich meine Mutter wiedergefunden. Meinen Vater natürlich nicht, da wussten wir längst, der ist tot. Ermordet. 16 seiner engsten Mitarbeiter und seiner engsten Verwandten, alles jüdische Verwandte, sind ermordet worden. Bis auf die wenigen, die rechtzeitig ausgewandert sind, sind alle tot.

*Wann waren Sie erwachsen?*
Am 9. Februar '43, als meine Eltern verhaftet wurden. Über Nacht musste ich alleine Entscheidungen treffen. »Was machste mit dem Material, was da ist? Wo sind deine Eltern? Kannst du die besuchen? Musst du die und die Leute erreichen?« Für einen 17-jährigen war das verdammt viel.

Das war mir nur möglich, weil ich durch meine Eltern schon als Kind so politisiert wurde und von Anfang an wusste, was legal ist, was illegal ist, wer meine Gegner waren und dass Leute, die mich verfolgt haben, meine Feinde waren. Wenn das alles nur ganz plötzlich auf mich zugekommen wäre und ich politisch nicht erzogen worden wäre, dann wäre ich zusammengebrochen. Aber, so wusste ich, das sind meine Feinde. Die bekämpfen mich. Die haben uns schon bekämpft. Und jetzt bekämpfe ich die mit meinen Mitteln und mein Hauptmittel ist: Du willst erst einmal überleben. Und ich hatte, wie gesagt, das Glück, die Freunde meiner Eltern, Kommunisten der alten Schule an meiner Seite zu haben, die mich nicht nur finanziell, auch moralisch von der ersten Stunde an unterstützten. »Ab morgen isst du bei uns als Gast!« Ich bin zu denen essen gegangen, auch als der Mann schon verhaftet wurde. Es war selbstverständlich, ich war wie ein Teil der Familie, die haben sich großartig verhalten. Die andere Familie auch, der Walter Hellige. Der war allerdings auch ein Hasardeur, ein alter Kommunist. Man hörte schon die Kanonade. Aber die Nazis waren noch an der Macht. Gegenüber von ihm wohnte ein PG, ein Parteigenosse. Der kam an und sagte, er hat den Auftrag, allen in Frohnau zu sagen, mit Sack und Pack in Richtung Westen, nach Westdeutschland abzuhauen. Da kam Walter Hellige, der hatte einen Brotvertrieb, mit einem großen Brotmesser raus und schrie – und der Walter Hellige hatte schon Zuchthaus hinter sich 1935 – der schrie: »Du Schwein! Ihr Schweine! Erst habt ihr uns ins Unglück gebracht und jetzt sollen wir für euch auch noch verrecken? Mach, dass du weg kommst!« Und ging mit dem Messer auf den los. Und dieser Nazi, das war für uns ein Glücksfall, der fing an zu rennen, Hellige rief noch hinter dem her: »Hau ab, du Lump!« Und wir Jugendlichen, wir rannten hinter dem her. Es hätte schlimm enden können, wenn da eine Streife gekommen wäre. Kam aber nicht. Und der Nazi rannte um sein Leben. Der ist nicht wieder aufgetaucht. Wahrscheinlich ist er irgendwo ums Leben gekommen oder was weiß ich. Aber da wussten wir endgültig, wenn ein Nazi vor dir wegläuft, ist es bald aus. Wäre in dem Augenblick eine Wehrmachtsstreife gekommen, wären wir alle dran gewesen. Aber in dem Moment denkst du nicht dran. Das war irre. Ein befreiendes Gefühl.

www.berlinerkindheiten.de/1925-peter-marie-luise/

## »Russische Immigranten«
### Katharina Wagenbach-Wolff (*1929), Friedenau

*Die spätere Verlegerin Katharina Wagenbach-Wolff wurde als Tochter rus-*
*sischer Immigranten geboren. Sie berichtet von der russischen Bourgeoisie*
*in Berlin, ihrem vielrauchenden Vater und den Leseabenden in Wolffs*
*Buchhandlung nach dem Krieg.*

Meine Eltern sind russische Immigranten gewesen. Sie sind auf Umwe-
gen nach der russischen Revolution nach Berlin gekommen, sie haben
sich erst in Deutschland kennengelernt und 1928 in Berlin geheiratet,
ich bin 1929 auf die Welt gekommen. Es gab hier in Berlin dreihundert-
tausend Russen kurz nach der Revolution, in den frühen zwanziger Jahren. Vor diesem Kreis haben sich meine Eltern aber sehr zurückgehal-
ten. Diese Russen waren immer noch der Hoffnung, dass sie wieder
zurück können. Meine Eltern wollten nicht mehr zurück. Sie sahen gar
keine Möglichkeiten und hatten auch gar keine Sehnsüchte. Es blieb nur
die Sprache zurück, das, was sie erhalten konnten. Was sie mitgenommen haben, war ihre Sprache und ihre Schulbildung.

Mein Vater hatte zunächst eine kleine Leihbücherei eröffnet, als Ver-
legersohn konnte er es nicht lassen, ohne Bücher zu sein. Ich weiß nicht
mehr genau, welche Sprache ich zuerst gelernt habe. Zuhause wurde
russisch gesprochen, aber da die Eltern beide sehr beschäftigt waren,
kam sehr bald eine Art Kindermädchen zu uns, Gretel hieß sie. Mit ihr
habe ich deutsch gesprochen, mit den Eltern russisch. So bin ich zwei-
sprachig aufgewachsen, aber die Hauptsprache war deutsch. 1936 kam
ich in die Volksschule. Die lag in der Offenbacher Straße, auf der Grenze zwischen Friedenau und Wilmersdorf. Ich hatte eine sehr, sehr nette
Lehrerin, Frau Schiller. Anfangs hatte ich große Mühe mit dem Lesen,
aber Dank dieser Frau Schiller habe ich doch lesen gelernt. Es ist natürlich merkwürdig, dass ich dann Verlegerin geworden bin.

Meine Eltern hatten beide gute Schulen besucht. Meine Mutter war
hier in Berlin im Lette-Verein. Und mein Vater war kurze Zeit in Leipzig und hat dort gearbeitet. Er musste Deutsch lernen. Meine Mutter
konnte schon deutsch. Sie hatte ein deutsches Kindermädchen. Mein

Vater musste es erst lernen. In Leipzig im Teubner-Verlag, dort war er angestellt und lernte deutsch. Er machte aber immer noch kleine Fehler, das erinnere ich. Also die »Höhle« und die »Hölle«, das hat er immer verwechselt. Sonst galt eben doch »deutsch« für sie, und Deutschland war einfach das Land ihres Aufenthaltes. Allerdings immer ohne Staatsangehörigkeit, wir waren staatenlos, wir hatten einen Nansen-Pass und dann nachher einen provisorischen Personalausweis. Es war immer dieser merkwürdige Zustand, jedes Jahr mussten wir Aufenthaltsgenehmigungen einholen. Das war nie sehr angenehm. Ich weiß, ich musste mit meiner Mutter, nicht auf das Auswärtige Amt, auch nicht zur Gestapo, es war so eine merkwürdige Institution, ich kann nicht mehr genau sagen, wie die hieß. Wir mussten dort erscheinen und bekamen dann jedes Jahr für ein weiteres Jahr eine Aufenthaltserlaubnis. Wir waren eigentlich immer so in dem Zustand, dass die Nazis uns loswerden wollten. Sie wollten alle, immer unter dem Aspekt des Arischen und des Deutschen, Germanischen nach Russland zurückschicken. Wir galten ja als Slawen. Der Vorteil dieses Ausweises, dieses provisorischen, war, dass mein Vater nicht zum Militär musste.

Mein Vater kam mittags nach Hause zum Essen. Und das Essen war sehr wichtig. Inzwischen hatte er eine Buchhandlung eröffnet, nicht mehr eine Leihbücherei, eine richtige Buchhandlung – und kam mittags nach Hause. Ich weiß, dass meine Eltern sehr auf Tischmanieren Wert legten. »Tu die Hand auf den Tisch«, haben sie gesagt. Oder: »Halt die Gabel richtig.« Das fand ich ziemlich lästig. Auch musste ich immer spazieren gehen. Sowohl mit der Gretel wie am Sonntag mit meinem Vater. Es ging in Richtung Südwestkorso, zum Breitenbachplatz. Fand ich auch alles gar nicht schön. Als Belohnung gingen wir dann in ein Café, das nannte sich Café Corso, und er trank dann einen Wermut und ich bekam eine Schokolade. Ich fand das letzten Endes aber ziemlich langweilig. Das war so eine Vorstellung meiner Eltern, dass man viel frische Luft einatmen muss. Im Gegensatz zu den leidigen Spaziergängen, ging ich gerne in unseren Schrebergarten, wo ich ein eigenes Beet hatte und säte und wartete, bis die Radieschen und Mohrrüben gediehen und reiften.

Es wurde zu Hause eigentlich über alles gesprochen. In meiner Gegenwart wenig über Politik, also man war sehr vorsichtig, sie waren natürlich sehr kritisch eingestellt. Und waren vorsichtig, mir gegenüber. Dann kam dieses »Attencion à l'enfant!« – das sagten die Eltern dann untereinander, da sollten sie nicht weiterreden, ich säße ja dabei, ich könnte etwas erzählen bei anderen Leuten. Sie müssen sich vorstellen, das war `36. Der Krieg fing an, `39, da hatte man schon viel auszutauschen. Wir hatten einen Volksempfänger, und man konnte komischerweise auf diesem Volksempfänger BBC hören. Und das wurde natürlich gehört, um sich zu informieren. Wir hatten sonst überhaupt keine Möglichkeit – außer diesem schrecklichen Geschwätz von Goebbels –, uns zu informieren. Sie haben uns ja viel vorgelogen. Und wir mussten in der Buchhandlung, besonders in der Leihbücherei, natürlich Thomas Mann und Kästner und Döblin u.a. aus den Regalen nehmen. Die hat mein Vater dann im Keller versteckt.

Ich wollte wie meine Freundinnen eine BDM-Uniform haben. Da hat meine Mutter aber gesagt: »Nein, kommt nicht in Frage! Kauf ich dir nicht!« Und dann hat sie mir als Ersatz einen schwarzen Rock und eine weiße Bluse gekauft und das habe ich dann getragen, aber ich war nicht im BDM. Ich durfte da nicht hin, ich habe das erst sehr bedauert, weil alle meine Freundinnen dort waren. Dann aber, so mit zwölf, da habe ich das kapiert. Da merkte ich, was los ist und dass die Eltern gegen das System sind. Und dass man vorsichtig sein musste. Das war im Alter zwischen zehn und zwölf, da fiel bei mir der Groschen. Bis dahin fand ich mich ein wenig ausgeschlossen.

Mit zwölf war diese schöne Kindheit dann aber vorbei. Ich glaube es war 1943/44, als diese starken Angriffe auf Berlin begannen, das war dann sehr ernst. Da hörte so vieles auf. Die Spiele auf der Landauer Straße, und die Freundinnen waren weg. Mit dem Krieg kam natürlich auch die Angst, weil wir nicht so richtig »Deutsche« waren, das kam ja dazu, das »Was wird aus uns?« 1944 sind wir nach Bayern evakuiert worden. Wir haben dort das Kriegsende erlebt. Es war der 8. Mai 1945. Die Meldung kam im Radio. Es war ein tiefes Aufatmen. Ich dachte und fühlte, nun ist es mit der ungeheuren Angst vorbei. Ein großes Gefühl. Ich bin mit einem der ersten Transporte, die nach Berlin gingen, `46 zurückgekehrt.

Mein Vater, Andreas Wolff, hatte, wie schon erwähnt, während der Nazizeit verbotene Werke von Thomas Mann, Alfred Döblin, Joseph

Roth, u.a. im Keller der Buchhandlung versteckt, holte sie nach Kriegsende herauf und veranstaltete Leseabende. Diese Abende in Wolffs Bücherei wurden geschätzt und erfreuten sich großer Beliebtheit. Im Juni
1948 habe ich in der Königin Luise Schule in Berlin-Dahlem Abitur gemacht. Damit war meine Kindheit endgültig vorbei, berichtet habe ich
von ihr neunzigjährig in Berlin.

www.berlinerkindheiten.de/1929-k-wagenbach-wolff/

# BOMBENSPLITTER
## Nazizeit und Krieg

## »Auf der Flucht«
### Gisela Preuss (*1931), Küstrin / Mitte, Alexanderplatz

*Gisela Preuss, geborene Kroll, wurde in Küstrin geboren und wächst zunächst im damaligen Deutsch Krone auf. 1939 zieht die Familie nach Berlin, wo der Vater als Lokführer arbeitet. Aufgrund der Bombenangriffe auf Berlin geht die Mutter mit den fünf Kindern 1943 nach Dirschau, wo sie in einem alten Bahnhofwartezimmer unterkommen. Gisela Preuss berichtet von der Flucht vor dem näher kommenden Krieg und dem zerstörten Alexanderplatz.*

Ich war acht, als der Krieg ausbrach. Und ich habe vom ersten Tag an verstanden, was das hieß, Krieg. Krieg hieß Bombenangriffe. Dann kommt es von oben, vom Himmel kommen Bomben. Und mit dem Moment, wo es hieß, es ist der Krieg, da hatte ich Angst, ich habe immer Angst gehabt. Den ganzen Krieg über hatte ich eine höllische Angst. Die Angst habe ich heute nicht mehr, aber damals war ich völlig verschüchtert und es waren viele, die das waren. Wir haben alle Angst gehabt. Nur Margarete, meine Schwester, hatte keine Angst. Vor Gott und der Welt nicht, aber ich war ein Angsthase. Die haben mich immer ausgelacht.

Bis 1943 haben wir in der Magazinstraße am Alexanderplatz gewohnt, in einer schönen großen Drei-Zimmer-Wohnung. Aber dann hieß es, alle Frauen mit Kindern aus Berlin raus. Wegen der Bombenangriffe. Und da sind wir mit meiner Mutter, die hatte eine Bekannte, die in Westpreußen, in Dirschau, da hat die einen Bahnhof geleitet. Da gab es ein leeres Wartezimmer, das war das Zimmer Nummer eins. Und dieses Wartezimmer Nummer eins haben wir gekriegt. Die Bekannte, durch die wir da hingekommen sind, die wohnte auch bei uns, das war die Frau Gerlach. Das Zimmer bestand aus zwei Doppelbetten, unten haben die Frau Gerlach und meine Mutter geschlafen. Bei meiner Mutter schlief ein Kind mit und oben schlief auf einer Seite meine älteste Schwester mit einem von den Kleinen und ich auf der anderen Seite. Die ganz Kleine lag in einer Wiege. So haben wir dort gelebt bis 1944. Da fiel mein Onkel, und meine Tante sagte zu meiner Mutter: »Komm mit den Kindern nach Küstrin. Ich hab' hier genug Platz für euch. Bis Kriegsende könnt ihr hierbleiben.« Und da haben wir das Ende des Krieges erlebt. Am 1. März '45 standen die Russen vor Küstrin, und wir mussten zusehen, dass wir wegkommen. Da hieß es: »Alle raus!« Es durfte keiner in der Stadt bleiben. Die Obrigkeit war schon weg, es waren bloß ein paar Soldaten übrig und die Menschen alle. Der letzte Zug fuhr morgens um drei oder vier Uhr. Es war ein scheußlicher Tag, nasskalt, windig, dunkel, nebelig. Und da ist meine Mutter mit uns zum Bahnhof marschiert. Der Bahnhof war komplett voll. Nur mit Hilfe von einem Soldaten sind wir bis zum Zug gekommen. Da war nur Stroh drin, das waren Viehwaggons. An dem Tag sind wir bis Kolberg gekommen. Da war ein Tiefangriff! Da hieß es: »Alle wieder raus.« Aber meine Mutter sagte: »Wir bleiben hier! Wir kommen sonst nie wieder rein.« Es ist auch nichts passiert. Zum Glück.

Danach haben wir stundenlang in den Zügen gesessen. Das war am 1. oder 2. März '45. Irgendwann ging es doch weiter. Da sind wir gekommen bis Schwedt an der Oder. Das ist nicht mehr weit von Berlin. 175 Kilometer, weiter war das nicht mehr. Da haben wir wieder gestanden und lange gestanden. Da hatten wir aber keinen Viehwaggon mehr. Da haben wir in einem Abteil dritter Klasse gesessen. Und dann haben wir da gesessen und das dauerte. Neben mir saß eine alte Dame, die rutschte immer wieder rüber, die schlief. Die hab' ich immer wieder ein Stück zurückgeschoben, da musste ich natürlich vorsichtig sein, damals hat man Ärger bekommen, wenn man zu alten Leuten nicht höflich war. Meine Mutter legte auf sowas großen Wert. Ich habe sie immer wieder zur Seite geschoben und sagte auch zu ihr: »Bleiben Sie doch bitte da sitzen.« Eines von den Kindern hatte ich auf dem Schoß und so sind wir nachts schließlich weiter gefahren. Morgens sind wir irgendwo gehalten, und da ging einer durch den Waggon und da sage ich: »Die Frau sitzt mir schon wieder auf dem Schoß! Ich weiß gar nicht mehr, was ich machen soll.« Und da guckt der die Frau an und will sie zurückziehen … da war die längst tot. Die musste in Schwedt schon gestorben sein. Das hatte bloß keiner gemerkt. Dann haben sie die rausgeholt, aber da fuhr der Zug schon und da haben sie sie auf den Parron gelegt, zwischen den beiden Waggons. Das sehe ich heute noch vor mir. Da ist die Frau immer so hin- und hergerollt, bis zur nächsten Station. So sind wir bis Waren an der Müritz gekommen, da sind wir auf Familien aufgeteilt worden und wir wurden von einem Bauern auf seinem Karren abgeholt.

Am 1. März sollte ich konfirmiert werden und es war alles fertig. Mein Konfirmationsstaat, alle Leute waren eingeladen, meine Mutter hatte Likör angesetzt. Sie hatte sich große Mühe gemacht. Ja, und dann mussten wir weg. Und da habe ich noch gedacht: »Aber das geht doch nicht!« Ich wollte ja konfirmiert werden und meine Geschenke kriegen! Meine Mutter erzählte das den Leuten, die uns untergebracht hatten, und da sagte die Bauersfrau: »Wissen sie, in Vipperow, ist Sonntag Konfirmation. Versuchen Sie es doch da!« Also sind wir am Sonntag beide übers Feld rüber nach Vipperow. Da war alles freies Feld. Es war März und da stand noch nicht viel. Und mir ist meine Schleife aufgegangen, natürlich trugen wir alle Zöpfe. Ich hatte einen Zopf hinten, so einen Mozartzopf. Da war mir die Schleife aufgegangen und meine Mutter steht auf dem Feld und richtet mir die Schleife wieder. Und da sage ich: »Guck mal, Mutti, was da hinten kommt.« Der Himmel war blitzeblau. »Oh,« sagte sie, »da kommt aber was!« Die flogen immer in Pulks. Ob das Amerikaner waren oder andere Alliierte weiß ich nicht. Da flog erst einer, dann drei, dann fünf, bis sie eine gewisse Breite hatten. Dann brach das ab und dann kam der nächste Pulk. »Wo wollen die denn hin? Hoffentlich nicht nach Berlin!« Erst als die durch waren, sind wir weiter. So bin ich konfirmiert worden. Und dann kommen wir nach Hause, da hatte die Frau – wenn ich daran denke, muss ich immer noch heulen – da hat die für uns eine Tafel gedeckt! Wir kannten uns gerade mal drei Tage! Mit Braten und allem, und wir haben da zusammen gegessen! Am nächsten Tag kamen sie aber und sagten: »Das geht so nicht weiter, das ist alles zu eng. Sie kommen nach Vipperow!« Und da sind wir auf ein Gut gekommen. Kröger hießen die, die waren hundertfünfzigprozentige Nazis. Hochdekorierte Offiziere waren da untergebracht und da waren auch eine Menge Polen, die da gearbeitet haben. Und zwei Kriegsgefangene hatten die, aus Frankreich, die waren da, die wurden bewacht.

Mein Vater war da noch in Berlin. Meine Mutter wusste aber nicht wo. Meine Schwester Marianne war in Thüringen. Von der hatte sie auch nichts gehört. Und da sitzen meine Mutter und ich in dem kleinen Zimmer, ich habe Handarbeiten gemacht. Meine Mutter hat auch irgendwas genäht. Und da sage ich. »Guck mal, Mutti, da kommen Leute!« Da war so eine große Auffahrt, es war heller klarer Sonnenschein. Ein ganz toller Tag. Die Kleinen spielten vor dem Fenster im Buddelkasten. Da sagt Mutti: »Der eine, der läuft beinahe wie Papa!« Ich sage: »Du, das ist Papa! Und da ist auch Marianne dabei!« So waren wir alle wieder zusammen. Papa war in Berlin ausgebombt und, ich weiß nicht wie, ist uns hinterhergereist mit meiner Schwester.

Mein Vater war in Uniform gekommen und die Reichsbahnuniform war sehr dunkel, fast schwarz. Und da sagte der Kröger noch zu meinem Vater: »Das können Sie aber nicht anbehalten. Sie werden von den Russen sofort als SS eingestuft.« Da haben sie ihm eine alte Hose vom Knecht gegeben. Und seine Uniform haben sie in den Häckselkasten im Pferdestall ganz nach unten gelegt. Aber das erste, wo die Russen nachgeguckt haben, war der Häckselkasten und da fanden sie die Uniformen. »Wem gehört die Uniform?« Zögerlich hat sich mein Vater gemeldet. »Das ist meine, ich bin bei der Reichsbahn.« Aber sie haben ihn nicht verstanden und wollten ihn erschießen. Irgendein Offizier, der dazu kam sagte aber »Njet!« Und dann haben sie ihn doch in Ruhe gelassen. Den Kröger, den Hausherren, haben sie direkt ins Arbeitslager geschickt.

Meine Eltern wollten zurück nach Berlin, auch wenn wir nichts mehr hatten. Aber wie? Da sagte der Wilhelm, der Knecht: »Ich klau 'nen Rost und 'nen Ochsen.« »Wir brauchen aber noch einen Wagen!«, sagte mein Vater. »Den klaue ich auch. Ich komme mit euch mit nach Berlin.« Und die Magd sagte: »Ich will auch nach Berlin.« Wir hatten ja alle keine Ahnung, wie Berlin aussah. Da hat der wirklich einen Ochsen geklaut. Aber dieser Ochse, der war es gewohnt zu Zweien zu ziehen, der ist alleine nicht gegangen, bis der überhaupt von der Stelle gegangen ist! Für zehn Kilometer haben wir einen ganzen Tag gebraucht. Wir haben auf freiem Feld übernachtet und am nächsten Tag kamen wir an ein Gutshaus. Das war verwaist und kaputt geschlagen. Ein Jammer. Aber wir hatten eine Unterkunft und konnten dort schlafen. Bevor wir fuhren, hatten die aus der Räucherkammer noch einen Schinken rausgeholt, damit wir auf der Tour was zu essen haben. Wir haben vierzehn Tage gebraucht, um nach Berlin zu kommen.

Wir hatten ja unseren Ochsen und mit dem sind wir gekommen bis kurz vor Berlin. Der Wilhelm, der war schon so genervt, das Vieh wollte nicht und bockte. Der war eben stur wie ein Ochse. Und als wir in so ein kleines Örtchen reinkamen, da war vorne ein Fleischer, Pferdefleischer gab es damals ja reichlich. Der kam raus und sagt: »Wo wollt ihr denn hin?« »Nach Berlin.« Mit dem kommt ihr nicht nach Berlin. Da sind Sie vorher reif fürs Irrenhaus! Ich mache Ihnen einen Vorschlag. Ich habe noch ein Pferd im Stall.« »Und das haben sie Ihnen noch nicht rausgeholt?« Die Russen hatten eigentlich alles, was Pferd hieß, rausgeholt. »Nee«, sagte der so zögerlich. »Das sieht etwas mitgenommen aus. Ich kann es Ihnen zeigen. Das sieht nicht ganz so gut aus, aber das bringt Sie nach Berlin.« »Na ja«, sagt mein Vater, »angucken kann man sich das ja.« »Wenn ihr das Pferd nehmt und gebt mir den Ochsen, dann mache ich heute Abend Quetschkartoffeln mit Pferdeleber und ihr könnt hier übernachten in der Scheune.«

Für dieses Pferd hätte ich keinen Pfifferling gegeben! Aber es hat uns gezogen bis Tegel und da ist es zusammenklappt. Da sagte mein Vater zu meiner Mutter: «Ich gehe vor, ich will sehen, ob irgendwas zu Hause stehengeblieben ist. Ob wir irgendwohin können mit den Kindern.« Und meine Schwester Marianne und ich sagten: »Da kommen wir auch mit!« Meine Mutter und der Knecht und die anderen Kinder blieben in Tegel, und wir sind mit meinem Vater nach Berlin rein. Wir mussten von Tegel die meiste Zeit laufen. Mal sind wir ein Stückchen mit der Bahn gefahren. Wie das möglich war, das die fuhr und Strom hatte, weiß ich heute noch nicht, aber sie fuhr. Mittags kamen wir am Alex an. Wir kamen aus der Königstraße, wo heute das Rote Rathaus ist. Da war alles kaputt. »Aber das ist doch nicht der Alex!« »Doch«, sagt Papa, »das ist er!« »Aber wo ist denn die Berolina geblieben?« Vor dem Haus, wenn man heute vor Galeria Kaufhof steht, davor war so ein großer Sockel und da saß die Berolina drauf. Das war eine große, kräftige, schöne Frau, Beine übereinander geschlagen. Da war nichts mehr. Alles war kaputt. Wir wollten in die Magazinstraße, das war auf der anderen Seite, zwei Straßen weiter. Aber da kamen wir gar nicht erst rein, das war alles runter und es qualmte überall und man wusste nicht, ob da nicht noch Blindgänger liegen.

www.berlinerkindheiten.de/1931-gisela-gerhard-ruth/

## »Laubenpieper«
### Otto Korn (*1933), Schildow

*Otto Korn ist ein »Laubenpieper«. Als jüngstes von sechs Kindern wächst er in einer »Bretterbude« in Schildow auf. Er berichtet, wie er und seine Brüder unter Anleitung ihres Nachbarn einen Bunker im Garten gruben, von Fallschirmspringern in der Nacht, vom Einmarsch der russischen Truppen und den harten Jahren zwischen 1945 und 1948, »da gab es gar nichts mehr«. Otto Korn war später über viele Jahre Versandmeister in einem VEB und lebt heute in Prenzlauer Berg.*

Es gibt so eine kleine Laubenkolonie. Kurz vor Schildow ist das. Auf der rechten Seite ist Stadtrandsiedlung und auf der linken Seite war die Kolonie Schildow. Da bin ich geboren. Meine Eltern haben vorher in der Münzstraße gewohnt. Aber Vater war arbeitslos, die Eltern hatten kein Geld mehr, da haben sie runtergestuft und mussten in einer Kellerwohnung wohnen. Dafür war nachher auch kein Geld mehr. Da hat ein Kumpel zu ihm gesagt: »Mensch, Heinrich, geh doch mal raus nach Pankow, da vermieten sie kleene Grundstücke, da kannste dir so ein Sommerhäuschen aufbauen.« Da hat mein Vater eine Parzelle gemietet und hat sich da so eine Bretterbude drauf gebaut. Wir waren sechs Mann, ich war der Kleenste. Ich bin da in der Bretterbude geboren. Vater ist dann Soldat geworden. Ich kann nicht sagen, wie mein Vater war. War er gut, war er schlecht? Ich habe ihn kaum gesehen. Er ist eingezogen worden, im August 1939. Erst war er in Polen, dann in Frankreich, um den Atlantikwall aufzubauen. Später haben sie ihn eingesetzt in Zossen-Wünsdorf, da war ein großes Gefangenenlager. Er musste da immer 24 Stunden am Stück hin, und dann hatte er 24 Stunden frei. Manchmal ist er aber nicht nach Hause gekommen. Dann hat Mutter zu uns gesagt: »Da ist bestimmt wieder wer ausgebrochen, und die müssen die wieder suchen.« Dann ist er wieder einmal nicht gekommen, und da kam ein Telegramm aus Beelitz, er liegt im Reservelazarett mit einer Lungenentzündung. Dann sind wir da hin, Mutter ist rein ins Zimmer, hat sich mit ihm unterhalten. Er hat einen Schlauch drin gehabt, da wollten sie ihm wohl den Eiter absaugen, von die Lunge. Denn haben sie da Mittag verteilt, und er sagt zu mir: »Iss du das mal, du brauchst Kraft, damit du den Vater vertreten kannst!« Ich dachte: »Der ist doch bekloppt der Alte!« Ich bin wieder raus, Mutter ist drin geblieben, hat sich mit ihm unterhalten und dann sagte sie zu mir: »Komm, verabschiede dir mal, wir fahren nach Hause.« Und dann haben wir ein Telegramm gekriegt, dass er gestorben ist. Das war im Dezember 1944. Vorher hatten wir schon ein Telegramm gekriegt, mein Bruder, der Ältere, war in Finnland, der ist da gefallen und beerdigt und dann kam noch mal ein Telegramm vom Westendkrankenhaus, da hatten sie dem zweiten die Beine abgeschossen. Da war also niemand mehr, ich und die drei anderen nur noch.

Abends war Fliegeralarm, in der Nacht war Fliegeralarm, die sind drei-, viermal gekommen in der Nacht. Da haben wir zu Mutter gesagt: »Ach, Mutter, weißte, wir stehen gar nicht mehr auf, hier in unserer ollen Bretterbude, wir bleiben liegen, wenn was passiert, ist sowieso nichts mehr zu machen.« Unser Nachbar kam auf die Idee und sagte: »Jungs, wir bauen uns einen Bunker.« Dann haben wir bei dem auf dem Grundstück vielleicht drei mal vier Meter ausgeschachtet und haben Beton besorgt und so ein kleines Loch gebaut, und wenn Fliegeralarm war, sind wir da reingekrochen. Unser Nachbar, der war sechzig oder siebzig, der ist immer raus, hat sich einen Hut aufgesetzt und wenn sie Scheinwerfer an hatten, hat er gerufen: »Jungs, kommt mal her!« Dann sind wir raus und haben geguckt und da haben wir gesehen, wie die mit den Fallschirmen rausgesprungen sind, das haben wir alles gesehen, es war klare Nacht. Aber wenn die im Scheinwerfer drin waren, dann sind die nicht mehr weggekommen. Dann sind die abgeschossen worden.

Als die Russen einmarschiert sind, haben wir bei unserem Nachbarn, dem Korneffel, in dem Bunker gesessen. Ich habe links neben der Tür gesessen und da hat einer mit dem Fuß die Tür aufgestoßen, hat die Pistole reingehalten und gesagt: »Wieviel deutsche Soldat?« »Hier sind bloß alte Leute und Kinder!« Wir waren acht oder neun. Da waren drei Männer dabei, der Korneffel, der Kraje und vom Kraje der Vater. »Hoch, hoch!« Da mussten die drei sich draußen aufstellen, und er hat sie abgetastet. Der hat immer was erzählt von »Maschinka«. Aber wir wusste nicht was »Maschinka« ist. »Wo Maschinka?« hat er gesagt. Dann hat er bei einem in die Tasche gegriffen und hat »Maschinka« gefunden. Das waren die kleinen Sturmfeuerzeuge. So was wollten die haben. Aber das wussten wir ja nicht. Dann hat er uns stehen lassen und ist abgehauen. Das war der erste Russe, den ich gesehen habe. Sonst ist nichts passiert. Die haben bei uns ihre Stalinorgel aufgebaut und zwei, drei Tage in die Stadt geschossen. Die blauen Blitze hat man immer gesehen.

Als die Russen einmarschiert waren, da hatte keiner mehr was. Essen und Trinken war ja nüscht mehr. Ich ging noch zur Schule, und die Russen waren bei uns in der Nähe stationiert. Wir hatten immer um zwölf Uhr Schulschluss und die Russen kriegten um 13 Uhr Mittag. Da haben die denen immer einen großen Eimer Suppe gebracht, ein bisschen hartes Brot und ein Stückchen Speck. Das war eine Truppe von fünf, sechs Mann, die hatten da ihren Wagen auf den Rieselfeldern und da sind wir immer hin. Wir haben immer geguckt, ob die schon essen. »Oh, ja, die essen schon!« Und dann haben wir gefragt, ob wir etwas haben können. »Ja, Essen könnt ihr kriegen, aber erst müsst ihr arbeiten! Ohne Arbeit kein Essen!« Dann mussten wir marschieren. Die haben uns so eine kleine Papierfahne gemacht, aus Zeitung und dann mussten wir immer im Kreis marschieren und singen: »Deutsche Paninka, russisch Kamerad, Fickificki, eine Schokolad'!« Das mussten wir singen, eine halbe Stunde lang und dann haben die uns zu essen gegeben. Einen Löffel hatten wir immer dabei, so haben wir wenigstens Mittag gehabt, zu Hause gab es ja nichts.

Die Not war nach dem Krieg groß. Da habe ich mit dem Erich einen Handwagen zusammengebaut und dann sind wir mit dem Handwagen rein in die Schonung und haben die ganzen Ferien durch Holz im Wald geholt. Einen Tag eine Fuhre für ihn, einen Tag eine Fuhre für mich. Damit wir im Winter was zu brennen hatten. Mutter hatte nur so einen Kanonenofen zu stehen und so lang man da was reingesteckt hat, war es warm, aber wenn man nichts hatte, war's Käse. Ich habe mit meinem Bruder zusammen geschlafen, meine Mutter hat mit meiner Schwester zusammen geschlafen, alles in dem kleinen Raum. Ein Verdiener war nicht da, der Werner, der in der Lehre war, verdiente nicht richtig, meine Schwester auch nicht, da war die Not groß. Ich weiß nicht warum, aber Mutter hat immer mich losgeschickt, die anderen waren ja größer als ich, aber immer bin ich losgeschickt worden. Vielleicht weil sie dachte, »mit dem Kleenen haben se Mitleid.«

Dann war wieder so ein Tag, da sagte Mutter: »Was machen wir bloß? Wir haben nichts zu essen!« Ich sag' zu meinem Bruder: »Komm, wir gehen los!« Wir sind los nach der Lübarser Brücke, das war mehr so ein Steg, ist sie heute noch. Auf einmal kommen zwei Männer mit einem Strick in der Hand, ältere Männer, wir kannten uns aus der Siedlung. Die haben gesagt: »Wir wollen eine Kuh holen!« Die liefen da rum, kreuz und quer, da wusste keiner, wem die gehören. »Jungs, wollt ihr nicht eine holen? Wenn wir gehen und die Russen erwischen uns, dann erschießen sie uns oder nehmen uns mit nach Sibirien! Aber euch hauen sie einmal den Arsch voll und lassen euch wieder laufen.« Hunger hatten wir ja alle. Dann haben sie uns den Strick gegeben und wir haben den Strick einer Kuh über die Hörner gelegt und haben sie gezogen. Erst über die Lübarser Brücke, rinn bei uns in die Kolonie, und da kam noch einer und fragte: »Wo habt ihr die denn her?« Der kam an mit einem Hammer und sagte: »Ich bin Schlachter gewesen, ich weiß wie eine Kuh geschlachtet wird!« Der hat der Kuh mit dem Hammer zweimal auf den Kopf gehauen, aber die Kuh ist da gestanden und hat »Muh, muh« gemacht, die ist nicht mal umgefallen. Wie der Zufall so will, kam ein Kommandant angelaufen. Der hat zweimal am Tag seine Runde gemacht. Der kam hoch und ich renne hin zu dem und sage: »Wir haben eine Kuh geholt, wir haben alle nichts zu essen und haben Hunger«, ich hab das so halbpantomimisch gemacht, denn Russisch konnte ich ja nicht –, ob er die nicht für uns erschießen kann. Da ist er gekommen, hat gekiekt, uns zur Seite geschickt und »Bomms« hat er die erschossen. Die ist umgefallen, er hat seine Waffe eingesteckt und ist weiter seine Runde gegangen. Sowas habe ich überhaupt noch nicht gesehen! Das war, wie wenn ein Rudel Löwen auf einen Stier losgeht. Der eine hat hinten was abgeschnitten, der andere vorne, dann haben die den Bauch aufgeschnitten und ich habe mit meinem Bruder da gestanden und zu ihm gemeint: »Weißte, geholt haben wir die Kuh, aber wie es aussieht, werden wir wohl nichts davon abkriegen!« Dann ist mein Bruder, der war ein Jahr älter als ich, da hingegangen und hat zu dem einen gesagt: »Hau mal den Kopf mit dem Beil ab, mit einem Stück Hals dran. Das wollen wir haben!« Dann hat der den Kopf abgehauen und mein Bruder und ich haben jeder an einem Horn angefasst und haben den nach Hause geschleift. Wir haben noch zu unserer Mutter gesagt: »Mama, der Keiler wollte noch die Zunge haben!« Der wollte sich Zungenwurst machen. Aber da hat Mutter gesagt: »Na klar, ihr holt die Kuh und die anderen wollen sich voll fressen. Nee, die behalten wir schön. Da machen wir uns ganz was Feines draus.« Von dem Kopf haben wir fast zwei Wochen was zu essen gehabt.

www.berlinerkindheiten.de/1933-renate-otto/

## »Die Toten des Krieges«
### Renate von Au (*1933), Prenzlauer Berg

*Renate von Aus Kindheit ist geprägt durch die Nazi-Zeit und den Zweiten Weltkrieg. Sie lebte mit ihren beiden Geschwistern und ihren Eltern in einer kleinen Eineinhalbzimmer-Wohnung. Renate von Au erlebte schon früh Tod und Hungersnot, den Umgang mit »Volksverrätern« und schließlich die letzten Kriegstage im zerstörten Berlin.*

Mein Vater, war Elektroingenieur und meine Mutter war Buchhalterin und hat in der Bundesanstalt für Versicherungen gearbeitet. Sie haben beide immer gearbeitet. Ich war die älteste von drei Geschwistern. Ich hatte noch eine zwei Jahre jüngere Schwester und einen sechs Jahre jüngeren Bruder. Wir hatten eine kleine Wohnung, die war eigentlich für fünf Personen zu klein, aber mein Vater wollte bauen. Da kam der Krieg dazwischen. So war ich meine ganze Kindheit über in einer anderthalb Zimmer-Wohnung in Prenzlauer Berg, das war die Flandern-Siedlung. Aber es war ganz gut. Es war schon eine etwas bessere Wohnung. Wir hatten Zentralheizung, Gas, Herd und ein Badezimmer, was damals nicht so selbstverständlich war. Und das Badezimmer wurde auch mit einem Gasofen beheizt. Wir haben immer, wenn das Wetter es erlaubte und eigentlich fanden wir jedes Wetter gut genug, draußen gespielt. Ich kann mich entsinnen, dass meine ganzen Spielsachen an einer Hand abzuzählen waren. Das war ein Puppenwagen mit einer Puppe, eine Schildkröten-Puppe namens Horst. Und dann hatte ich einen Hinterherzieh-Terrier, den alle Hunde auf der Straße anpinkelten, weil sie ihn für echt hielten.

Das war vor dem Krieg. Im Krieg veränderte sich dann viel, weil irgendwann die Bombenalarme und die Sirenen anfingen, da mussten meine Eltern uns mitten in der Nacht oft wecken und wir mussten in den Keller gehen. Da haben sich die Leute das allerdings schnell ganz gemütlich eingerichtet mit Tischchen und Deckchen und Betten. Da sah man doch, dass so ernst und so traurig alles ist, die Leute immer bestrebt waren, es sich irgendwie gemütlich zu machen. Ich hatte große Angst vor den Sprengbomben, die hörte man. Brandbomben und Sprengbomben hörten sich verschieden an, das hörte man am Geräusch. Ich kann mich entsinnen, dass ich den Kopf zwischen die beiden Oberschenkel meiner Mutter steckte, weil ich so große Angst hatte. Bei Brandbomben dachte ich immer, da kommt man schnell genug raus. Ich weiß es nicht, aber das war mein Kinderglauben.

Wenn man dann auf die Straße kam, roch es verbrannt und heiß, und wir mussten uns oft nasse Lappen vor Mund und Nase halten, damit wir atmen konnten. Einmal war – unser Haus wurde nicht zerbombt, aber die Zwischenwände und die Fensterscheiben, das war alles weg. Auch zwischen Wohnzimmer und Küche war ein großer Trümmerhaufen und naja, dann weiß ich, dass ich meinen Eltern helfen wollte und mit zwei Eimern die ganzen Trümmer stundenlang runter getragen habe. Wir hatten so ein Müllhaus, so ein überdachtes, das war um die Ecke, und da hab ich die hingebracht.

Lebensmittel waren knapp. Kleidung war knapp. Meine Eltern waren sehr damit beschäftigt, auch schon im Krieg. Da gab es Lebensmittelmarken, und da meine Mutter eine ziemlich großzügige Frau war, reichten wir mit den Marken nie hin. Sie konnte das nicht so einteilen wie andere Hausfrauen. Die Marken waren in Dekaden eingeteilt. Zehn, zehn, zehn und dann war der Monat um, und wir waren denn schon, wenn der Zehnte des Monats war, mussten wir schon zu irgendeinem Lebensmittelladen, wo wir kauften und dann bitten, dass die uns etwas im Voraus oder so gaben. Man kam als Bittsteller und das war demütigend. Wir haben das gemerkt als Kinder.

Unsere Lehrerin hieß Fräulein Jung, das war eine ältliche Dame mit Dutt, graue Haare, da mussten wir immer aufstehen und »Heil Hitler!« rufen, wenn sie reinkam, und durften uns dann erst wieder setzen. Da hab ich drüber gestaunt, weil bei uns zu Hause wurde »Guten Tag« und »Auf Wiedersehen« gesagt. Mein Vater hat zu mir gesagt, und da staune ich heute drüber, als kleines Mädchen, »Hör zu, Renate! Hitler ist ein Verbrecher und den Krieg verlieren wir! Und wenn wir ihn nicht verlieren, dann ist das noch die größere Katastrophe!« Der hat mir nicht gesagt, du darfst darüber nicht reden. Ich wusste das. »Steh du ruhig auf und sag Heil Hitler. Das tut keinem weh, aber glaub daran, es ist nicht alles so, wie es euch erzählt wird.«

Ich bin dann nach Tiefenbach aufs Dorf geschickt worden und war da im BDM. Da haben wir diese ganzen Nazi-Lieder gesungen. Am schlimmsten fand ich immer »Es zittern die morschen Knochen. Und heute gehört uns Deutschland und morgen die ganze Welt.« Außerdem mussten wir Kartoffelkäfer sammeln, Heilkräuter, Brennnesseln und Brombeeren, Blätter und so. Da dachte ich, das kannst du vertreten und war nur immer enttäuscht, dass die ganzen Brombeerblätter, getrocknet auf dem Boden, dann nur noch eine Handvoll waren. Wir waren die meiste Zeit am Lagerfeuer und mussten diese Lieder singen, viel anderes spielte sich da nicht ab.

Als das alles sehr ernst wurde und immer schlimmer, da hatten meine Eltern Angst, dass wir getrennt würden, und da haben sie uns nach Berlin zurückgeholt. Das war auch sehr schlimm, denn es fuhren keine Züge mehr regulär. Es hieß ja auch: »Räder müssen rollen für den Sieg, unnötige Fahrten verlängern den Krieg«, stand überall. Und dann diese Reklame gegen den Kohlenklau. Da habe ich mich immer gefürchtet. Da war ein Mann, der sehr verschlagen nach unten guckte und einen Sack über dem Rücken hatte. Das war auch überall angeklebt. Man soll sparsam mit Energiequellen umgehen. Aber gut, also an diese Zugfahrt kann ich mich entsinnen, die war fürchterlich, weil wir von einem Bummelzug in den anderen und immer wieder warten mussten auf Bahnsteigen und die Züge waren überfüllt. Ich hatte immer Angst, dass ich meine Eltern verliere. Aber wir sind irgendwie in den Zug reingekommen und irgendwann waren wir auch in Berlin, und inzwischen gab's auch keine Zentralheizung mehr in unserer Wohnung. Mein Vater hatte einen kleinen Allesfresser, so einen kleinen Ofen. Da hat er geheizt und irgendwie musste ja der Rauch abfahren und da führte dann durch das ganze Wohnzimmer solch großes silbernes Rohr, das führte zum Fenster. In dem Fenster waren aber keine Scheiben, sondern Bretter, weil die Scheiben waren durch die Angriffe kaputt, und ein Loch. Und da führte das Rohr durch und diese Rohre waren auch zusammengesucht und überall qualmte das, also wenn er heizte, mussten wir husten.

Ein totes Pferd, das lag in Kriegszeiten in unserer Straße auf dem Damm. Und da weiß ich auch noch, aus allen Ecken und Kellern kamen Frauen mit Aluminiumschüsseln und haben an dem Pferd rumgesäbelt, und im Nu lag da nur noch ein Skelett.

Hauptsächlich haben wir im Keller gelebt, weil inzwischen Berlin unter Beschuss stand. Auf jedem Flachdach stand eine Flak, und es wurde heftig geschossen und wir durften dann gar nicht mehr in die Wohnung. Wir saßen im Keller, und ich weiß, dass ein Mann durchdrehte und sagte, er hält es im Keller nicht mehr aus, er geht jetzt nach draußen. Er hat seine Zeitung genommen, hat sich mit seinen Pantoffeln auf einen Stuhl vor den Keller gesetzt und genau fünf Minuten später war er tot und die Zeitung war durchlöchert. Und seine Schuhe, er hatte so karierte Pantoffeln, die standen da, ohne seine Füße und er war so seitlich zur Seite gefallen. Da war ich sehr erschrocken als Kind. Das sind so Eindrücke, die ich nie vergessen habe.

Ich habe sicher mehr gesehen, aber der tote Mann und dass die Pantoffeln noch so da standen, und die Füße waren aber rausgefallen und die Zeitung runde Löcher hatte. Das ist mir unvergesslich. Auch das mit dem Pferd. Solche Momentaufnahmen habe ich behalten. Mein Bruder, der war ja auch im Keller, der war sechs Jahre jünger als ich, der war fünfeinhalb, und der hat etwas anderes gesehen von demselben Mann. Der hat gesehen, dass die ganze weiße Wand blutüberströmt war. Das hab ich gar nicht gesehen. Ich habe die Pantoffeln und den zur Seite gefallenen Mann gesehen und dachte: »Ja, der ist nun tot.«

Und dann hab ich noch gesehen, die Straße, die heißt heute Sodtkestraße, damals hieß sie Kemmelweg, und da waren Birken und an jeder Birke nach dem Krieg, da gab es ja auch noch den Volkssturm. Da wurden alte Männer und Schüler eingezogen. Und als wir denn mal aus dem Keller wieder durften, da hing an jedem Baum ein Erhängter. Mit dem Kopf auf der Brust und umgehängt ein großes Schild und bewegten sich langsam im Wind hin und her und auf dem Schild stand: »Ich bin ein Verräter.« Das waren die Leute, die sich geweigert hatten, noch mal am Ende des Krieges im Volkssturm mitzuwirken.

Mein Vater war Elektroingenieur und während des Krieges eine Zeitlang von uns getrennt, weil er an dieser V so und so mitarbeiten sollte. Und der durfte gar nicht nach Hause kommen und durfte davon auch nicht erzählen. Darum wurde er auch nicht in den Krieg eingezogen. Der musste an der V mitarbeiten, die den Endsieg bringen sollte. Mein Vater, der hatte mal in der Straßenbahn einer Jüdin sein Brot gegeben. Die Juden waren alle mit dem Judenstern markiert, die hatten keinerlei Rechte. Uns wurde gesagt: »Wenn ein Jude auf der Straße auf dem Bürgersteig geht, den kannst du ohne weiteres vom Bürgersteig schubsen, der hat kein Recht, auf dem Bürgersteig zu gehen.« Wir haben schon wenig Lebensmittel bekommen. Aber die also gar nicht. Und ich habe meinen Vater von der S-Bahn abgeholt und hab dann übers Geländer geguckt, wie die alle die Treppe hochkamen, als er noch bei Telefunken gearbeitet hat. Und hab' da auch die Juden gesehen mit dem gelben Stern und wie elend sie aussahen. Mein Vater hat mal sein Brotpaket weitergegeben in der Straßenbahn, und das hat jemand angezeigt. Und dann kam die Gestapo, die ihn verhört hat. Ich dachte ja immer, mein Vater beschützt mich vor allem. Und der wird mit allem fertig. Aber mein Vater ist da sehr bleich geworden, und ich hab' gemerkt, dass er große Angst hat. Das hat mich sehr beeindruckt, dass selbst mein Vater so unsicher werden kann. Wahrscheinlich, weil er an dieser Endlösungsbombe, der V2, gearbeitet hat, ist er da wieder rausgekommen. Ich weiß es nicht. Jedenfalls ist er nicht verhaftet worden. Er war eigentlich nie politisch, aber er hatte eine Meinung. Später wurde der Prenzlauer Berg ja sowjetische Zone, und Telefunken war zerstört, das gab es nicht mehr, aber er musste ja seine Familie ernähren. Da ist er Lehrer geworden. Als die Russen kamen, hat mein Vater, denn die Leute hatten große Angst vor den Russen, die Leute getröstet und sagte: »Das sind auch nur Menschen, habt nicht solche Angst. Die sind froh, dass der Krieg vorbei ist, und es wird euch nichts passieren.« Und dann kamen die die Straße lang, mit so kleinen Panierwagen und verzottelten Pferdchen, und alle sahen sehr abgekämpft und müde aus.

Aber sie haben auch viel getrunken und kamen durch die Keller. »Frau komm mit!« Meine Mutter hat mal gesagt: »Meine Töchter, also vergewaltigen nur über meine Leiche«, und ich wusste nicht, was das ist. Ich habe mir da was Schreckliches vorgestellt. Aber so eine Art Ringkampf, dachte ich, wird es wohl sein. Und die kamen und haben die Frauen von oben runter gezerrt und hinter sich her geschleift und ich weiß, da war ein behinderter Mann, der konnte seiner Frau nicht helfen. Er hat bitterlich geweint und die Frau hat ihn im Rausziehen getröstet, dass das ja nicht schlimm ist und dass sie ja wiederkommt. Das hat mich sehr beeindruckt.

Dann, als wir mal wieder nach draußen kamen, auf die Straße, da wurden Läden geplündert, und ich war mit meinen Eltern auch in so einem Laden. Da war ich so erschrocken. Die Leute haben alles aus den Regalen und aus den Tonnen und aus den Säcken geholt. Die wateten bis zu den Knöcheln in Mehl und Zucker und haben völlig hysterisch alles runter gerissen. Und dann waren da zwei junge Männer, die hatten einen Besenstiel, und da hingen lauter Würste dran, und die haben sich so gefreut. Und im nächsten Moment? Da hatte einer der jungen Männer ein Stück Wurst in der Hand, und alles andere hatten ihm in Sekundenschnelle die Leute weggerissen. Das weiß ich auch noch. Das hat sich mir so eingeprägt.

Mit den Russen war es erst ziemlich schlimm. Nach diesen armen, abgekämpften russischen Soldaten kamen die Offiziere und die haben eine Kommandantura eingerichtet. Da konnte man hinkommen, wenn man Anliegen hatte. Und die haben sehr schnell in unserer Gegend für Ordnung gesorgt. Die haben den Alkohol verboten, wenn sie welchen fanden, weggossen. Und das war in meiner Erinnerung nur kurze Zeit, dass die Russen so durch die Keller zogen. Dann hatten wir eigentlich nichts mehr mit denen zu tun.

Während des Krieges war ja keine Schule in Berlin. Mein Vater wollte aber unbedingt, dass ich zur Schule ging. Also musste ich nach Babelsberg fahren. Das war ein ganz schöner Weg mit der S-Bahn von Prenzlauer Berg bis Babelsberg. Es war auch ein ziemlicher Schock für mich, denn ich dachte, alle Leute leben so wie wir, in einer kleinen Wohnung und haben wenig Platz. Da waren Leute, die riesige Häuser hatten. Das waren alles reiche Leute. Da hat mich mal ein Mädchen zu sich eingeladen. Die hatten eine riesige Villa mit riesigem Garten. Der Vater war Generalkonsul. Ich wusste gar nicht, dass es so etwas gibt. Und da hätte unsere kleine Wohnung in dieses Zimmer von dem Mädchen gepasst. Die hatten Autos da, und die kamen mit Autos vorgefahren, mit Chauffeur. Ich habe nur gestaunt, und diese Mädchen waren auch ziemlich arrogant. Die haben sich für was Besseres gehalten. Aber dann wurden die Angriffe immer heftiger. Auch am Tag musste ich aus der S-Bahn raus und musste in irgendeinen Bunker. Das war meinen Eltern wieder zu gefährlich. Also musste ich dann doch ohne Schule auskommen.

Ich habe meinen Vater, lange Zeit als den Maßstab aller Dinge, für den klügsten Mann der Welt gehalten, bis ich merkte: »Das stimmt nicht«. Ich dachte, mein Vater weiß soviel und weiß auf alles eine Antwort und einen Klügeren gibt es nicht. Wenn man älter wird, merkt man, dass das ein Kinderglaube ist. Aber als Kind hat er mir das Gefühl gegeben.

www.berlinerkindheiten.de/1933-renate-otto/

## »Heldenkarten«
## Georg Immelmann (*1935), Gesundbrunnen, Böttgerstraße


*»Meine Kindheit in Berlin hat angefangen, bevor ich geboren wurde. ›Wie‹ wird man fragen? Ich kam verspätet zur Welt, also nach dem errechneten Termin, und der Frauenarzt empfahl meiner Mutter auf dem oberen Stock der Berliner Busse zu fahren, weil das Rütteln der Busse für den Geburtsvorgang befördernd sei. So ist meine Mutter mit mir im Bauch das ganze Berliner Verkehrsnetz abgefahren.«* Georg Immelmann wächst nahe dem Gesundbrunnen als Sohn eines Kirchenmusikers auf und berichtet von seiner militärisch geprägten Kindheit, vom Marschieren und Singen, seiner Sammlung von Heldenkarten und dem schmerzlichen Verlust derselben. Georg Immelmann machte nach dem Krieg Karriere als Theaterregisseur und Intendant und lebt heute wieder unweit der Böttgerstraße.*

Gelebt haben wir in der Nähe vom Bahnhof Gesundbrunnen in der Böttgerstraße. Da war auch die Schule, in die ich gehen sollte. Diese Schule wurde aber umgestaltet und wurde eine Kaserne. Da mussten die Soldaten antreten, und die Kompanien sind von dort zu den Übungsplätzen marschiert, singend durch die Straßen. Und wenn ich da ankam und einem Offizier begegnete, dann fragte ich immer: »Haben Sie heute wieder die längste Kompanie?« Und dann sagte der: »Ja, klar!« Und dann bin ich mit denen mit marschiert, vorneweg vor den Soldaten, die von der Böttgerstraße aus, ich weiß nicht mehr, wo dieser Übungsplatz war, aber sie sind durch verschiedene Straßen gelaufen. Es gibt sogar Fotos davon. Das war ziemlich regelmäßig, das machte mir Spaß und ich war so eine Art Maskottchen. Meine Eltern, die wirklich nicht militaristisch, sondern eher, naja friedliebend waren, haben das geduldet. Die haben mir auch so ein Schiffchen, so eine Soldatenmütze geschenkt, die hatte ich auf und hatte einen echt aussehenden Säbel an der Seite und ging damit morgens über den Markt.

Natürlich wollte ich auch gerne Hitlerjunge werden. Mein älterer Bruder war schon in der HJ, die machten Geländespiele und so, aber ich durfte nicht, ich war noch nicht zehn. 1940 war das, da war ich fünf oder sechs Jahre. Ich glaubte natürlich an den Endsieg, dass Hitler die V1 und die V2 hatte und dann die Wunderwaffe, die würde er noch einsetzen, dann würden wir siegen. Feste Überzeugung. Kriegsbeginn erinnere ich genau, war der 1. September 1939, da war ich vier. Am oberen Ende der Böttgerstraße, da geht die Hochstraße und da geht die Bahnunterführung unter der Böttgerstraße/Hochstraße. Da war ich auf dieser Brücke und guckte da runter, und da hielt ein Personenzug auf freier Wildbahn, also ohne Bahnhof. Böschung rechts und links und die Türen der Waggons waren geöffnet und an der Böschung saßen oder lagen Soldaten, Jungs mehr oder weniger. Und die frühstückten oder aßen etwas. Die meisten aßen Eier, hartgekochte Eier und die wurden aufgeklopft und gegessen. Es war klar, die fuhren nach Polen weiter. In der Nacht vorher gab es diesen berühmten Satz: »Seit fünf Uhr 45 wird zurückgeschossen« an der polnischen Grenze. Wahrscheinlich ist von denen keiner zurückgekommen. Aber ich wollte in der Zeit danach, wenn es irgendwo Eier gab, wollte ich die immer nur so essen wie die Soldaten in der Bahn, also hartgekocht. Mein Vater wurde schließlich auch eingezogen. und wir Kinder lebten mit unserer Mutter weiter in der Böttgerstraße.

Dann fingen die Luftangriffe an. Das sind bleibende Erinnerungen. Irgendwann kamen Luftangriffe und die Sirenen und man musste in den Keller. Erstmal in den Luftschutzkeller im Haus. Die Luftangriffe waren sehr massiv. Meine Großmutter sagte einmal: »Es müsste einen großen Knall geben und der Krieg müsste zu Ende sein. Der Knall könnte auch weg bleiben.« Dann kam aber doch der Knall. In einer Alarmnacht fiel eine Bombe in den Hinterhof des Hauses Böttgerstraße 19. Das war ein Blindgänger, und wir mussten das Haus räumen und sind durch die brennende Stadt zum Humboldthain gelaufen, da war der jetzt noch stehende Bunker, und da mussten wir bleiben, bis sich der Alarm wieder beruhigte. Wir liefen zum Bunker hin, vorbei an brennenden, zusammengestürzten Häusern. Immer sehr eindrucksvoll, wenn die Fassade eingestürzt war und die Zimmer offen lagen, wie in einer Puppenstube und man da reingucken konnte, was davon übrig geblieben war. Ich habe merkwürdigerweise an Angst keine Erinnerung. Weder während des Aufenthaltes im Luftschutzbunker, das war nicht angenehm, aber eigentlich nicht beängstigend. Angst hatte ich einmal, da saßen wir beim

Abendessen mit meiner Mutter und dann klingelte es und da stand ein Polizist vor der Tür: »Ihre Verdunkelung ist nicht in Ordnung!« Die Häuser mussten ja verdunkelt sein und da muss irgendein Spalt offen gewesen sein, dass da Licht heraus drang. »Ja, wieso, das ist doch verdunkelt?« »Nein, da scheint Licht raus. Sie wissen, dass das verboten ist!« Da hatten wir Angst, dass der unsere Mutter mitnimmt und da haben wir ihn beschworen: »So lassen Sie doch gut sein, wir machen doch das Licht aus.« Das war schon gespenstisch, weil auch alle Autos, die nachts fuhren, hatten die Scheinwerfer verklebt, dass nur ein winziger Schlitz offen war, wo ein bisschen Licht durchkommen konnte, aber nicht, um was zu sehen, sondern um gesehen zu werden. Das sind sehr deutliche Bilder in meinem Kopf.

*Was ist das erste Bild, das Ihnen ins Gedächtnis kommt?*
Die Ur-Erinnerung ist schon das Marschieren mit den Soldaten. Eine sehr starke Erinnerung. Ich bin da mit marschiert und habe die Lieder mitgesungen: »Es ist so schön Soldat zu sein, Rosemarie, nicht jeder Tag bringt Sonnenschein, Rosemarie, Soldaten sind Soldaten, keine Herzpiraten, wir lieben keine Lumperei, die Mädchen sind bezugscheinfrei, vallerie, vallera, valler und so weiter.« Ein Lied habe ich da mitgesungen, das ich nicht verstanden hatte. Das hieß »Krumme Dohlen ziehen dahin und daher, sie ziehen wohl übers Meer, die Wellen schlagen zu, die Welt hat Ruh.« Irgendwas, das übers Meer zieht, das müssen Vögel sein, das müssen Dohlen sein oder so? Ich habe das Wort nicht verstanden, aber ich habe mitgesungen und habe erst viel später wirklich erkannt oder wurde mir klar, das hieß: »Krumme Juden ziehen dahin, daher, sie ziehen wohl übers Meer, die Wellen schlagen zu, die Welt hat Ruh«. Juden waren mir schon ein Begriff. Es gab keine jungen Juden. Das waren alles alte Menschen, die jungen waren rechtzeitig ausgewandert. Das waren alles dunkelgekleidete, alte Menschen mit dem Stern auf dem Mantel. Und wenn ich den Bürgersteig entlang lief und mir kamen Juden entgegen, gingen die zur Seite, stellten sich auf die Fahrbahn und ließen mich vorbeigehen. Ich habe das nie begriffen, aber da gab es wohl eine Anordnung, dass Juden sich so zu verhalten hatten. Sehr viel später erst habe ich darüber nachgedacht und auch die Ursachen und Folgen bedacht.

Meine ersten Leseübungen waren die Plakate, die überall hingen: »Deutsche kauft nicht bei Juden«, »Du bist ein Deutscher, dein Gruß sei ›Heil Hitler‹«. Oder Werbeplakate: »Es gibt nur ein Persil«. Oder »Führer befiehl, wir folgen dir«. Das habe ich ganz plastisch vor mir. An den Telefonhäuschen waren große Plakate: »Vorsicht bei Gesprächen, Feind hört mit.« So wurde man bepflastert mit allen möglichen Parolen. Das war wirklich allgegenwärtig. Bis zu der Überzeugung, dass wir irgendwann den Endsieg erringen werden und Hitler eben nicht nur der »GröFaZ«, sondern für mich eben wirklich der große Feldherr war. Ich habe, das weiß ich noch, Heldenkarten gesammelt. Es gab von verdienstvollen Soldaten, Ritterkreuzträgern, Trägern des Eisernen Kreuzes Fotokarten. Heute wären es Schauspieler oder so, und da hatte ich eine große Sammlung. Da war ich sehr stolz. Auch mein Vater hat mir die von überall mitgebracht. Wer da drauf war? Mölders, Galland, das waren Jagdflieger. »Zwanzig feindliche Flugzeuge abgeschossen.« Mölders und Galland waren meine großen Vorbilder.

*Wie haben Sie das Kriegsende erlebt?*
In den Ferien waren wir oft zu Besuch bei Verwandten in Amelith. Ein ganz kleines Dorf, da war die Schwester meiner Mutter, und deren Mann war Förster und Ortsgruppenleiter, ein ziemlich strammer Nazi. Der wohnte da in einer enteigneten Villa, da gab es eine Glasfabrik und die haben von dort Glas und Spiegel nach Versailles geliefert, also ganz prominent. Und der Fabrikbesitzer hatte sich eine Villa bauen lassen, und der wurde enteignet, der war Jude. Und dann kam dieser Ortsgruppenleiter, und so haben wir dann da gelebt. Und dann kam ein Erlass von Göring oder von Goebbels, dass Mütter mit Kindern nicht wieder zurück nach Berlin kommen dürfen, wegen der Bomben. So sind wir in Amelith geblieben. Die Besatzungstruppen kamen immer näher, nicht nur die Russen, auch die Amerikaner. Und irgendwann kamen die auch in Amelith an. Ich sehe noch sehr deutlich, wie die Panzer von dem Berg runter in das Dorf fuhren. Und da sah ich auch zum ersten Mal schwarze Menschen. Uns wurde immer gesagt, die seien schwarz und böse, aber die waren gerade zu uns Kindern sehr freundlich und lieb und schenkten uns Schokolade. Das war richtig ein Weltbild, das nicht zusammenbrach, sich aber völlig drehte. Und plötzlich kam die Reali-

tät so auf einen zu. Und die lachten und man sah ihre weißen Zähne und das war schon ein sehr prägendes Erlebnis. Und als die Amerikaner einmarschierten und die Panzer vom Waldrand auf das Dorf zurollten, da habe ich diese ganze Sammlung von Heldenkarten genommen und in die Heizung geschmissen und verbrannt. Schmerzvoll. Mehr als ein Häufchen Asche blieb davon nicht übrig.

www.berlinerkindheiten.de/1935-georg-renate/

# »Neuköllner Zorn«
## Horst Bosetzky (*1938), Neukölln

*Horst Bosetzky ist in der Ossastraße geboren und hat »heute noch das
Gefühl, da kommt der Neuköllner aus dem Hinterhof. Ich bin immer noch
kein richtiger Bürger geworden. Ich habe immer noch diese Aggressionen.«
Wir haben uns in der Buchhandlung Zauberberg[4] getroffen und Bosetzky,
auch bekannt als Schriftsteller unter dem Pseudonym -ky, berichtete von
den Bombennächten in Neukölln, von Granatsplittern, rauchenden Ruinen
und der bangen Sorge, ob das Haus der Oma noch steht.*

Mein Name ist Horst Otto Oskar Bosetzky. Horst heiße ich leider, Otto
und Oskar sind mein Vater und mein Großvater, Bosetzky ist schlimm,
Horst ist schlimm. Na ja, was soll man machen? Groß geworden bin ich
in der Ossastraße in Richtung Sonnenallee. Schöne Straße auf unserer
Seite. Alte Häuser auf der anderen Seite. So Neubauten im Bauhaus-
stil. Da wohnten die etwas Besseren. Bei uns im Vorderhaus auch die
etwas Wohlhabenderen. Aber ich bin ein echtes Hinterhauskind. Dritte
Treppe, Links. Geschwister hatte ich nicht. Meine Mutter war halb oder
viertel Jüdin, je nach Auslegung der Gesetze. Mein Vater war Wider-
standskämpfer und da haben meine Eltern gedacht, besser nicht noch
ein Kind. Ich war auch nicht geplant, ich war der berühmte Rechenfehler. Das hat man mir mal wütend, als wir uns gestritten haben, an den
Kopf geworfen. »Du warst gar nicht geplant, du bist ein Rechenfehler.«
Meine Mutter war Angestellte beim Mohnschen-Blinden-Verein. Sie
ist aber wegen ihrer jüdischen Wurzeln gemaßregelt, also entlassen worden. Mein Vater war Telegraphen- Bauhandwerker bei der Post und hat
Telefonleitungen verlegt. Der hat nebenbei in der Gau-Schule Abend-
Kurse besucht und war dann Ingenieur. Das war für das Hinterhaus
schon ganz ordentlich, aber im Luftschutzkeller war das alles getrennt.
Die vornehmen Leute aus dem Vorderhaus hatten den größeren Raum,
und die »Unterschicht« der Ossastraße 180 hatte einen anderen Raum.

---

[4] Das ist eben jener Buchladen, in dessen Räumlichkeiten früher Wolffs Bücherei
residierte, siehe Katharina Wagenbach-Wolff (*1929).

Wir waren die »Unreinen«, die Parias aus dem Hinterhaus. Es hat nur ein Junge aus dem Vorderhaus mit mir gespielt, der hatte auch jüdische Wurzeln und war von daher auch diskriminiert. Das hat uns beide irgendwie zusammengeführt.

Meine Mutter kam immer erst gegen halb sieben von der Arbeit. Als Neuköllner Straßenkind war das für mich eine herrliche Zeit. Man war frei! Das hat mich unfähig gemacht, später mal Vorgesetzte ertragen zu können. Vater war in Gefangenschaft, meine Mutter hat gearbeitet. Ich war ein freier Mensch, konnte über alles selbst entscheiden, was ich mache, was ich esse. Es war wunderbar! Wie gesagt, in dem Neubaublock gegenüber, in dem Bauhaus-Stil, die waren etwas vornehmer. Die haben mit uns gespielt, aber so ein bisschen mit gerümpfter Nase. Wir waren nicht gleichrangig. Irgendwie spürte man es. Und ich bin heute noch, wenn ich Freunde treffe, die Apotheker sind oder Ärzte, da habe ich noch immer das Gefühl, dass ich, obwohl ich auch mit akademischen Titeln gesegnet bin, immer noch das Gefühl, da kommt der Neuköllner vom Hinterhof, der hat immer noch nicht so richtig in die bürgerliche Welt gefunden. Ich habe immer noch Aggressionen. Ich kann, je älter ich werde, umso besser fluchen. Aber es steckt tatsächlich ein ganz schönes Durchsetzungsvermögen dahinter. Auf dem Schulhof haben wir uns pausenlos geprügelt, da war kein Tag ohne Prügel, auf dem Schulhof oder auf der Straße. Es gab Schlachten zwischen der Tellstraße und der Ossastraße. Wir hatten Blasrohre, ausgehöhlter Hollunder, da tat man Beeren oder Erbsen rein oder Zwillen, also Katapulte, wo man Krampen verschoss aus Papier. Manche waren auch aus Nägeln, und es gab doch ziemliche Verletzungen. Einem Schulkameraden ist mal das Auge ausgeschossen worden.

Das schönste Spiel war für uns, am Morgen nach dem Bombenangriff durch die Straßen zu gehen und in den Ruinen nach Flaksplittern oder Bombensplittern zu suchen. Große scharfkantige Sachen. Andere haben Briefmarken gesammelt, wir Flak- und Bombensplitter. Meine Großmutter wohnte in der Manteuffelstraße. Telefon hatten wir alle nicht. Dann liefen wir los. Mein Vater und ich. Überall die rauchenden Ruinen und die Trümmer und die große bange Frage: »Ist das Haus von Oma getroffen?« Und große Umarmung, wenn es nicht getroffen war. Einmal war es doch getroffen. Da ist eine Bombe rein in den Kohlen-

keller. Das war natürlich, mit all den eingelagerten Kohlen ein Riesen-
feuer. Die konnten aber durch den Durchbruch zur Waldemarstraße, im
Keller war immer der Notausgang zum Nachbarhaus, die konnten noch
flüchten. Sie hat überlebt. Da sind viele schlimme Erinnerungen. Meine Mutter ist von einem Soldaten der Roten Armee in meiner Nähe vergewaltigt worden, das war, also man verdrängt viel, aber irgendwann
kommt es doch wieder. Das hängt schon ganz schön drin. Aggressionen
gab es bei allen. Man musste Verbündete haben, Stärkere, die einem
beigestanden haben, da musste man eine Art Tribut zahlen, Kartoffeln
oder was man so hamstern konnte. Dann hat man andere gehabt, die
zum Lehrer gegangen sind und über Ungerechtigkeiten geklagt haben.
Aber man musste natürlich auch für den anderen was tun. Dumm waren die dran, die Einzelgänger waren, die niemanden hatten. Es war z.B.
schwierig, von der Ossastraße zum Hermannplatz zu gehen, weil man
da durch Feindesland musste. Dann klingelte man bei einem Freund:
»Kommst du mit, ich muss zum Hermannplatz, was besorgen.« So hat
man sich durch feindliches Gebiet getraut.

Aber es war doch auch sehr idyllisch. Innerhalb der Familie war viel
Nestwärme trotz der Schmerzen der gefallenen Leute. Wir hatten eine jüdische Tante, die wie Hans Rosenthal in einer Siedlung überlebt
hatte, ein anderer Onkel, der ist aus dem KZ wieder gekommen. Es gab
schon ganz schöne Belastungen, aber trotzdem es hingen alle zusammen. Man half sich, aber draußen auf den Straßen war eine feindliche
Welt. Man musste schon wirklich hartgesotten sein, um sich durchzusetzen und nicht unter die Räder zu kommen. Ich war relativ kräftig,
konnte auch zuschlagen, aber na ja, leider nicht der Allerstärkste. Vielleicht zum Glück auch nicht.

Mein Vater, als er nach Hause kam, konnte noch nicht arbeiten und
war ständig zu Hause. Nun war da einer, der immer aufgepasst hat. Auf
einmal war ich meine Freiheit los. Wenn ich aus der Schule kam, hieß
es: »Erst machst du Schularbeiten!« Dann konnte ich nicht runterge-
hen. Kam ich verdreckt nach oben: »Wie siehst du denn wieder aus?«
Das hatte ich alles vorher nicht. So hatte ich meinen Vater wieder, den
ich bis heute sehr liebe, das war schön. Aber gleichzeitig war da einer,
der aufpasste, und das war nicht mehr so schön. Damals wurde man als
Kind noch verprügelt mit dem Teppichklopfer, oder man bekam eine

Maulschelle, auch von den Lehrern. Ich bin oft genug verprügelt worden, von Klassenkameraden und auch mal von den Eltern, man hat irgendwann nicht mehr gezählt. Nach dem Motto: »Ein Indianer kennt keinen Schmerz«. Weh hat es doch getan. Aber da hat man geheult, dann war es vorbei. Das ist für mich kein Trauma heute. Ich bin heute noch Boxfan, man teilt aus, man steckt ein. Die berühmten Nehmerqualitäten, die gewinnt man so. Ich habe schon zweimal die Diagnose Krebs gehabt in meinem Leben und den einen habe ich besiegt. Bei dem anderen bin ich dabei. Naja, das übersteht man auch. Die Neuköllner Kindheit hat hart gemacht. Man kippt nicht gleich um.

www.berlinerkindheiten.de/1938-horst-bosetzky/

# TRÜMMERSPIELE
## Nachkriegszeit

# »Die 17 Elvis vom Prenzlauer Berg«
## Peter Patzek (*1941), Prenzlauer Berg

*»Umständliche Geschichten oder intelligente oder witzige Sachen zu machen, vergisst du nie! Du brauchst nicht den Beleg. Das existiert ja sowieso alles in deinem Kopf, und Angeben liegt nicht in meinem Leben.« Peter Patzek (\*1941) – in Berlin weltbekannt als »Platten Pedro«[5] – erzählt aus seinem umständlichen, intelligenten und witzigen Leben, u.a. wie er zu einem der 17 Elvisse der Schönhauser Allee wurde, seiner Republikflucht und über seine Zeit als DJ bei Rolf Eden.*

Aufgewachsen bin ich erst in der Schönhauser Allee, dann ein paar Straßen weiter in der Dänen Straße. Und das wird man nie los. Prenzelberg ist Prenzelberg. Die haben einen ganz bestimmten Jargon, wie es innerhalb Berlins auch verschiedene Dialekte gibt. Die Zehlendorfer haben völlig anders gesprochen oder zumindest versucht, völlig anders zu sprechen. Vater war im Krieg und kam nur kurz nach Hause, um Kinder zu zeugen, ich bin '41 geboren. Ich habe noch eine Schwester. Es gab kein Buch bei uns, nicht mal eine Bibel. Berliner sind ja weitgehend areligiös. Zumindest die vom Prenzelberg. Wir waren ein kommunistischer Haushalt. Opa war Kommunist, der wurde aus dem KZ rausgelassen, als es ihm so schlecht ging, dass er nicht mehr überleben konnte, er starb dann auch vor Kriegsende. Vater kam irgendwann raus aus der Gefangenschaft, nun hatte sich meine Mutter aber dummerweise inzwischen einen Freund angelacht. Die sexuellen Nöte sind ja kriegsunabhängig. Und der Fritz Böse, so hieß der auch noch, der hat auf das Klingeln meines Vaters die Tür aufgemacht und hatte dummerweise noch den Bademantel von meinem Vater an! Da hat der sich umgedreht und ist abgehauen. Was man ja auch verstehen kann. Normale Nachkriegsgeschichten. Meine Schwester wurde zur Oma abgeschoben, die sah ich nicht so furchtbar oft. Heute wissen wir beide, dass es schön gewesen wäre, wenn wir zusammen groß geworden wären. Denn meine Schwester ist eine richtig nette. Ick natürlich och.

---

⁴ Seinen Plattenladen hat Peter Patzek 2021 nach 52 erfolgreichen Jahren geschlossen.

Meine Mutter war Montiererin in der, das gab es da noch, in der Philips Niederlassung in Ost-Berlin und hat da irgendwelche Fummelarbeiten leisten müssen. Gelernt hatte die nix. Prenzlauer Berg war ja eh so eine reine Arbeiterwohngegend. Meine ersten sechs Jahre habe ich auf dem dritten Hinterhof verbracht. Das Vorderhaus, Schönhauser Allee 72, ist weggebombt worden. Während des Kriegs gab es auf den dritten Hinterhöfen und manchmal auch auf den zweiten so kleene Industriebetriebe in Garagen, die waren teilweise auch Zulieferer für die Waffenindustrie. Bei uns auf dem dritten Hinterhof wurden Metallhülsen hergestellt, wahrscheinlich für Patronen oder so. Ich kann mich noch erinnern, wie ich als Dreijähriger in den Keller runter musste, Bombenalarm. Diese Sirenen vergisst man übrigens auch nicht. Richtig einschneidendes Erlebnis.

Die Korsörer Straße in der ich ab meinem sechsten Lebensjahr gewohnt habe, die hatte 25 Häuser, hat sie heute noch. Da gab es vorne eine Clique und in der Mitte eine Clique und auf dem anderen Ende eine Clique. Drei Jugendcliquen in einer Straße mit 25 Häusern, also zwölf Häuser auf jeder Seite. Und um die Ecke gegenüber war die Clique der Kopenhagener Straße, aber zur Schule gegangen sind wir alle zusammen. Man hat sich teilweise angefeindet bis hin zur Keilerei, aber ich habe keine bleibenden Schäden davongetragen. Man wusste sich zu wehren. In der Schule gab es auch noch hinter die Ohren, wenn etwas nicht funktioniert hat. Aber ich hab mir jede Backpfeife redlich verdient, ich war eine ziemliche Rübe.

Ich hab' irgendwann eine Kupferschmiedelehre angefangen. Das war aber nicht mein Ding. Ich habe auch nie zu Ende gelernt. Ich habe nie einen regulären Beruf ausgeübt. Platten habe ich schon gesammelt, bevor der Rock'n'Roll überhaupt erfunden war. Meine erste Platte war »The Mess is here« von Lionel Hampton, 1953 muss das gewesen sein. Meine Großtante hatte mir ein Grammophon geschenkt. Die hatte mal eine Kneipe, wo das zuerst stand, und sie hat mir auch ein paar Platten geschenkt. Ich hab' damals oft die Schule geschwänzt und habe auf dem Nordbahnhof bei einem Holz- und Kohlenhändler immer eine Stunde Holz gehackt, und dann gab der mir eine Mark West. Damit bin ich in die Wechselstube, dafür gab es fünf Ost und damit bin ich in die Schönhauser Allee, da war ein Schallplattenladen. Da habe ich meine Schallplatten gekauft.

Die ersten waren von Amiga. Drei Mark kosteten Schellackplatten im Westen, drei Westmark, das waren 15 Ost. Da habe ich mir dann Werner Müller[6] gekauft und später auch auf Schellack Elvis. Mit dem Grammophon sind wir am Wochenende immer rausgefahren nach Schmetterlingshorst. Wir waren so um die dreißig Leute, die ganze Clique aus der Schönhauser Allee. Wir hatten eigentlich auch kein Geld, aber da gab es einen tollen Trick, den irgendjemand eingeführt hat. Man ist durch die Sperre durch in der Schönhauser Allee, und die Leute haben immer gesagt, der Letzte hat die Karten. Aber den letzten gab es dann nicht. So sind wir nach Grünau rausgefahren, das Grammophon hatten wir mit, und dann haben wir meine Rock'n'Roll-Platten gespielt und haben im Wald angefangen zu tanzen. Völlig bekloppt. Natürlich gehört zu der Story, dass ich einer der 17 Elvisse der Schönhauser Allee war. Meine Mutter hatte mir irgendwann eine Gitarre geschenkt, und ich kannte jemand, der hat mir die ersten Griffe beigebracht, und dann habe ich ohne Englischkenntnisse den Elvis gemacht. Das hätte beinahe zu einer Karriere geführt. Ich habe nämlich '67, als ich in Köln DJ war, den Produzenten der Electrola kennengelernt. Und der hat mich gefragt: »Wieso spielst du denn keine deutsche Musik?« – »Die können doch alle nichts!« – »Mach's doch besser!« – »Komm, Ramsey und Rex Gildo, die sing' ich doch an die Wand.« Und dann haben wir tatsächlich Schallplatten gemacht. Mit der ersten Platte waren wir auf Promo-Tournee mit dem Erik Silvester, den kennt heute keiner mehr. Wir waren abends in so einem Laden, und er wurde als Erster angesagt, sprang auf die Bühne und legte los, und ich saß da nur mit Bauchschmerzen: »Oh je, jetzt musst du auch gleich rauf!« Das war nichts für mich. Ich war ein guter DJ, aber davon war ich auch überzeugt. Von den Platten war ich nicht überzeugt. Ich muss überzeugt sein von einer Sache, sonst macht mir das keinen Spaß.

Aus meiner Clique verschwand immer wieder einer. Dann fragte ich: »Wo ist der denn hin?« Und kriegte zur Antwort: »Der ist nach Kanada.« Als die ersten drei oder vier nach Kanada waren, wollte ich auch nach Kanada. Ich hatte überhaupt keine politische Begründung, ich war begeisterter Kommunist. Heute bin ich Alt-Kommunist, wohl wissend,

[5]  Leiter des RIAS-Tanzorchesters

dass Kommunismus mit der Menschheit nicht machbar ist. Lebenser-
kenntnisse. Na ja, und dann habe ich mich in die S-Bahn gesetzt. 1960
gab es ja noch keine Mauer. Zuerst ging es nach Marienfelde und von
da wurde man ausgeflogen, die konnten ja nicht alle aufnehmen, das waren 1960 eine Million DDR-Flüchtlinge. Die mussten die Mauer bauen,
wenn sie den Staat erhalten wollten, Facharbeiter, Ärzte, alle sind abgehauen.

Ich hätte in Berlin damals einfach nur über die Grenze gehen brauchen. Du brauchtest aber den sogenannten Zuzug, um einen Job zu kriegen. Einen Job hast du aber nur gekriegt, wenn du einen Zuzug hattest.
Wenn du also weg wolltest aus dem Osten, musstest du aus Berlin raus.
Ich bin zusammen mit einem Kumpel abgehauen, der dann wieder zurückgegangen ist. Ich glaube, der hatte eine Freundin, 'ne feste. Wir sind
umgestiegen auf dem Bahnhof Papestraße. Der Bahnhof war knalle voll,
das waren zwei Bahnsteige, knalle voll. Jeder Idiot ist abgehauen damals
und bis Kanada bin ich natürlich nicht gekommen. Ich wurde ausgeflogen nach Hannover mit einer Propellermaschine ohne Sitze, da musstest
du auf dem Boden sitzen, und dann war in Friedland dieses Gefangen-
schaftsrückkehrerlager, und Rückkehrer gab es keine mehr, da haben sie
dann die ganzen Ossis reingestopft. Naja, ich bin dann schließlich über
Umwege nach Mannheim gekommen, Hauptsache raus aus Berlin, und
dann habe ich da festgestellt, dass man da auch arbeiten muss, damit
hatten wir überhaupt nicht gerechnet. Darum ist mein Kumpel wahrscheinlich auch wieder zurück in den Osten. Das Flüchtlingslager, war
sehr schön gelegen außerhalb von Mannheim. Aber für einen 18-Jäh-
rigen war das nix. Dann bin ich per Anhalter zurück nach Berlin und
hab aber dummerweise dem Fahrer, der mich mitgenommen hat von
Gießen bis nach Berlin, dem habe ich für die Grenzkontrolle meinen
Personalausweis gegeben. Damals haben sie noch nicht so richtig Buch
geführt über die Republikflüchtlinge. Da bin ich durchgekommen und
stand aber hier ohne Ausweis. Der hat mich am Kaiserdamm rausgelassen. Dann habe ich mich in die S-Bahn gesetzt und bin zu meiner
Mutter rüber gefahren, denn es gab ja immer noch keine Mauer. Das
war im Herbst oder Spätsommer '60, im Januar war ich abgehauen. Die
ist mit mir am nächsten Tag zum Bezirksamt Wedding und ich konnte
mich nicht ausweisen, und da haben die gedacht, da versucht einer ei-

nen Trick, damit er sich hier eingliedern kann, ohne ausgeflogen zu werden, so ein Flüchtling.

Die haben mir die Story aber irgendwie geglaubt. Und dann haben sie mich in ein Heim in Tempelhof für schwer Erziehbare gesteckt. Da habe ich die richtigen Typen kennengelernt, die waren alle ein bisschen schräg drauf. Aber ich durfte mich frei bewegen und bin auf Jobsuche gegangen. In der Grunewaldstraße gab's einen Fensterputzladen, da bin ich rein und hab gesagt: »Wenn Sie mir ein Schreiben aufsetzen, dass ich bei Ihnen arbeiten kann, verpflichte ich mich, ein halbes Jahr bei Ihnen zu arbeiten.« Das hat er mir ausgestellt und damit bin ich zum Bezirksamt und hab' den Zuzug gekriegt. Ich war wieder Berliner! Geil! Und dann habe ich da erstmal Fenster geputzt. Ich bin aber kein halbes Jahr geblieben. Der hat so schlecht bezahlt, der Typ, ich wusste, warum der den Schrieb gemacht hat, dem sind die Leute andauernd weggelaufen. Stattdessen habe ich bei Rolf Eden angefangen, auf der Bar zu stehen und »Haunt Dog« zu singen. Immer noch ohne Englischkenntnisse. Ich bin damals zum Eden hin in seinen Laden, ich hatte meine Gitarre dabei, und da hat mich der Eden gefragt, ob ich irgendwas machen würde und dann konnte ich da arbeiten für fünf Mark die Nacht. Ich hatte drei, vier Auftritte, und nebenbei musste ich Kisten schleppen. Schlechte Bezahlung war gar kein Ausdruck.

Das »Old Eden« war das, in der Damaschkestraße. Das war der zweite Laden schon, der hatte angefangen in der Nestorstraße, da haben sie ihn rausgeklagt. Und dann ist er in die Damaschke und ab Ende '60 habe ich da die Gitarre geschwungen. Später habe ich noch bei ihm im Playboy Club als DJ gearbeitet und hab ihm den Laden voll gemacht. In der Gastronomie war ich sieben, acht Jahre insgesamt. Ich habe auch meine verstorbene Frau im Playboy Club kennengelernt. Als DJ hast du da die freie Wahl gehabt. Da hast du witzige Leute kennengelernt. Lex Barker stand neben mir mal an der Bar. Und Frank Sinatra hat drei Worte auf mich verschwendet. Der saß hinten in der Ecke an der Bar. Und dann frage ich nach einem Autogramm, und er sagt zu seinem Bodyguard nur: »Get him out!« Aber drei Worte von Sinatra.

www.berlinerkindheiten.de/1941-peter-patzek/

## »Outing durch den Mauerbau«
### Armin von Hoyningen-Huene, (*1942), Schöneberg

»Um das direkt vorwegzunehmen: bist du schwul?« Armin von Hoyningen-Huene trägt ausgewaschene Jeans, ein weißes T-Shirt unter offe-
nem Holzfällerhemd und ein Basecap mit Schirm nach hinten. Er wirkt
auf kalifornische Art jugendlich, nicht wie ein älterer Herr Ende siebzig.
Wir gehen gemeinsam durch den mit dickem Teppich gepolsterten Flur
des Appartementhauses, das in der Nähe des Castro, des Gay-Districts
von San Francisco liegt. »Nein.« »Wie kommst du dann hierher? Die
›Normalen‹ kommen sonst nicht zu mir.« Wir sind oben in seinem
Appartement, es ist aufgeräumt. Im Schlafzimmer steht ein großes Bett,
schwere, bunte Decken, darauf schlafend eine Katze. Armin setzt sich
mit angewinkelten Beinen auf das Bett, den Rücken an die Wand gelehnt.
Aus dem Fenster bietet sich ein weiter Blick über San Francisco, in der
Wohnung hängen Bilder von Armin. Bilder von ihm als »Peter Berlin«,
dem Namen unter dem er berühmt ist. Peter Berlin in Ledermontur und
Mütze, Peter Berlin mit seinem Penis in der Hand in die Kamera lachend,
Peter Berlin mit freiem Oberkörper und Cowboyhut, Peter Berlin in un-
zähligen Aufnahmen. »Die normale Welt, die Menschen haben nie von
mir gehört, aber die schwule Welt, die wissen alle, wer ich bin. Und du? Du
willst meine Geschichte hören?«

Mein voller Name ist Armin Hagen Baron von Hoyningen-Huene. Geboren wurde ich 1942, am 28. Dezember in Litzmannstadt, was zu der
Zeit deutsch war, weil der Hitler das annektiert hat, das ist eigentlich
Lodz. Nach Kriegsbeginn sind wir aber ziemlich bald nach Berlin geflüchtet. Mein Vater ist im Krieg gestorben. Den habe ich nie kennengelernt. Der hat für Hitler gekämpft und war, wie meine Mutter sagt,
überzeugt davon, dass er fürs Vaterland stirbt. Wie ist das Wort wenn
man als Soldat...?

*Sich opfert?*
Nein, nicht opfert, davor...

*Kämpft?*

Ja! Kämpft, kämpft, kämpft! Genau. Kämpft. Manchmal telefoniere ich mit meiner Mutter und uns fällt weder das deutsche, noch das französische noch das englische Wort ein. Mein Vater also kämpfte fürs Vaterland und war sehr empört, als das Attentat auf Hitler gemacht wurde. Ich habe überhaupt keine Erinnerungen an meinen Vater, der ist in den letzten Tagen des Krieges erschossen worden. Das ist wahrscheinlich auch der Grund, warum ich gelebt habe, wie ich lebe. Ich habe nicht diesen Druck von einem Vater gehabt, der sagt: »Du musst so und so, du musst Schule und Arbeiten und Karriere machen.« Ich hätte nie mein Leben geführt, wenn ich einen Vater gehabt hätte.

Meine Mutter war alleine mit drei Kindern ohne Mann, arm, musste Arbeit suchen. Und meine Großmutter lebte in ihrer eigenen Welt. Wir wurden sehr frei gelassen, das war alles sehr liberal und frei. Ich kann mich entsinnen, als kleiner Junge, habe ich immer meiner Mutter geholfen. Ich habe meiner Mutter geholfen, um geliebt zu werden. Wir waren nie das, was man »herzlich« nennt. Das blieb auch, als ich älter wurde. Ich habe immer gefühlt, dass ich nicht Teil meiner Welt bin, dass ich außerhalb stehe.

Als ich die Sexualität gespürt habe, in der Zeit konnte man sich nicht erkundigen, das musste man alles selbst finden und durchlesen im Lexikon, gewisse Wörter. Aber als ich gemerkt habe, »meine Sexualität geht dahin, dass ich mich für Jungs interessiere«, war ich froh »schwul« zu sein. Weil viele Probleme weg waren, die »normale« Leute haben. Das war eine langsame Erfahrung, dass ich gesagt habe, ich bin mehr auf Jungs konzentriert und habe dann die schwulen Bars in Berlin entdeckt. Das war in der Zeit, als die Mauer gebaut wurde. Die Ost-Jugend kam immer über das Wochenende nach West-Berlin, um eine gute Zeit zu haben. Und dann, das war 1961, der 13. August, wo mich ein Ost-Berliner mit nach Ost-Berlin genommen hat und wir hatten eine gute Zeit zusammen. Und als ich in der Nacht zurück wollte nach West-Berlin, da ging die S-Bahn nicht und nichts. Das war die Nacht, wo die Mauer anfing gebaut zu werden. In den Nachrichten am Morgen wurde bekannt gegeben, da passiert irgendwas! Und meine Mutter, Großmutter, Bruder und so: »Na, wo ist denn der Armin?« Ja, der Armin war nicht da. Der Armin war in Ost-Berlin. Und die S-Bahn ging nicht, ich war also nicht da und musste dann erklären, »Wo warst du denn?« Und ich war immer der Meinung, dass ich nichts zu verbergen habe und nicht lügen will und habe gesagt: »Ok, ich bin schwul!« Das war großes Drama! Das wurde nicht verstanden von meiner Mutter. Also meine Mutter war am Ende. Das war ein großes Problem. Ich bin dann ausgezogen und bin in Untermiete gezogen auf dem Kaiserdamm und lebte da in einem ganz kleinen Zimmer. Die Zeit war fantastisch für schwule Jungs! Alles war im Untergrund. Man klopfte an die Tür vom Dandy-Club in Berlin, und da ging eine Luke auf und es wurde geguckt und dann wurde man erst eingelassen. Es war fantastisch! Es war aufregend! Hunderte und hunderte von Jungs in den Bars und den Wäldern, im Grunewald und im Volkspark und im Tiergarten oder den Zugstationen, Westkreuz. Man musste zwar vor der Polizei wegrennen, die haben da ihre Razzien gemacht, aber es war eine tolle Zeit!

Man wusste, man wollte Sex haben und man hat dafür einen Partner gesucht. Wir waren wie Hunde! Was mir klar wurde, als ich älter wurde und mir überlegt habe, wie das ist mit dem Schwulsein und so: Sex ist für mich der Mittelpunkt. Das ist das Interessanteste am menschlichen Dasein und Leben. Da gibt es nichts besseres. Weder essen, noch trinken, noch in die Oper zu gehen oder was andere so machen. Für mich war es Sex! Und alle meine Freunde haben auch so gefühlt. Wir haben gemerkt, wir wollen Sex haben, wir haben Sex gesucht und haben Sex gefunden! Das ging jeden Tag, jeden Tag, wir haben die Nächte durchgemacht. Ich habe keine Karriere gemacht, als irgendetwas, meine Karriere war, eine gute Zeit zu haben. Ich habe dann einen Typen kennengelernt, das war erst so ein bisschen sexuell, wir waren dann aber gute Freunde und der hat mich so ein bisschen aus dem deutschen Kleinkarierten heraus geholt und ich habe mit ihm ein Jahr in Rom gelebt und dann in Paris für ein Jahr, so kam ich raus aus dieser Welt, und ich habe angefangen, Geld zu machen in der Zeit.

Mein Bruder war bei einem Unfall ums Leben gekommen, und ich hatte ein wenig geerbt. Da habe ich einen Typ kennengelernt, Richard Abel, der war auf der Filmschule. Und der hat mir einen zehn Minuten s/w-Studentenfilm gezeigt. Ich habe mir das angeschaut und gesagt: »Das kannst du ja deiner Mutter zeigen und deiner Schwester, aber lass uns doch einen Porno machen.« Das war meine Idee. Das war von meiner Sexualität gesteuert. Ich wollte nicht Schauspieler werden und Karriere machen, nein, ich wollte einen Porno machen. Und dann haben wir den Film gemacht. Wir hatten kein Script und diese Filme sind eigentlich auch blöde, aber sie haben mich etabliert als Pornostar »Peter Berlin«. Mein Exhibitionismus war immer recht ausgeprägt und das war geil für mich, diese Reaktionen von der Außenwelt zu bekommen. Nicht von der normalen Welt, vor der habe ich mich immer versteckt, sondern von der schwulen Welt. Und die schwule Welt ist etwas ganz fantastisches. Die normale Welt, die sich arrangiert mit der schwulen Welt ist natürlich die intelligente Welt. Was ist denn schon dabei, wie du bist? Denn da ist die Kreativität, die Geilheit und die Schönheit, das Geld! Alles kommt da zusammen. Der Film hat mich berühmt gemacht in der schwulen Welt.

*Wie kamst du nach San Francisco?*
Das hat sich auch so ergeben. Ich habe Ferien in Acapulco gemacht. Und auf dem Rückweg haben wir eine Nacht in New York verbracht, und da war diese Bar, die gibt es heute nicht mehr, und da habe ich einen Typ kennengelernt, gut aussehender Amerikaner. Und der meinte zu mir: »Bleib doch hier. Du kannst bei mir wohnen!« Dann bin ich also in New York geblieben und da eingezogen. In den USA haben die Leute immer gefragt, wie ich heiße und ich habe gesagt: »Armin.« – »What?« – »Armin!« – »Armand?« – »Nein, Armin.« – »Can you spell it?« – »A, R, M, I, N.« Das ging so zwanzig, dreißig Mal, und eines Tages war ich es leid und da fragte wieder einer: »What's your name?« – »Peter.« –»Oh, Peter!« So I became Peter. Das war alles nie so ein Blueprint. Mein ganzes Leben hat sich von Tag zu Tag organisch ohne großes Zutun ergeben. Nur dass diese Welt eben interessant und geil war! Aber man zahlt auch einen Preis dafür. Aber ich lebe heute so zurückgezogen, dass ich viele Menschen nicht kennengelernt habe, die ich gerne kennengelernt hätte.

Warum nicht Elton John? Oder Michael Jackson? Oder, wie heißt noch dieser Designer? Lagerfeld! Den habe ich in den siebziger Jahren, als ich noch in Paris lebte, immer gesehen. Man wusste damals schon, wer Lagerfeld war, aber er war nicht so berühmt wie heute. Das waren die Leute, die im Café Flore in Paris saßen und ihren Kaffee tranken, da waren alle bekannten Leute. Aber ich war so scheu, dass ich nie Kontakte machte. Das gleiche mit Andy Warhol, der wusste auch, wer ich war. Das war in der Zeit, als man ins Studio 54 ging. Da sah ich Warhol mit seiner Entourage, und er sah mich und sagte: »Na, pass mal auf, wie du deine Sache machst, das ist schon toll! Aber du, ich habe diese Factory, komm vorbei, es ist alles da für dich!« Aber ich habe diese Sache nie weitergeführt, weil ich eben zu scheu bin. Und jetzt hocke ich hier mit einer Katze, ohne Geld, aber immerhin. Ich lebe von meinem Ersparten. Und wenn du fragst, hast du noch Sex? Dann sage ich, ich kann es mir noch einsuggerieren und kann »Peter Berlin« sein und ich kann Sex mit mir selbst haben. Sehr gut. Das ist ja das Tolle, wenn man nichts weiter braucht. Und die Katze kommt zu mir und ich spreche mit der Katze und sage: »You are the only thing, where I really feel love!« (lacht) Das klingt sowas von ordinär und blöde! Aber dann kommt die Katze, und da fühle ich, ich bin immer noch nicht erwachsen, ich bin immer noch ein Kind, das sehr naiv ist auf der einen Seite und auf der anderen Seite bin ich ein alter Mann. Das ist komisch. Auf der einen Seite bin ich ein bisschen weise, auf der anderen Seite bin ich kindlich, naiv. Nun, das ist so mein Leben. It was a ride! Ok?

www.berlinerkindheiten.de/1942-bernd-peter/

# »Ausweichen, bewegen«
## Bernd Jacobitz (*1947)

*Der Tod seines älteren Bruders ist für Bernd Jacobitz der Beginn seiner Laufbahn als Boxer. Er will seinem Vater den bewunderten Bruder ersetzen und eifert ihm nach. Es folgen erfolgreiche Jahre als Profi-Boxer, die über die Berliner Meisterschaft in den Nationalkader führen, bis ihn eine Verletzung aus der Bahn wirft. Boxer, der er ist, steht Bernd Jacobitz aber auch nach weiteren Schicksalsschlägen immer wieder auf.*

Ich hatte einen Bruder, der war zehn Jahre älter. Der war immer mein großes Vorbild. Der hat Abitur gehabt, konnte sechs Sprachen, hatte zehn Jahre Klavierunterricht und war ein erfolgreicher Boxer. Der ist 1956 tödlich verunglückt. Das war ein Unfall. Daraufhin habe ich auch angefangen zu boxen, um meinem Vater meinen Bruder zu ersetzen. Ich habe gemerkt, der möchte das gerne. Ich war eigentlich ein kleiner zierlicher Junge, komme mehr nach meiner Mutter, aber ich war gewitzt, schnell, frech, hatte Kondition und habe gemerkt, die größeren und stärkeren treffen mich gar nicht und habe da Spaß dran gefunden. Mit 16 Jahren war ich schon Berliner- und Deutscher Junioren-Meister. Ich hätte dann schon antreten sollen bei der Meisterschaft der Männer, aber ich habe gesagt: »Papa, die sind mir noch zu groß und zu stark, ich mache noch ein Jahr Pause, um zu trainieren.« Und so war es dann auch. Ein Jahr später habe ich die dann alle reihenweise geschlagen.

Wir haben in Schöneberg gewohnt, am Bayerischen Platz. Das war eine schöne Gegend, meine Mutter hat da eine Weinhandlung gehabt. Mein Vater war selbstständig, der hatte eine Schilderfabrik mit 25 Angestellten. Ich selber habe Kinoplakate montiert, für die Firma Heinz Werner, die gibt es immer noch. Das sind die einzigen, die ihre Plakate noch immer selbst malen. Da habe ich immer am Zoo-Palast gestanden und habe die Dinger hoch gezogen. Wenn die das erste Mal bemalt wurden, waren die leicht, aber wenn die zehnmal übermalt waren, waren die dick und schwer. Das war keine leichte Arbeit. Körperlich komm ich eher nach meiner Mutter, klein und zierlich, vom Herz eher nach meinem Vater. Der war Vizeweltmeister im Kajakfahren und Europameister über vierhundert Meter. Der war ein großer Sportler, körperlich sehr stark. Der hat später sehr zugenommen und 120 Kilogramm gewogen. Der konnte zwei Männer rechts, einen links auf einmal hochheben. Ich erinnere mich noch, wie er das mal auf dem Ku'damm mit ein paar Arbeitern demonstriert hat. Der war stark und stur.

Das Geld kam bei uns zuhause in Schüben. Vor Weihnachten musste mein Vater immer rennen und alle Kunden abkassieren, um seinen Mitarbeitern Weihnachtsgeld zu zahlen. Alle haben Weihnachtsgeld bekommen, aber wir hatten zuhause kaum Geld, solche Phasen gab es. Mein Vater wollte mal nach Spanien in den Urlaub, kurzfristig mit meiner Mutter. Meine Mutter sagte, »Aber wir haben kein Geld!« – »Egal, da nehmen wir 10 000 D-Mark Kredit.« So sind wir dann in Urlaub gefahren. Meine Mutter fand das unmöglich. Aber er wußte, das Geld kommt wieder rein, dann hat er es wieder abbezahlt. Der war ein Lebemann, der wollte leben. Der war ein guter Vater eigentlich. Streng, aber gut. Ich durfte mich nie rumtreiben oder Dummheiten machen. »Du rauchst nicht und du trinkst nicht! Das ist das allerletzte!« Und ich habe nie in meinem Leben eine Zigarette geraucht und nie auch nur einen Tropfen Alkohol getrunken.

Die Boxszene damals war sehr lukrativ und interessant, viele Leute haben geboxt. Ost/West war getrennt, wir hatten kaum Kontakt mit den Ost-Boxern. Aber das Boxen war im Westen auch sehr lukrativ. Bei den Berliner Boxmeisterschaften, da waren vierhundert Meldungen. Da waren schon vierzig Meldungen nur im Leichtgewicht. Da musste ich sechs, sieben Mal kämpfen, bis ich im Finale war, heute sind es vielleicht vierzig Meldungen in allen zehn Klassen. Das sind ja keine richtigen Meister mehr. Dann bist du Vizemeister, dabei gab es nur zwei. Heute will sich keiner mehr quälen.

Nach dem Krieg war das eine große Szene, und die Leute kamen von überall, um zuzuschauen. Die ersten zwei, drei Reihen waren mit Zuhältern, Bordellfrauen und Prostituierten voll, mit großen Hüten und bunten Klamotten, Pelzen, Schmuck. Diese Szene war sehr interessiert am Boxen. Die haben einem auch schon mal Geld zugesteckt und so. Die hatten dicke Autos, fette Kohle, Goldkettchen, die Frauen in dicken Pelzen, das war dieses Milieu. Die haben mich immer eingeladen bei ihnen vorbeizukommen ins Bordell, aber da bin ich nie hingegangen. Wie gesagt, denen hat diese Boxszene gefallen und da habe ich auch viele Leute kennengelernt. Den Klaus Speer und solche Leute. Der hatte in der Bleibtreustraße, wir haben immer Blei-streustraße gesagt, da kam es zu Schießereien. Ich kenne den heute noch, ich treffe den noch ab und zu. Der war Unterweltler Nummer Eins damals in den siebziger Jahren. Ein netter Kerl.

Trainiert habe ich jeden Tag einmal, später zweimal, bei Lehrgängen auch dreimal täglich. Es gab auch ein paar Verrückte, die sind abends noch ein viertes Mal trainieren gegangen, um mal 'ne Cola trinken zu können. Aber dreimal hat mir schon gereicht. Da habe ich lieber auf die Cola verzichtet. Ich war auch jahrzehntelang im Wald laufen, im Winter, im Regen, im Schnee, bei Hagel, bei Sturm. Ich habe immer meinen Hund abgeholt, meinen Pudel von meinen Eltern, der mit mir gelaufen ist im Grunewald. Ich bin immer gelaufen. Darum hatte ich die Kondition und die Überzeugung und das Selbstwertgefühl. So habe ich Leute, die stärker waren als ich, ausgetrickst und ausgeboxt, weil ich einfach die Kondition hatte. Auch bei Eis und Schnee. Dann war vielleicht das Gesicht und der Schnurrbart vereist, aber ich bin gelaufen. Und dann zuhause in die heiße Badewanne gestiegen. Ich hatte damals eine hübsche Freundin und dann haben wir anschließend schön gefrühstückt. Das war eine gute Zeit. Die schönste Zeit meines Lebens eigentlich. So '68 bis '75. Diese sieben Jahre hatte ich eine schöne Blumenfrau, die hatte einen Blumenladen. Die war für mich da und an meiner Seite.

Der Antrieb war eigentlich zu merken, ich bin klein und zierlich, aber ich kann gegen Leute gewinnen, die größer und stärker sind, durch Technik und List und Kondition und das hat mich veranlasst weiterzumachen. Und immer noch das Gefühl, meinem Vater meinen Bruder zu ersetzen. Mein Vater war sehr stolz auf mich und saß beim Boxen immer in der zweiten Reihe. Als ich den Deutschen Meister auseinandergenommen hatte, da sprang er auf und rief: »Das ist mein Sohn, mein Sohn!« Da war er ganz stolz, dass sein Sohn den Deutschen Meister entthront hatte! Auch wenn er das nicht so zeigen konnte. Für ihn habe ich damit angefangen, aber irgendwann habe ich für mich weitergemacht, weil ich Erfolg hatte. Mein Bruder war zehn Jahre vor mir Berliner Junioren-Meister und ich bin es zehn Jahre später geworden. Das ist doch kurios.

Einer meiner ersten großen Erfolge, da musste ich gegen einen kämpfen, der war im Postsportverein, der wurde nur »K.o.-Matador« genannt, der hat alle K.o. gehauen. Das war ein kleiner Bauarbeiter, der war ein bisschen kurzsichtig, aber hat stark gepuncht. Der hat alle niedergewälzt. Als ich zehn war, war der Hauptkämpfer im Sportpalast. Ich habe damals da Programme verteilt und hatte mir gesagt, wenn ich so alt bin wie der, möchte ich so gut und so bekannt sein, wie der. Und dann war ich 18 und der war 28, und ich musste gegen ihn boxen. Der war auch Leichtgewicht, also die gleiche Gewichtsklasse. Und mein Vater sagte zu mir: »Bernd, der kann nicht viel. Der kommt nur so rinne, holt aus und dann kommt der mit seinem Hammer. Da musst du ran und weg, ran und weg.« Und es geht los. Erste Runde, der Gong. Auf dem Weg zum Ring sagt der schon zu mir: »Na, Kleener, das wird gleich ganz schön hart für dich werden. Du wirst nicht über die erste Runde kommen.« – »Abwarten«, sag ich, »das entscheidet sich im Ring.« Und dann geht die erste Runde los und es war genau so. Er holt aus und ich ran und weg, ran und weg. Und ich hör meinen Vater: »Super, weiter so.« Irgendwann habe ich gesehen, dem geht so ein bisschen die Puste, aber er meinte immer noch: »Komm doch Kleener, hau doch, hau doch«, und da dachte ich: »Jetzt oder nie« und geh ran und schieß dem sechs, sieben, acht Hände mit voller Pulle auf den Körper, mit voller Wut und geschlossenen Augen und da war er am Boden und selbst K.o. Das war mein erster großer Erfolg.

*Du hast mir mal gesagt, als Boxer braucht man ein bisschen Angst…*
Ja, die Angst ist da, um sie zu besiegen. Ich habe die Angst immer überwunden. Ich hatte eine vegetative Dystonie, das war 1975. Da ist viel passiert auf einmal. Es gibt ein normales Nervensystem, das vom Willen zu beeinflussen ist, und es gibt ein vegetatives, das arbeitet selbstständig im Unterbewusstsein. Und das war bei mir gestört, durch viele Schicksalsschläge. Da war mein Knie kaputt, da hatte ich mehrere Operationen am Knie, da war mein Boxen zu Ende. Meine Frau hatte mich verlassen nach sieben Jahren. Wir hatten einen Streit und waren beide bockig, und so ging es kaputt. Dann hatte ich meine Arbeit verloren und wurde unselbständig. Das unselbstständig sein war eigentlich das Schlimmste. Meine Eltern hatten mich nach dem Tod meines Bruders verwöhnt. Ich habe als Lehrling schon eine Corvette gekriegt. Und

dann kam ich als Lehrling mit der Corvette zur Schule und der Lehrer kam mit 'nem Moped, ja? Die hatte 235 PS und 4700 Kubik, die war eine richtige Rakete. Die habe ich voll ausgefahren, da haben die Reifen gequalmt, wenn ich einen »Kick down« gemacht habe. Aber wie gesagt, da kamen diese ganzen Schicksalsschläge, Knie kaputt, Frau weg, arbeitslos, unselbstständig. Da war ich ziemlich alle, und so kam es zu dieser vegetativen Dystonie. Ich war bei ein paar Ärzten, aber habe gemerkt, was die mir sagen, geht mir da rein und hier wieder raus. Das hatte keinen Sinn. Dann habe ich mir ein Buch gekauft, ein kleines, grünes Buch. »Wie bekämpfe ich die vegetative Dystonie?« Das habe ich durchgearbeitet. Im Kern stand dadrin, Wechselduschen schockt den Geist, autogenes Training, Waldläufe, die Probleme weglaufen, »Körpertraining für gesunden Geist«, »Neue Säulen im Leben aufbauen«. Das habe ich gemacht und wurde wieder gesund.

Ich habe mir ein neues Geschäft aufgebaut und 19 Jahre ein Solarium, das »Sunhouse«, geführt. Der Laden war eine Goldgrube. Leider ist er 1997 abgebrannt. Da habe ich sechs Jahre kämpfen müssen um mein Geld. Die sagten, das war Brandstiftung, war's aber nicht. Ich bin freigesprochen worden, saß aber unschuldig drei Monate im Gefängnis. Ich muss sagen, das ist durchaus eine Sache, die man mal erlebt haben kann. Mir hat das unheimlich viel gebracht, diese drei Monate unschuldig hinter Gittern zu sein, das war ein echte Erfahrung. Das war in Moabit, drei Monate U-Haft. Die haben damals die ganze Post gefilzt, die zu meiner Frau geschickt wurde. Weil ich das aber nicht wollte, habe ich einen Tennisball aufgeschnitten und ihr da Briefe reingesteckt mit »I love U« und den über die Gefängnismauer geworfen. Ich habe sechs Jahr lang um mein Geld gekämpft und am Ende auch gewonnen. Es ging um 300 000 DM, aber was habe ich bekommen? 150 000 Euro. Und um ehrlich zu sein, das Geld habe ich verballert. Ich bin auf Reisen gegangen, für mein Gartenhaus ging viel drauf, für ein Auto und dann habe ich eine Zeit Roulette gespielt und viel verloren, bis ich gemerkt habe, dass das nichts bringt. Viele die ich kenne, sind dabei drauf gegangen, haben sich erschossen oder erhängt. Aber ich habe die Sucht zum Glück bezwungen. Und ich habe gelernt, es gibt kein System, mit dem du gewinnst. Und ich habe gelernt, wenn du Geld brauchst und bist knapp auf Tasche und musst morgen früh was bezahlen und gehst da hin, um was zu gewinnen und hast vielleicht noch Stress mit deiner Frau, dann verlierst du ohne Ende. Aber wenn du gut drauf bist und hast Geld übrig, unerwartet gekriegt oder sonst übrig und spielst frei und locker und machst dir einen schönen Abend, dann gewinnst du. Wenn du gut drauf bist, gewinnst du, wenn du schlecht drauf bist, verlierst du.

Aber mein Boxclub floriert, ich habe mit sechs Kunden angefangen, jetzt sind es über 120, der Laden läuft, ich bin beliebt und es macht mir Spaß. Das war hier vorher ein totales Drecksloch, die Kabel hingen herunter, alles war verdreckt und kaputt und da habe ich gesagt, »Ich nehme den Laden, ich renovier den, aber ich will zwei Jahre mietfrei haben.« Das haben die gemacht, und ich habe nur 120 Euro gezahlt im Monat für Betriebskosten. Aber nach einem halben Jahr war ich schon fertig.

www.berlinerkindheiten.de/1947-bernd-bernd/

# »Elendsprostitution«
## Renate Spiering (*1949)

*Renate Spiering wächst als drittes von sieben Kindern in der Linienstraße in Mitte auf. Schon früh üben die lokalen Kneipen und ihre diverse Belegschaft eine besondere Faszination auf Renate Spiering aus, was nicht ohne Folgen bleiben wird. Sie berichtet von ihrer Auseinandersetzung mit dem Kommunismus, der »Kunst einer guten Wirtin«, dem Nachtleben in Ost-Berlin und wie sie sich hartnäckiger Werbungsversuche der Stasi erwehrte.*

Mein Vater hatte im Krieg ein Bein verloren. Wir hatten eine kleine Wohnung in der Linienstraße 67. Ein kleines Altbauhaus mit drei Etagen. Sehr eng. Er wollte dem entfliehen und ist immer in die Rosenthaler Straße, da gab es eine Kneipe, »Zur Schwemme.« Und wenn es mittags war und Vater schon lange weg, hat unsere Mutter gesagt: »Holt mal Papa zum Essen.« Da waren ganz interessante Menschen, die man zu Hause oder in den Straßen so nicht kannte. Die waren eben angetrunken und sahen auch alle etwas anders aus, die Frauen waren herausgeputzt, was ich von meiner Mutter nicht kannte, die eine sehr einfache, schlichte Frau war. Mein Vater hat sich da immer sehr wohlgefühlt, das war seine Art, mit der Kriegs- und Nachkriegszeit und dem Verlust seines Beines fertig zu werden. Das war so ein Entlastungstrinken. Ich fand das sehr interessant da. Mitunter war da eine Frau, die sah aus wie ein Paradiesvogel. Blonde Haare, dicker Lippenstift, ganz anders sah die aus und die hatte auch so einen großen Mund und hat gelacht und hat die Männer amüsiert. Irgendwo hat man mitgekriegt: »Das ist eine Nutte!« Mit dem Wort »Nutte« konnte ich nichts anfangen. Ich hatte ältere Freunde in der Straße und hab' versucht da zu fragen, was 'ne Nutte ist und die haben gesagt: »Na ja, die kriegt Kohle, wenn die mit denen nach Hause geht oder ins Bett.« Als fünfjähriges Kind hat man sich nicht ausgemalt, was das bedeutet, »ins Bett«. Aber diese Frau hat mich fasziniert. Dann hieß die auch noch Vanesska. Das war ein Name, der war nicht so, wie wir die so kannten, Erna oder Käte oder so. Etwas später haben wir erfahren, dass die Vanesska umgebracht wurde. Die hatte sehr viele Männer, die kamen immer aus West-Berlin. Zu dem Zeitpunkt, war die Grenze noch geöffnet, schätzungsweise war das '53, '54. Die war ja auch nicht die einzige Anschafffrau damals. Da haben viele angeschafft, die haben aus dem Fenster geguckt und haben sich ihre Freier nach oben gewunken. Das waren oft einfache Hausfrauen und die eigenen Ehemänner die Zuhälter. Da hat der Kohlenfritze sein Frauchen auf den Strich geschickt, irgendwo musste ja das Geld herkommen.

Mein Vater hat sehr darunter gelitten, dass er sein Bein verloren hatte. Man sah die Invaliden auf den Straßen, ein Arm weg, ein Bein weg. Keiner redete darüber. Meine Mutter und mein Vater, die haben immer Krisen gehabt, weil mein Vater nicht so der Familienvater sein konnte. Ich sage immer »sein konnte«. Meine Mutter war eine sehr aufopferungsvolle Mutter, beide hatten keinen gelernten Beruf. Mein Vater ist Adoptivkind gewesen und in Neukölln groß geworden. Meine Mutter kommt aus Rummelsburg, auch von einer ganz armen Bauernfamilie. Mein Vater hat als Pförtner gearbeitet. Er konnte keine Prothese tragen, weil sein Bein zu kurz war. Der Stumpf hat nicht in eine Prothese gepasst, also musste er erst mal lernen zu laufen. Meine Mutter hat im Gericht als Wachschutz gearbeitet und hat viele Arbeiten gemacht, um uns großzuziehen. Wir sind sechs Mädchen und ein Junge. Meine Eltern waren zeitweise auch mal auseinander räumlich, aber es ist immer die große Liebe geblieben. Wenn zum Beispiel eine Frau meinen Vater auf einem Bild gesehen hat und gesagt hatte: »Mensch, hast du einen hübschen Vater!«, und meine Mutter stand daneben, dann war meine Mutter sowas von krötig, die sagte: »Na, ich bin doch auch 'ne hübsche Frau. Ja, was denn nun? Ich habe schwer gearbeitet, ich hab' die ganzen Kinder großgezogen!« Darauf hat sie Wert gelegt. Sie sah ja auch hübsch aus, aber mein Vater war ein ausgesprochener Frauentyp. Der sah ein bisschen so aus wie Alain Delon.

Mein Vater hat viel aus dem Krieg erzählt, was Kameradschaft heißt und dass es ganz wichtig ist, sportlich zu sein. Wenn man sportlich ist, ist man auch gesund. Und fair sein. Meine Tante – ich glaube, zu Hitlers Zeiten war die auch nicht ganz koscher. Die war ein bisschen ein Wendehals. Nachher ist sie vollkommen Genossin geworden und hat auch einen Genossen geheiratet. Die hat meine Mutter immer so von oben: »Ach ja, das kleine Kätchen!« Das wollte ich nicht. Ich wollte meine Mutter beschützen, weil ich dachte, wenn meine Mutter nicht mehr funktioniert, dann bricht alles zusammen. Meinem Vater konnte ich alles erzählen, aber, ich will nicht sagen, er war labil, aber er ist nie mit seiner Situation fertig geworden. Ich wusste, ich muss Mutti unterstützen, dass die stabil bleibt. Die hat so viel und so schwer gearbeitet! Wenn Oma kam, haben die drei Tage die Waschküche gemacht bei eiskaltem Wasser. Und wir waren sieben Kinder, meine Mutter hat mit 42 das letzte Kind bekommen.

Ich bin zu den Jungen Pionieren gekommen und habe mich viel mit dem Kommunismus befasst, weil der Kommunismus, der war für mich damals führend. Die haben gesagt, da kann man alles ohne Geld kaufen und kann so viel essen wie man möchte. Und weil wir immer mehr Kinder wurden, dachte ich: »Endlich mal zu Weihnachten eine eigene Entenkeule haben! Das ist doch eine schöne Sache, der Kommunismus.« Ich war mit einer Freundin im Pionierlager in Plau am See, und da haben wir am 13. August 1961, fern der Heimat und der Eltern, erfahren, dass Panzer aufgefahren sind an der Mauer. Russische Panzer. Da wurde die Mauer zugemacht. Wir haben gedacht, jetzt bricht wieder ein Krieg aus und es war große Panik und wir haben geweint: »Wir wollen nach Hause!« Da wurde uns gesagt: »Die wollen uns beschützen, unsere Brüder. Die Sowjetunion, hat das rechtzeitig absichern können. Es ist nichts passiert.« Später wurde man ein bisschen hellhörig und hat gesagt: »Ja, warum haben die die Grenze zugemacht? Warum haben die so getan, als ob uns West-Berlin oder die Amerikaner haben angreifen wollen?«

Als ich älter wurde, hat man immer öfter von West-Berlin gehört und wenn man bei den Nachbarn Fernsehen gucken konnte, haste eben mitbekommen, was da los war. Ich bin kurzzeitig noch in die FDJ eingetreten, habe mich aber schon gefragt: »Freie Deutsche Jugend«, und du kannst in der Schule nicht über West-Berlin oder über Amerika reden? Da wurde alles schlecht gemacht, und das war mir so ein bisschen unwahr, und du musstest auch in Staatsbürgerkunde das Kommunistische Manifest auswendig erzählen. Die Lehrer wussten genau, ob du die Überzeugung hattest und du bist danach benotet worden, was du für eine Meinung hattest. Von dem Moment an habe ich mich immer weiter distanziert. Ich habe mich dann immer ein bisschen mehr zurückgezogen, weil ich mich für viele Sachen interessiert habe und gemerkt habe, dass es alles nicht so stimmt.

Ich wollte an und für sich Tänzerin werden. Eine große Ballerina. Ich wollte zur Palucca-Schule in Dresden, dafür hatte mich meine Ballettlehrerin vorgeschlagen. Weil ich aber nachher so viel anderen Unsinn im Kopf hatte, wurde das nichts. Dann wollte ich Artistin werden, zusammen mit einer Freundin, wir waren knapp 14, da haben wir uns beworben. In der Friedrichstraße war die Artistenschule. Wir hatten schon ausgemacht, wir wollten beide am Trapez arbeiten, eine ist Fänger, die andere macht den doppelten, dreifachen Salto, aber unsere Eltern haben nicht unterschrieben: »Das ist ja kein Leben. Das ist zu abenteuerlich.« Dann habe ich das fallen lassen und wollte – da muss ich heute sehr lachen – Dompteuse werden, weil ich einen unwahrscheinlich guten Zugang zu Tieren habe, vor allem zu Katzen.

Gelernt habe ich Gastronomin. Ich habe Servieren gelernt, habe auch meinen Gaststättenleiter gemacht und habe in guten Häusern gearbeitet, im Operncafé, habe in der russischen Botschaft serviert und im Wein-ABC am Schiffbauerdamm gearbeitet. Ich habe da viele Schauspieler vom Deutschen Theater kennengelernt, viele sind vom alten Friedrichstadtpalast rüber gekommen und auch vom Berliner Ensemble und habe mich nachher selbstständig gemacht in der Jessener Straße. »Bockwurst Schulz« hieß das, das ist eine Kneipe gewesen, wo ich eigentlich nicht so begeistert war. Das war eine richtige Arbeitergegend, und ich habe diese Kneipe bekommen, aber als Kommissionärin, also nicht selbstständig. Kommissionärin heißt, es ist dein Laden, aber du musst die Ware von der Handelsorganisation, der HO beziehen. Die haben bestimmt, wie viel Angestellte ich habe, was ich umsetzen muss und so. Ich habe die ausgebaut als Destille und hab die ganzen Schauspieler mit reingezogen. Die haben Sketche und Auftritte gemacht und dadurch habe ich mir gutes Publikum reingeholt, nicht nur Suffköppe. Meine jüngste Schwester hat die Geschäftsführung gemacht, und ich war die Inhaberin.

Das Nachtleben in der DDR war sehr gut. Natürlich war das auch ein bisschen manipuliert. Der Türsteher war der liebe Gott, und der hat das meiste Geld verdient. Weil, wenn eine Bar »in« war, dann wollten alle da rein. Da kamen auch sehr viele West-Berliner. Und wenn da viele West-Berliner waren, waren da hübsche Mädels gewesen und tolle Musik. Es gab auch die Schwarzfahrer mit der Taxe. Jeder hat da verdient. Viele haben im Nachhinein sich die Stasi-Akte geben lassen. Die sind natürlich alle enttäuscht worden. Wer da alles dabei war! Ich habe das Gott sei Dank, nicht gemacht. Ich habe mir die Stasi-Akten nicht geholt. Als meine Schwester in den Westen ist, haben sie so einen Schönling auf mich angesetzt. Mit dem habe ich aber Tacheles reden können, und ich bin da ganz gut bei weggekommen. Die haben sich darauf eingelassen und der ist mit mir zur Stasi, der war ja nur der Lockvogel. Da hattest du so einen Führungsoffizier und der springt ganz doll mit dir um, der möchte auch Fakten haben. Der hat mich besucht. Ich war verheiratet und der hat gesagt, er hat erfahren, meine Schwester sei abgehauen und ich solle nicht so Schwierigkeiten machen, ob ich den Fluchtweg wüsste und so. Da sage ich: »Nein, das weiß ich nicht.« Trotzdem hat er mir gesagt, er würde mich anwerben, weil ich an den richtigen Orten gearbeitet habe. Und dann habe ich ihm erklärt: »Du, das könnte ich niemals.« Ich bin mit den Jungs ganz gut klargekommen. Erst fand ich das Interesse ja gut. Der ist mit mir immer ins Interhotel. Das fand ich aufregend, ich kam mir vor wie Mata Hari. Der kam mich dann öfter im Wein-ABC besuchen. Ich sollte zu ihm Peter sagen, ich weiß gar nicht, wie der wirklich hieß. Ich sollte ihn immer vorstellen als Peter vom Fernsehfunk. »Du«, sag ich, »Peter, du siehst, mir geht es wunderbar. Ich hab alles. Ich habe tolle Klamotten, verdiene ein Schweinegeld, nehme auch ein bisschen Westgeld ein, wie du ja gesehen hast. Ich bin keine gute Kommunistin und keine gute Sozialistin, aber ich fühl mich hier im Osten sauwohl, das ist wie Westen.« Und da war der zufrieden. Der hat dann auch losgelassen, den habe ich nie wieder gesehen, der hat sich von einem Moment zum anderen zurückgezogen, und darüber bin ich glücklich. Ganz am Ende bin ich '85 ausgereist nach West-Berlin.

*Was hat Sie zu der Frau gemacht, die Sie heute sind?*
Mutter war eigentlich eine zarte Frau. Die wurde sehr robust, dadurch bedingt, dass sie ihre große Liebe geheiratet hat und diese große Liebe, mein Vater, war ein stattlicher Mann. Das war jetzt keine Pfeife. Ich glaube, dass ich meine Mutter beschützen wollte, und ich wollte sie des-

halb beschützen, weil sie meinen Vater immer so provoziert hat. Der hat
sie immer fertiggemacht und ich habe gedacht, wenn dem mal der Kragen platzt! Ich glaube, das hat mich stark gemacht, dass ich zwischen
Baum und Borke gestanden habe. Das ist heute noch so, dass ich kein
Feigling bin, aber dass ich trotz alledem feststelle, dass ich auch so wie
meine Mutter bin, teilweise. Der Zusammenhalt meiner Eltern, dass ich
immer dafür da war. Ich sollte noch dazu sagen, dass mein Vater auch
mal ein bisschen auswärts war, der war mal von Zuhause weg für zwei
Jahre. Da hat er eine andere Frau kennengelernt, und die wurde frech
zu meiner Mutter. Schriftlich, in einem Brief. Den hat mir meine Mutter gezeigt. Und dann habe ich gesagt: »So! Wir fahren jetzt dahin und
werden das klären.« Wir sind dann auch hingefahren. Aber die lag gerade im Krankenhaus, weil die auch ganz gerne was getrunken hat. Und
da meinte mein damaliger Mann: »Hol doch deinen Vater wieder nach
Berlin zu deiner Mutter!« Und dann ist er wieder zurück gekommen.
Ich glaube, das hat mich auch so stark gemacht in der Kindheit. Eine
ganz tolle Frage, wenn man so darüber nachdenkt: »Wie ist man so geworden?« Letztendlich war meine Mutter die zarte Frau, »das Käth-
chen«. Meine Mutter war immer die Kleene, nachher war sie Botenfrau
und so weiter. Aber sie hat uns alle durchgeboxt und sie war so eine fan-
tastische Mutter. Dass sie auch mal ein bisschen ungerechter war, ist ja
klar. Aber sie war die starke Frau. Stark heißt ja nicht, dass sie jetzt so ein
Dragoner ist, sondern einfach »dableiben«. Weißte?

www.berlinerkindheiten.de/1949-renate-wolfgang/

# »Teufelsanbeter«
## Wolfgang Brümmer (*1949), Wedding, Seestraße

*Wolfgang Brümmer oder besser »Wolle« und ich haben uns in der in-
zwischen nicht mehr existenten Weddinger Kneipe »Nachtschwärmer
bei Ernst« kennengelernt. Während im Hinterraum eine Jazzsession lief,
rezitierte Wolle im Schankraum Francois Villon, wechselte im nächsten
Augenblick zu Analysen des Zeitgeschehens und erwies sich so ziemlich
als das, was landläufig als Berliner Original beschrieben wird. Er erzählte mit großer Freude und viel Verve. Wir kamen ins Gespräch, und ich bat
ihn mir von seiner Kindheit zu erzählen. An einem Samstagmorgen trafen
wir uns bei ihm.*

Also ich bin der Wolfgang Brümmer, ich habe sogar drei Vornamen:
Wolfgang Siegfried Walter, aber der Hauptname ist Wolfgang. Als Nick-
name sozusagen Wolle – klar. Geboren bin ick, als die Bundesrepublik
Deutschland erfunden wurde – na, kleine Frage mal? – 1949. Am 29.
September 1949 und zwar in Berlin-Wedding, damals hieß das noch
N65. Norden 65 war die Bezirksnummer und geboren bin ich im Kran-
kenhaus und zwar im Paul-Gerhardt-Stift. Meine elterliche Wohnung
und die Wohnung in der ich groß geworden bin, war in der Seestraße.
Die ist so von der Müllerstraße Richtung Bornholmer Brücke, zwischen
Turiner und Malplaquet. Klassisches Hinterhauskind. Hinterhaus, eine
Treppe, da bin ich groß geworden.
  Mein kindlicher Werdegang wurde durch ein kleines Drama einge-
läutet. Als ich eingeschult wurde, da ist mein Vater ins Krankenhaus
gekommen und ich bin mit der Schultüte ins Krankenhaus marschiert,
damals Oskar-Helene-Heim, das war damals am Ende des Himmels, irgendwo in Dahlem draußen. Und die ersten drei Schuljahre ham sich
dahingehend verteilt – in Punkto meiner Freizeit – das wir dreimal in
der Woche im Krankenhaus waren. Mein Vater hatte eine ziemlich böse
Krankheit erwischt, er war Linoleumleger – damals gab's noch Linole-
um, gibt's jetzt heute wieder – und das wurde mit einem hochtoxischen
Kleber verklebt, so auf den Fußböden, warm wurde das da ausgestri-
chen. Und der hat sich da eine ganz böse Lungenkrankheit eingefan-

gen, ohne zu rauchen. So bin ich dann größer geworden, meine Mutter musste arbeiten gehen, und ich war das klassische Schlüsselkind, wie man früher so zu sagen pflegte. Und habe denn auch viel Zeit mit mir selber verbracht. Was auf der einen Seite ganz unterhaltsam war, auf der anderen Seite, schon sehr früh musste ich merken, dass mir die Gleichaltrigen oft zu dämlich und zu langweilig waren. Ich habe mich eher an Größeren und Älteren orientiert.

So gingen die Jahre ins Land, und mein Vater kam dann irgendwann aus dem Krankenhaus raus – nach drei Jahren! – mal stelle sich vor, drei Jahre und das in einem Streifen, als Vollinvalide, da war ich dann so in der dritten Klasse und mein Vater wie gesagt Vollinvalide, der konnte nicht mehr arbeiten gehen bis zum Ende seiner Tage und übernahm die mütterlichen Pflichten, die er deutlich zum Kotzen fand, als alter Preuße. Der war nun überhaupt nicht darauf geeicht zu kochen, zu backen und zu braten, Wäsche zu waschen und den dämlichen Bengel großzuziehen, sich um Schularbeiten zu kümmern und den ganzen Murks und daraus ergaben sich so intensivierende Diffusitäten in Bezug auf meinen Vater. Der wurde immer nörgeliger und nörgeliger und herrischer und unzufriedener, und ich wurde immer renitenter und uffsässiger, jaaa, und meine Mutter so zwischen Baum und Borke, die hat versucht zu vermitteln, nun kommt noch kurioser Weise dazu, dass wir alle drei Waagen sind. Also, ich bin Waage vom Sternbild, meine Mutter ist auch Waage, die ist 'ne Woche später auf die Welt gekommen und mein Vater noch 'ne Woche später. Da kollidierten also drei Geistes-, Seelenhaltungen miteinander. Das war schon teilweise sehr dramatisch. Schon sehr oft.

Ich hatte nie ein eigenes Zimmer. Haben meine Eltern sich auch keine Gedanken drum gemacht, dass ein Kind vielleicht auch mal ein Zimmer braucht. Hätten ja auch gerne umziehen können. Sie waren ja nicht arm. Das stand überhaupt nicht zu Disposition. Also ick hatte denn so unterm Fenster einen Schrank eingebaut, da war keine Tür dran, sondern so 'ne hochklappbare Platte mit Gelenken, die einrasteten, das war mein Schularbeitstisch, und da drunter konnte ich meine Pretiösen verstauen, Stabilbaukasten, Legosteine und Knallplätzchenrevolver, was der Mensch so braucht in jungen Jahren. Meine Kindheit hat auf dem Klappsofa stattgefunden. Auch in der Lehre. Ich habe immer auf dem

Klappsofa geschlafen. Das war denn tagsüber oder abends war das ein Sofa und danach wurde das ausgerastet und ich bin da eingerastet, ha-ha. Trotzdem: »Eigenes Zimmer? Wo kommen wir denn da hin? Was ist denn mit dir nicht in Ordnung?! Soweit kommt es noch!« Das war das Argument und damit hatte sich das erledigt. Das hat schon seine Prägung hinterlassen, das muss ich ehrlich sagen. Ich habe viele Wohnungen gehabt in Berlin und bin erst ganz spät dazu gekommen, mir mal so ein Schlafzimmer einzurichten. Bis ich diesen Schritt für mich selber durchgesetzt habe, einen Raum dazu zu verschwenden, als Schlafzimmer einzurichten, das hat eine ganze Weile gedauert. Dann habe ich später eine Frau kennengelernt, da hat sich das dann sowieso ergeben.

Ich hab dann irgendwann, nachdem ich die Schule hinter mich gebracht hatte, mehr recht als schlecht, nee, mehr schlecht als recht, da stand dann eine Lehre an. Und da hat man mir eine Lehre als Elektroinstallateur angeboten. Aber diesen Elektroinstallateursberuf, den fand ich schon vom ersten Tag an Scheiße, Entschuldigung, aber muss ich sagen. Nun war das eine total kleine Klitsche, dieser Laden. Drei Gesellen, vier Lehrlinge, der Chef und seine beleibte Chefin, Gattin, in so einem kleinen Laden. Und da hat er sich also wieder einen ran geholt, der die Drecksarbeit machen durfte, stemmen, stemmen, stemmen, Schlitze für irgendwelche Leitungen, Schlitze für andere Leitungen, ich gloobe, ich habe die halben Dolomiten weggestemmt.

Aber ich möchte nicht eine Stunde missen von meiner Kindheit. Auch dieses elterliche Drama zu Hause, mein Gott, da gab es weit schlimmere Szenen in Elternhäusern, also da war es bei uns noch höchst moderat. Auch wenn mein Alter regelmäßig ein paar Maulschellen verteilt hat. Das gehörte dazu. Ich will es nicht gutheißen, aber das war halt so. Einmal hat mein Vater aber eine für mich prägende Aktion losgerissen. Wir sind natürlich eine atheistische Familie, also Religion hat in unserer Familie nichts, aber auch wirklich gar nichts verloren. Da wurde nicht mal drüber nachgedacht über sowas. Denn gab es in der Schule, das war in der Grundschule, so einen Religionslehrer. Der hieß auch noch Gutjahr. Der Name ist schon Programm. Und der hat mir nicht irgendeine Backpfeife gehauen, der hat mich so in die Backe gekniffen und zwar so richtig böse, so dass es gleich richtig 'nen Bluterguss gab. Bei Kindern geht das ja schnell, aber trotzdem. Und da bin ich nach Hause und habe stehenden Fußes diese Klasse verlassen, war zutiefst empört. Ich war nicht verängstigt, ich war empört! Und bin nach Hause und habe det meiner Mutter erzählt, naja, meine Mutter: »Hmja hmja«, so alles klar, mein Vater kam von der Arbeit, um fünfe war er zu Hause, ich erzähle das meinem Vater. Ich dachte, dem platzt die Frisur: »WAS?«

Am nächsten Tag ist der um halb achte mit mir an der Hand in die Schule, rauf in ersten Stock in das Rektorzimmer, und ich hatte schon die Paranoia: »Ah, jetzt bin ich dran, jetzt gibt es weiß der Geier was!« Aber nein! Also, mein Alter: »Wo ist der Herr Gutjahr?« Der war denn irgendwo im Lehrerzimmer. Da ist mein Vater wie ein Derwisch mit mir an der Hand zum Lehrerzimmer, das war im selben Flur, drei Zimmer weiter und hat sich den Gutjahr da raus zitiert, nicht gebeten, zitiert und dann hat er die Türe zugemacht und dann hat er den draußen an den Schlips gefasst und hat den so an die Wand gestellt, mein Vater war, wie ich schon erwähnt habe, Linoleumleger, der hatte ganz schön einen drauf. Und dann hat der den so an den Schlips gefasst und hat den so anne Wand gestellt, so dass der so ein bisschen hackenfrei war und hat den massiv darüber aufgeklärt, sollte er seinen Sohn noch mal anfassen, dann kommt er nochmal vorbei und dann würde er noch einmal an seiner Glaubensfestigkeit rütteln. Dann hat er den wieder auf den Boden gestellt, der war weiß wie Spucke und hat keinen Ton gesagt. Und denn haben meine Eltern erwirkt, dass ich vom Religionsunterricht befreit wurde. Höhöhö, das war ja wohl die Geilheit, ich glaube, ich war der einzige hier in Nordberlin, der vom Religionsunterricht befreit wurde, Manometer! Ich musste dann diese Stunden in der Parallelklasse Mathe machen oder Erdkunde oder Deutsch, wunderbar, kann man immer gebrauchen, aber nicht so 'nen Mist wie Religion. Das war eine ganze Weile sehr angenehm, aber, jetzt kommt der Pferdefuß der Sache. Denn dann kursierten auf dem Schulhof so Gerüchte: »Die Eltern sind Teufelsanbeter, der Junge darf nicht zum Religionsunterricht, das sind Satanisten!« Da stand ich dann alleene auf dem Schulhof. Na gut, zusammen mit meinen drei Kumpels. Aber das hat sich hinterher geschleppt, wie so ein Rattenschwanz. Aber es stabilisiert den Menschen. Man wird wacher, kritischer und sehr viel spontaner. Das hat sich bis heute erhalten.

www.berlinerkindheiten.de/1949-renate-wolfgang/

# »Ererbtes Trauma«
## André Herzberg (*1955)

*André Herzbergs Mutter ist Staatsanwältin, sein Vater Journalist, beide sind überzeugte Kommunisten und wollen helfen die DDR aufzubauen. Herzberg berichtet von unbeschwerten Tagen in der Badeanstalt am Weißensee, aber auch vom traumatischen Erleben der eigenen Familiengeschichte und von Verfolgungsängsten. Er berichtet, wie er die Rock-Musik für sich entdeckt, seine länger werdenden Haare den Missmut der Umgebung erregen und von seinem Entschluss, »Rock-Musiker« zu werden.*

Der Weiße See ist ein kreisrunder See, relativ gepflegt. Sonntags gab es Spaziergänge rundherum auf einem breiten Weg, dann ein Tiergehege mit Rehen und Hirschen und einen großen Spielplatz, die Planschwiese, einen Verleih von Ruderbooten und eine Badeanstalt, wo ich als Kind jeden Sommer hingegangen bin. Das war eine alte Holzkonstruktion mit riesigen Stegen, wo man sich als Kind drauf gelegt hat, das Holz von der Sonne erwärmt. Wenn man nass war, hat sich auf dem Holz das Wasser abgebildet und man konnte durch das Holz durchgucken auf den See, und es gab diese Gerüchte, dass dort jeden Winter Leichen angeschwemmt worden sind, die sich in den Holzplanken und Stegen verfangen haben. Das ist eine ganz starke Erinnerung.

In Ost-Berlin waren damals noch unglaublich viele Trümmer. Ich bin zehn Jahre nach dem Krieg geboren und als Kind waren diese Trümmer und die eingeschlagenen Kugeln im Putz überall. Ich erinnere auch noch die Männer mit einem Bein, die durch Weißensee gehumpelt sind, mit Krücken oder Rollstühlen. Diese Arten der Fortbewegung. Doch in meinem Bewusstsein war der Krieg schon weit weg, wie aus einem anderen Leben.

Meine Eltern waren strenge Kommunisten. Die waren Emigranten, die mussten wegen ihrer Herkunft fliehen aus Deutschland und sind mit großer Überzeugung zurückgekommen. In diesen Jahren, als ich geboren wurde, machten sie einerseits Karriere, die nahmen in der DDR, die noch ziemlich jung war, ziemliche Funktionen ein. Andererseits bröckelte diese Familie nach innen. Meine Eltern ließen sich scheiden, da war ich vier Jahre. Und in diese Brüche bin ich hineingeboren. Ich hab noch zwei ältere Geschwister, eine Schwester und einen Bruder, die aber einmal acht Jahre und einmal zwölf Jahre vor mir geboren sind. Ich bin der Nachgeborene. Anfangs lebte ich in einem Einfamilienhaus, was meine Mutter gemietet hatte, noch mit meinem Vater und meinen Geschwistern zusammen. Dann sind wir in eine Mietwohnung gezogen. Das alles spielte sich in Weißensee ab, wo ich meine ganze Kindheit und Jugend gewohnt habe.

Zunächst nimmt man das ja als Kind ganz »normal« wahr, was da um mich herum passierte und was sich erst im Nachhinein als dramatisch herausstellte. Mein Vater ging weg, und ich sah den nur noch alle 14 Tage. Ich kam in die Schule, wurde Pionier, wie die meisten Ost-Berliner Kinder zu dieser Zeit. Zunächst war ich mit dieser Ideologie, die in der DDR sehr stark auf die Menschen losgelassen wurde, ganz vertraut und versuchte, die auch irgendwie auszufüllen, das deckte sich mit dem, was meine Eltern erzählten. Damit kam ich allerdings im Laufe meiner Jugend immer mehr in Spannung. Ich wuchs die meiste Zeit wie ein Einzelkind auf, weil meine Geschwister sehr früh die Familie, die Restfamilie, meine Mutter verließen und aus dem Haus gegangen sind. Meine Mutter hat sehr viel gearbeitet, und ich bin durch Weißensee gezogen, durch die Parks, Seen, Häuser. Bei uns in dem Mietshaus, waren die Keller untereinander verbunden, die Böden waren auch offen oder man hat sie geknackt und dann ist man da herumgelaufen, mit anderen Kindern zusammen. Bei uns gab es noch einen Hof, den nannten wir den »Adler«, wegen einer früheren Fabrik Adler. Da war eine große Fläche, wo noch Reste von Ruinen waren vom Zweiten Weltkrieg. Das war ein großer Abenteuerspielplatz, die Steine, die da herumlagen und drüber wucherten die wilden Sträucher und Bäume. Da fanden meine Nachmittage bis in den frühen Abend statt.

Ich war eher ein Einzelgänger, ich meine, ich habe Schulfreunde gehabt, vereinzelt, aber die eigentlichen inneren Vorstellungen habe ich für mich behalten. Auch vor meinen Eltern. Das hängt mit der speziellen Beziehung mit meinen Eltern zusammen, die waren sehr »gefühlsverschlossen«. Meine Eltern hatten ihre Gründe, weswegen sie nur wenig über ihre Gefühle gesprochen haben, sondern sehr ideologisch und allgemein, politisch, aber das persönliche war sehr, sehr verschlossen. Ich habe erst spät in meiner Familie gelernt, darüber mir überhaupt Gedanken zu machen und darüber zu reden. Dass wir Juden sind, wurde nur innerhalb der Familie besprochen. Die Geschichten meiner Eltern habe ich nur teilweise gehört, darüber wurden, wenn überhaupt, Mythen gebaut. Ich hab sie teilweise erfahren, aber nur bis zu einem gewissen Punkt. Meine Mutter hat davon gesprochen in so einer manischen Weise. Meine Mutter ist als Jugendliche aus Deutschland geflüchtet und hat ihre Mutter zurückgelassen. Meine Großmutter ist dann umgebracht worden, sie hat sie zurückgelassen, und dieses Trauma hat meine Mutter verfolgt bis an ihr Lebensende. Verfolgungsträume, die auch mich sehr gequält haben als Kind. Da haben sich die Ängste meiner Mutter auf mich übertragen.

Für meinen Vater spielte das scheinbar keine Rolle. Er kam, was ich erst im Nachhinein weiß, aus einem Elternhaus, das für die östliche Lebenswelt, für diese Lebenswelt »DDR«, ganz verpönt war. Er war Unternehmersohn aus einer großen Villa in Niedersachsen, und daher war das kein Thema, weil er damit auch stigmatisiert worden wäre, wenn er das erzählt hätte. Meine Eltern waren beide Juden. Von daher waren sie, ob sie wollten oder nicht, ob sie sich dazu bekannten oder nicht, waren sie stigmatisiert. Die Zugehörigkeit zum Judentum gehört mit in diese verdrängte Gefühlswelt. Bei meiner Mutter tauchte das auf durch so einige wenige Gegenstände, die in der Wohnung da waren, deren Verwendung ich erst mal nicht verstanden habe, die ich aber wohl bemerkt und erfragt habe. Aber das war nicht so einfach. Das Gefühl eines Tabus oder Geheimnisses blieb gesellschaftlich immanent durch die Zeit, eigentlich bis heute. Zudem wurde mir bewusst: »Das bist du auch, ob du willst oder nicht, du solltest dich damit auseinandersetzen, sonst bleibt dieses Geheimnis, dieses Tabu.« Das hat viele Jahrzehnte gedauert und ist ein Dauerthema, weil das einerseits so stark war in meiner Mutter und andererseits so verdrängt.

Was noch wichtig ist für meine Kindheit, ist dieses langsame Ausdehnen. Ich bin mit meinem Vater einmal an den Stadtrand zum Flughafen Schönefeld gefahren, und da habe ich am Rande der Stadt zum ersten Mal abfliegende Flugzeuge gesehen: »Ah, da endet die Stadt!« Mein Vater hatte denn schon ein Auto, und wir sind aus der Stadt rausgefahren. Der Ost-Berliner Stadtrand wurde von Russen bewacht. Da war ein Schlagbaum, und dann wurden die Ausweise kontrolliert. Mein Vater ist einmal mit mir nach Grünau rausgefahren, da war die Thälmann-Gedenkstätte. Der Berliner fährt ja gerne ins Grüne, und da wurde das Politische mit dem Privaten verbunden. Dann wurde ein Paddelboot ausgeliehen und man ist auf diesen Kanälen herumgefahren und hat so einen Sonnabendnachmittag dort verbracht. Oder mein Vater ist mit mir in ein Gartenlokal gegangen, da gab es dann Weiße. Für Kinder eine Brause und ich hab dann mit meinem Vater da gesessen und habe diese Berliner Gartenstadtrandkultur in mich aufgenommen. Das gab es in Weißensee nicht so, aber in Köpenick und den Ost-Berliner Ausflugszielen. So hat sich in meinem kindlichen Bewusstsein langsam die Stadt immer weiter ausgedehnt. Später als Jugendlicher ist man auch mal in andere Städte gefahren, aber erstmal war es so eng und gleichzeitig immer mit diesem Bewusstsein der Mauer, die habe ich ja auch immer gesehen, besonders, wenn man mit der S-Bahn gefahren ist.

Wenn man am Bahnhof Greifswalder in die S-Bahn Richtung Pankow eingestiegen ist, dann kommt die Schönhauser Allee, und dann gab es eine ganz lange Station, wo die S-Bahn sehr schnell gefahren ist, plötzlich viel schneller, als zwischen allen anderen Stationen, da ist sie durch den toten Bahnhof Bornholmer Straße gefahren. Das war mir klar, das ist hier die Grenze und du hast das an allen Blicken in der S-Bahn gesehen, wie die Leute auf so eine bestimmte ängstliche Weise, da hin- und wieder nicht hingeguckt haben. Das war genau das Grenzgebiet. Da irgendwo standen auch die Grenzer, und wenn man richtig hingeschaut hat, hat man sie auch gesehen. Und dahinter, irgendwo im Nebulösen, war dieses sagenhafte West-Berlin. Je älter man wurde, umso konkreter wurde das. Da kam das Fernsehen her. Da kamen die Jeans her, da kam die Schokolade her, da kamen die Westpakete einmal im Jahr her. Dinge, die all das Gute und Schöne darstellten.

Meine Mutter hatte durch ihren Beruf, also als Staatsanwalt, ja Leute in den Knast gebracht. Mal ganz simpel ausgedrückt. Und das habe ich auch stark wahrgenommen. Meine Mutter hat die Akten oft mit nach Hause genommen, die hat enorm viel gearbeitet und so habe ich sie denn beobachtet in ihrem Arbeitszimmer. Da gab es einen großen dunklen Schreibtisch, und da lagen dicke Akten mit Fotos und Schriftverkehr und das habe ich auch gelesen, was sie da bearbeitet, was das für Fälle sind. Wir haben diese Fälle zuhause auch diskutiert. Meine Mutter hat Leute hinter Gitter gebracht, die noch zur Zeit der offenen Grenzen diese Unterschiede genutzt haben. Dadurch, dass das Westgeld eine viel größere Kraft hatte, dadurch war ein ständiger Abfluss da. Das Wirtschaftssystem der DDR konnte nur überleben, indem die Grenze zugemacht wurde. Vorher haben das viele Leute ausgenutzt und haben Waren verschoben. Später habe ich das wieder erlebt, ich wurde ja Rockmusiker. Und die ganzen Instrumente kamen zu 99 Prozent aus dem Westen und mussten teuer irgendwie besorgt werden. Besorgt ist ein Wort, das in der DDR eine große Rolle gespielt hat, für alle möglichen Waren.

Die ganze DDR war höchst ideologisiert. Überall im öffentlichen Raum, wo heute Werbung zu sehen ist, hingen Losungen. Durch meine Erziehung habe ich die erst einmal so aufgenommen, wie sie da standen: »Wir fahren auf einem Laufband in den Kommunismus.« In Kinderzeitschriften und per Bildern wurde das in die Hirne gepflanzt. Buchstäblich. »Überholen, ohne einzuholen!« So eine Losung, die Ulbricht mal geprägt hat, auf nebulösen Wegen in ein weit voraus entwickeltes Leben fahren, und das hatte aber mit der Wirklichkeit nun gar nichts zu tun. Und das musste man als Kind und als Jugendlicher immer stärker in sein Leben reinlassen. Das ging gar nicht anders, man musste das ganz automatisch immer mehr in Frage stellen, was die Eltern da erzählt haben. Das war ständig zwischen uns. Diese Brüche und Streitereien, Streits und erbitterte Diskussionen. Irgendwann ist meine Mutter aus dem Beruf ausgeschieden und hat nochmal eine Stelle im Ausland bekommen. Sie ging weg, und ich fing an, mein eigenes Leben zu leben.

Rockmusik hat mich begeistert, weil sie einen ganz anderen Ausdruck hatte als die Musik, die ich sonst kannte. Weil sie was mit Wut zu tun hat. Sie war irgendwie Ausdruck einer Gegenkultur. Und die Leute, die die gemacht haben, fand ich sympathisch und irgendwie, heute würde man sagen cool. Mein Glück war, als Berliner konnte ich den Radiosender AFN hören – American Forces Network. Das war also absolut, wie soll ich sagen, herrlich, sich diesen Sender anzumachen, da gab es die amerikanische Hitparade, da gab es beste amerikanische Lieder. Und die Stimmen von den Discjockeys, die absolut cool klangen. Diese Welt war wunderbar, die klang verführerisch! Dann fing es aber auch schon an, dass in Berliner Kulturhäusern und Tanzgaststätten, dass da Bands zum Tanz spielten. Und in diesen Bands spielten Leute, die hatten lange Haare, und die standen auf der Bühne. Die spielten Gruppen aus dem Westen nach, und die Jugendlichen standen auf der Tanzfläche und schüttelten ihre zunehmend langen Haare und man saß an den Tischen und trank Unmengen von Bier. Das war so die Jugendkultur, in die ich reinwuchs.

Lange Haare! In der Schule gab es einen Kampf gegen lange Haare. Lange Haare waren die Gammler, die Penner. Bei uns in der Klasse haben sie einem die Haare abgeschnitten, da war ich auch bei. Ganz brutal wurde der in die Ecke gezerrt und festgehalten und dann wurden dem die Haare abgeschnitten. Ich habe dann selber lange Haare gut gefunden und versucht, mir die wachsen zu lassen. Da kam dann die Anordnung meiner Mutter: »Du gehst jetzt zum Friseur!« Es gab da Fasson- oder Messer-Formschnitt und sie hat mir 1,60 in die Hand gedrückt: »Da gehst du hin und lässt dir die Haare schneiden.« Dem habe ich mich aber immer mehr entzogen. »Ich geh da nicht mehr hin. Ich mache es nicht. Ich lasse mir meine Haare wachsen!« Das blieb eine ständige Auseinandersetzung mit meiner Mutter. Letztendlich habe ich mich aber durchgesetzt. Und die Haare wurden immer länger.

Ich wollte dann Künstler werden. Nun waren meine älteren Geschwister auch Künstler. Meine Schwester wurde Schauspielerin, mein Bruder hat Gedichte geschrieben, und mir schien dieses Künstlerdasein eine verlockende Zukunft. Ich wollte auf der Bühne stehen, wie diese Typen, die ich im Kulturhaus beobachtet habe. Ich habe Gesangsstunden genommen und mich auf ein Gesangsstudium beworben. Es gab in Ost-Berlin die Hochschule für Musik. Und da habe ich mich beworben und bin da letztendlich angenommen worden. Da gab es eine Abteilung Tanzmusik, da konnte man Berufsmusiker werden, und diesen Weg bin ich gegangen.

Aber vorher musste ich noch zur Armee gehen. Die Armee war eine besonders unangenehme Lebenszeit, weil das mit meiner Art des Lebens wirklich nun so gar nicht übereingestimmt hat. Das war eine sehr harte Zeit. Ich habe es aber überstanden, und als ich wiederkam von der Armee, habe ich gejobbt. Einmal auf dem Friedhof und einmal im Museum ein paar Monate, um ein bisschen Geld zu haben, was wiederum sehr günstig war in der DDR. Weil die Mieten und die Lebenshaltungskosten so gering waren, konnte man mit wenig Geld gut überleben. Ich bin im Studium früh in so ein Musikleben reingesprungen und war die ersten Jahre wirklich pausenlos unterwegs. Das hängt auch wieder mit der besonderen Situation in der DDR zusammen, es gab ja sozusagen auf der einen Seite ein unglaubliches Bedürfnis nach Unterhaltung, es gab aber so gut wie keine internationale Konkurrenz, es war ja die Mauer drum rum. Die Bands, die es gab in der DDR, erfüllten zunächst eine Ersatzfunktion, wie die oder die internationale Band, die man irgendwie über das Fernsehen oder Radio schon mal gehört hatte. Und dann fing das langsam an, dass wir uns emanzipierten und anfingen eigene Lieder zu machen und dass das wahrgenommen und geschätzt wurde. Diese Arbeit hat mir ein wahnsinniges inneres Glück verschafft. Geld, Anerkennung, alles was man sich vorstellen kann.

Wir sind auch in den Westen gefahren und irgendwie sehr schnell immer hin und her und das war wunderbar aus der Sicht der Zeit, einen Pass zu haben, mit dem man diese unüberwindliche Mauer plötzlich relativ normal passieren konnte. Der Westen war für mich am Anfang sehr fremd, das Lebensgefühl da hatte so gar nichts mit dem Lebensgefühl in der DDR zu tun. Ich fühlte mich da sehr, sehr fremd. Das war schön da, lustig. Obwohl man auch nicht das Geld hatte, um ungehindert den Westen genießen zu können. Aber trotzdem war es natürlich ein super Gefühl, rüber zu fahren. Es war wunderbar so, wie es war, durch die Möglichkeit in den Westen zu reisen und wieder zurück zu kommen.

In den letzten Jahren der DDR bin ich fast täglich zwischen West- und Ost-Berlin rübergefahren. Ich habe eine ganze Weile gebraucht, diese Buntheit, diese anderen Gerüche, die dieses quirlige West-Berlin im Unterschied zu Ost-Berlin hatte, überhaupt auszuhalten. Dieser enorme Input, den ich bekommen habe, war mir am Anfang zu viel. Ich wollte immer schnell nach Ost-Berlin zurück. Das war grau und vertraut, das andere hat mich überfordert. Auf der anderen Seite aber erschien mir die DDR zunehmend wie ein Irrenhaus. Diese Typen, die da an der Grenze standen. Ich habe immer gedacht: »Du musst einen Schritt machen, dann bist du auch im Westen! Warum machst du den nicht? Warum bleibst du da stehen? Du brauchst bloß die Knarre wegzuschmeißen und schon bist du da!« Diese DDR-Realität wahrzunehmen, schien mir immer absurder. Die Bundesrepublik wurde mir, wenn man so will, immer vertrauter und die DDR immer mehr entfremdet. Aber das dauerte. Noch im Frühherbst '89 habe ich überhaupt nicht geahnt, dass das so kommt, wie es kommen würde, obwohl ich das ja schon eine Weile, auch durch meine Möglichkeiten des Grenzübertritts, beobachten konnte. Ich habe es aber nicht wahrhaben wollen.

Ich erinnere mich an den 4. November, als in Ost-Berlin der Punkt der größten Euphorie war, möchte ich sagen. Ich hatte an der Demonstration teilgenommen und bin von Pankow bis zum Alexanderplatz, die ganze Schönhauser Allee runter gelaufen, in das Herz dieser Demonstration. Mehrere Hunderttausend Menschen waren da, der ganze Alexanderplatz war voll. Eine Demonstration, die nicht vom Staat, sondern von den Menschen selbst initiiert war. Ich war wahnsinnig euphorisiert! Von dieser Stimmung und den selbstgemalten Plakaten. Alles Dinge, die ich vorher noch nie in der DDR gesehen hatte, und die Reden, die gehalten worden sind, dieses Gefühl von Selbstbestimmung, von Freiheit.

Und fünf Tage später, als diese Nachricht im Fernsehen kam: »Ab sofort ist die Mauer geöffnet.« Da wurde mir blitzartig klar, die DDR wird es nicht mehr geben. Instinktiv wusste ich, ein Stück meiner Biografie werde ich jetzt verlieren. Ob ich das nun gut fand oder nicht, das war mein Leben und dieses Leben werde ich jetzt verlieren. Und das war traumatisch. Man hat das gesehen. Dieser Verfall, nachdem die Mauer auf war. Diese Autowracks, die überall in der DDR herumstanden, die Wohnungen, die leer waren, das war im äußeren Bild wie im inneren Bild, ein absoluter Verfall. Ein Zombieland, wo man noch ist, aber das geht dann weg, das verschwindet. Als Kind nimmt man die Realität immer als gegeben hin. Man versucht, sich nicht zu sagen, das darf nicht sein oder das ist ja unmöglich oder schrecklich. Man nimmt es einfach hin. Und dass dieses Land, die DDR, untergegangen ist, wie die Titanic, mit einem Schlag, das war mir klar an dem Tag. Das Ding ist gegessen. Das wird jetzt ein ganz neues Leben.

www.berlinerkindheiten.de/1955-gaby-andré

## »Ost-Berliner Professor soll erschossen werden«
### Karin Frucht (*1957), Grünau

*Kurz nach der Beerdigung von Frau Ziebarth (siehe Seite 27), rief mich Karin Frucht an. »Ich war in den letzten Jahren die Sekretärin von Frau Ziebarth. Wir haben uns nach der Beerdigung alle sehr gefreut, dass Sie mit ihr noch dieses Interview geführt haben. Ich glaube, meine Geschichte könnte Sie auch interessieren.« Die Kindheit von Karin Frucht verlief in unbeschwerter, privilegierter Idylle bis zum 17. Mai 1967. Dem Tag, an dem ihr Vater, Adolf-Henning Frucht, von der DDR wegen Spionage verhaftet und unter Ausschluss der Öffentlichkeit vor Gericht gestellt wurde. »Am nächsten Tag kam unsere Mutter zurück und setzte sich mit uns an den Tisch und sagte: »Ja, der Papi wird jetzt erstmal nicht wieder kommen.«*

Meine bewusste Erinnerung an meine Kindheit setzt eigentlich ein, als wir 1961 nach Grünau zogen. Wir hatten da ein schönes Haus zur Miete. Hinten raus, gab es einen parkähnlichen englischen Garten, sehr groß. Wir lebten zwar in der DDR, aber das war für uns ein Refugium der angenehmen Freiheit, sozusagen. Mein Vater war Wissenschaftler, Physiologe und Direktor eines Instituts in Berlin-Lichtenberg. Meine Mutter war eigentlich Zahnärztin, aber die war zu Hause, und insofern lebten wir in dem Haus mit Garten und Besuch aus aller Welt. Kollegen aus dem Institut kamen vorbei. Ich hatte noch vier ältere Geschwister, die lebten in West-Berlin. Mein Vater war zweimal verheiratet und diese vier Geschwister, die wohnten in Lichterfelde, und kamen uns auch ab und an besuchen. Der älteste Sohn meines Vaters, Ulli, hat 1961 noch Abitur in Ost-Berlin gemacht und ist, als die Mauer gebaut wurde, im Sommer in England gewesen und ist dann nicht mehr zurückgekommen. Der war dann weg, von einem Tag auf den anderen. Das war ein erster Einschnitt, dass mein Bruder weg war. Ich habe aber schon immer gespürt, dass mein Vater schon vor mir ein Leben hatte. Und vieles, was er machte, wusste ich überhaupt nicht. Der hat auch schon mal mit uns gespielt, Sonntagvormittags im Bett und Quatsch gemacht. Aber das war selten. Das ging so, bis ich zehn Jahre alt war. Und dann, von einem Tag auf den anderen, wurde alles anders.

Ich kam von der Schule nach Hause, ich hatte mir heimlich ein Eis gekauft und hinterm Rücken versteckt. Normalerweise wartete meine Schwester immer an der Tür und guckte, wann ich nach Hause komme. Diesmal war sie nicht da, und es standen Männer in Autos vor der Tür, und ich glaube, unsere Haushaltshilfe, Frau Neumann, machte die Tür auf und sagte: »Karin, das ist jetzt gerade mal irgendwie alles anders.« Und ich sah, dass Leute in den Zimmern waren. Männer, es gab eine Hausdurchsuchung und meine Mutter war weg. Die hatten sie mitgenommen. Das war 1967, am 17. Mai. Und auf einmal war dieses Haus, was ich kannte und wo ich wusste, wo was ist, vom Kopf auf die Füße, das Unterste zuoberst gekehrt. Und da kam ein Mann und sagte: »Na ja, eure Mutter kommt schon wieder. Aber ihr könnt jetzt nicht hier rein, geht mal ins Kinderzimmer.« Und dann haben wir gesehen, dass sie alles ausräumten und umräumten. Über Nacht kam unsere Nachbarin und hat bei uns übernachtet. Am nächsten Tag kam unsere Mutter zurück, setzte sich mit uns an den Tisch und sagte: »Der Papi wird erst mal nicht wiederkommen!« – »Was heißt nicht wiederkommen?« – »Na lange.« – »Mindestens ein Jahr?«, habe ich gefragt. »Ja, mindestens ein Jahr oder noch länger!« Da bin ich in Tränen ausgebrochen und konnte die Welt nicht mehr verstehen. Der war verhaftet worden und war von einem Tag auf den anderen weg. Meine Mutter wusste eigentlich auch nichts. Deswegen haben sie sie wieder rausgelassen. Es war so, dass mein Vater ins Gefängnis gekommen ist, in Untersuchungshaft. Und nach einem Jahr wurde ihm der Prozess gemacht und er bekam lebenslänglich. Und so änderte sich von einem Tag auf den anderen eigentlich alles. Auch meine Mutter hatte Angst, sie wusste ja ein Jahr lang nichts. Aber sie ist nicht verzweifelt, ist nicht dem Alkohol anheim gefallen. Sie war ja Zahnärztin und hat in der Jugendzahnklinik in Weißensee was gefunden. Eine Stunde S-Bahnfahren morgens, eine Stunde zurück, und wir waren zu Hause alleine. Wir waren weitgehend uns selbst überlassen, was ich nicht mal so schlecht fand, weil ich machen konnte, was ich wollte.

In der Schule lief erst einmal alles so weiter. Ich habe halt gesehen, die anderen haben Väter, die sie abholen von der Schule, die mitgehen, die beim Wandertag dabei sind. Ich hatte das nicht. Später, als es darum ging, wer zur Erweiterten Oberschule kommt, wer nach der achten Klasse Abitur machen kann, da wurde es schon enger. Da hat auch ein Lehrer zu mir gesagt: »Karin, solange deine Mutter mit deinem Vater verheiratet ist, kann sie nicht erwarten, dass wir dich fördern.« Das sagte der vor der ganzen Klasse im Biologieunterricht, da habe ich angefangen zu heulen. Das habe ich meiner Mutter erzählt und die ist mit einem Freund, der war Pfarrer, zum Direktor gegangen, da wurde das besprochen und dann musste der Lehrer sich entschuldigen. Ich bin aber nicht auf die Oberschule gekommen und bis zur zehnten Klasse in dieser Schule in Grünau geblieben, was aber nicht so schlecht war, weil die ganzen Guten weg waren. Und jetzt war ich bei den Guten. Es wurde auch lockerer und wir hatten ein lustiges Jugendleben mit Disco und allem. Ich hab dann die Berufsausbildung mit Abitur gemacht, bei Tiefbau Berlin und habe Baufacharbeiter gelernt. Davon hatte ich natürlich keine Ahnung. Praktische Arbeit lag mir überhaupt nicht.

Eines Morgens hörten wir im Radio – wir haben morgens immer Rias gehört – die Nachricht: »Ost-Berliner Professor soll erschossen werden.« Und meine Mutter wusste, dass sein Prozess jetzt läuft. Wir durften da nicht hin. Sie hatte den Anwalt Wolfgang Vogel und durch den wusste sie, dass der Prozess jetzt stattfindet. Aber weil er Staatsfeind war, waren wir alle davon ausgeschlossen. Sie hat dann gleich Vogel angerufen. Und Vogel sagte: »Die Bild-Zeitung hat das daraus gemacht. Er kriegt wahrscheinlich nur lebenslänglich.«

Meine Mutter wusste selber nicht genau, wieso er weg war. Sie wusste, der hat vielleicht irgendwas gemacht mit Spionage. Das stand ja im Urteil und später auch in der Zeitung. Aber was er genau gemacht hat, wussten wir nicht. Nach einigen Jahren schrieb er ihr mal einen Brief. Sie soll, bevor sie in die Staatsoper geht, in »Die Liebe zu den drei Orangen«, mal »Das neue Deutschland« vom Soundsovielten lesen. Da hat sie sich gewundert, aber hat sich die Zeitung besorgt. Und da stand auf der Rückseite zu der Rezension von der Oper eine Geschichte von einem westdeutschen Chemiker, der wegen biologischen und chemischen Kampfstoffen irgendwas verraten hatte und in Westdeutschland im Gefängnis gesessen hat und jetzt in der DDR war. Da hat sie gesagt: »Okay, dann wird es so was gewesen sein.« Und so war es auch. Er hat in seinem Institut eigentlich Grundlagenforschung betrieben. Sportforschung, er hat ein Buch geschrieben, »Die Grenzen der menschlichen Leistungsfähigkeit.« Wie schnell, wie hoch kann ein Mensch springen, rennen, etc. und hat Experimente gemacht, und da kam das Militär in das Institut und die wollten irgendwas mit biologischen, chemischen Kampfstoffen. Nun muss man sagen, der Onkel meines Vaters, Ernst von Harnack, ist im Zweiten Weltkrieg, weil er im Widerstand war, hingerichtet worden. Er war sein Patenonkel und die Familie Bonhoeffer ist auch mit uns verwandt. Und er dachte irgendwie, jetzt geht der Dritte Weltkrieg los und er muss diese Informationen über die biologischen und chemischen Kampfstoffe an die andere Seite weitergeben. Und da er als Student ein Austauschjahr in den USA gemacht hat, hatte er Verbindungen nach USA und, ja, hat irgendwie denen das weitergegeben. Und da sind sie draufgekommen, und deswegen kam er ins Gefängnis. Er hat einmal im Monat einen Brief geschrieben. Meine Mutter hat sich immer sehr gefreut, wenn Post da war, weil sie wusste, dann lebt er noch.

Im Sommer '77 habe ich Abitur gemacht. Ich hätte gerne Germanistik studiert, das war aber schwierig. Also habe ich mir den Kompromissberuf überlegt, Lehrerin für Deutsch und Geschichte in Leipzig zu studieren. Ich hatte den Studienplatz schon und meine jüngere Schwester hatte Konfirmation zu Pfingsten. Da sagte meine Mutter: »Du, Karin, wir gehen mal spazieren.« Und wie sie damals gesagt hatte: »Der Papi wird nicht wiederkommen!«, sagte sie nun: »Es kann schon sein, dass er freikommt. Er wird wahrscheinlich ausgetauscht gegen einen chilenischen Kommunisten. Der Vogel hat das organisiert, der wird ausgetauscht, und ja, dann können wir alle in den Westen gehen!« »Was? Ich will aber jetzt nicht den Westen!« Weil ich war ja nun da und habe dort gelebt und hatte einen Studienplatz in Leipzig und hab' mich durch diese scheußliche Lehre durchgekämpft und wollte jetzt nicht, dass das auf einmal alles für nichts ist. Ich war ja eigentlich auch für den Sozialismus, und jetzt sollte ich in den Westen! Das war schwierig. In dem Moment, würde ich sagen, wo mein Vater aus dem Gefängnis gekommen ist, war meine Kindheit vorbei. Also die Kindheit war schon vorbei, als ich zehn war, als er ins Gefängnis ist. Aber als er herauskam, war sie dann wirklich vorbei.

Ich hätte da bleiben können. Ich war ja schon 18, und ich habe immer gesagt: »Ich komme nicht mit. Ich bleib' hier.« Da hat meine Mutter einen Weinkrampf gekriegt und hat versucht, mit allen Mitteln, dass ich mich umentscheide. Aber ich wollte bleiben und parallel war ja auch noch das Abitur. Davor hatte ich auch Angst. Von der Matheprüfung habe ich noch jahrelang geträumt. Das Russischabitur war auch nicht einfach. Das habe ich aber geschafft. Und zwischendrin immer die Frage, der Vater kommt aus dem Gefängnis und was wird jetzt? Ich hatte eine beste Freundin an der Schule, mit der ich auch ins Theater gegangen bin, und die hat gesagt: »Wenn du gehst, verrätst du mich und unsere Freundschaft. Du willst ja nur dahin, damit du dir alles kaufen kannst!« Ich sagte, das ist Quatsch. Aber sie hat mich ziemlich unter Druck gesetzt, weil sie sich verlassen gefühlt hat. Das war echt schwer. Von meiner Mutter wurden verschiedene Leute auf mich angesetzt, die mir erklären sollten: »Jetzt bist du jung. Aber später wirst du merken, du kriegst hier keinen Fuß auf den Boden, du bleibst immer die Tochter eines Spions.«

Ich habe das Abitur geschafft, immerhin mit 1,7 und die Baufacharbeiterlehre hatte ich auch fertig im Juni. Parallel kam mein Vater aus dem Knast. Er wurde entlassen von Bautzen nach West-Berlin, rausgeflogen nach Westdeutschland und ist dann zurück nach West-Berlin. Wir haben das gefeiert. Im Fernsehen kam eine Aufführung von Iphigenie von der Schauspielschule. Die hatte ich in echt gesehen, ich hab den Fernseher auf die Terrasse gestellt und Sekt aus dem Keller geholt. Der war schon nicht mehr gut und hab' angestoßen mit meiner Mutter, dass er jetzt raus ist. Der Sekt schmeckte nicht mehr, den haben wir den Fischen gegeben. Wir hatten so einen kleinen Teich. An den Moment erinnere ich mich noch, dass ich mich gefreut habe, dass er herauskommt. Aber es war für mich ein wahnsinniger Zwiespalt, weil ich wirklich dachte, ich werde hier gebraucht. Ich war Übungsleiterin bei den Kindern im Reitverein, ich hatte einen Studienplatz und ich wollte das alles nicht verlassen. Ich wollte da nicht weg. Nie meinen Vater kennenlernen, wollte ich aber auch nicht. Und meine Mutter, die alles für uns gemacht hat, hängen lassen, das wollte ich auch nicht. Was soll ich also machen?

Wir hatten einen Bekannten, der war Schauspieler am Theater, Peter Ensikat hieß der, und der war öfter mal als Regisseur in Belgien gewesen, ist aber immer zurückgekommen. Den habe ich gefragt: »Was kann ich denn machen? Was würdest du mir raten?« – »Mhm, das ist ein schwerer Konflikt. Ruf mich in drei Tagen nochmal an. Ich muss mir das überlegen.« Und dann habe ich ihn angerufen. Da sagt er: »Ich fänd' es besser, du würdest es machen! Weil du bist jung, du hast alle Möglichkeiten. Die Möglichkeiten hast du da, die hast du hier nicht und zurückkommen kannst du immer wieder. Das geht bestimmt. Mach es einfach!« Da war ich unheimlich erleichtert, weil irgendwie hatte ich eine Sperre. Irgendwie konnte ich nicht aus mir heraus. Und da der mir das geraten hat, der nun die Welt sozusagen kannte und gesagt hat: »Mach es einfach!« Das war sozusagen ein unmoralischer Rat. Der war auch der DDR verbunden und der hat gesagt: »Mach es!« Diese Erlaubnis. Herrlich. Dann habe ich gesagt: »Okay, ich gehe mit!« Und dann sind wir am 27. November mit Koffern und Taschen und zwei Vögeln und einer Katze zu Fuß zur S-Bahn gegangen und mit der S-Bahn bis zum Bahnhof Friedrichstraße gefahren, in den Tränenpalast und sind durch die Grenze gegangen. Ich habe geheult wie ein Schlosshund, weil es furchtbar war. Ich dachte, die sollen auch sehen, dass ich heule und dass das alles Scheiße ist mit der Mauer! Komme ich jemals zurück? Und da sind wir dann durch und am Lehrter Bahnhof, was heute der Hauptbahnhof ist, hat uns mein Vater abgeholt. Da standen wir und waren wieder zusammen. Aber das ist ein nächstes Kapitel.

www.berlinerkindheiten.de/1957-karin-frucht/

# GETEILTE WELT
## Mauerbau

# »Verwöhntes Bürgersöhnchen«
## Heinrich Heimpel (*1961), Nikolassee

*Heinrich Heimpel ist rund um den Nikolassee und in Zehlendorf auf-*
*gewachsen. »Heini« berichtet von wilden Partys und freier Liebe in*
*der Villensiedlung am Nikolassee; von Revolvern, Aalen und seiner*
*Schulkarriere durch sämtliche Schulen Zehlendorfs bis nach New York*
*und zurück. Heute lebt er als Baumkletterer und tourender Musiker der*
*Band »A Pony named Olga« wieder in Berlin.*

Ich bin Heinrich Hartmut Heimpel. Ich weiß auch nicht, meine Eltern
hatten einen Knall. Meine Mutter hat im Wochenbett »Henri Quatre«
von Heinrich Mann gelesen. »Also nenn' ich meinen Sohn Heinrich«,
mein Patenonkel hieß Hartmut, also Heinrich Hartmut – Heimpel.
HHH, genannt Heini. Eine Zeitlang habe ich versucht, das wegzukrie-
gen, inzwischen höre ich das gar nicht mehr. Manche Leute mögen das
nicht und nennen mich Heinz, Heiner, einige bestehen auf Heinrich,
das ist mir egal. Das ist mein Name. Geboren bin ich am 28. Mai um
ein Uhr morgens, Sonntags in Göttingen, 1961 im Krankenhaus und
ich wäre fast abgenippelt. Weil ich war sechs Wochen zu früh oder vier
Wochen, ich hoffe, ich übertreibe nicht, aber es war eine Menge zu früh
und ich habe nichts bei mir behalten. Ich habe alles wieder ausgespuckt
und bin in einen Brutkasten gekommen. Die dachten schon, das wird
nichts mehr, und dann hat eine Kinderschwester zu meiner Mutter gesagt: »Nehmen Sie den mit nach Hause, da kommt der wieder in die
Gänge, das ist hier nichts für den.« Recht hatte sie. Und ich finde bis
heute Krankenhäuser scheiße. Aber gut, das geht wohl jedem so.
  Mein Großvater mütterlicherseits war Arzt und so ein völlig Medika-
mentengläubiger. 1961 gab es ein Mittel, das hieß Contergan. Das haben Mütter gekriegt, wenn sie in der Schwangerschaft nicht gut schlafen konnten, das war der Hit. Und er wollte das auch meiner Mutter
geben, aber meine Mutter hat – versoffen wie sie ist, damals noch nicht
war, aber es fing schon an, gesagt – man höre und staune: »Wenn ich
schwanger bin, dann nehme ich überhaupt nichts! Keine Pille, nichts!«
Hätte sie das genommen, dann wäre ich jetzt verkrüppelt. Da ist meine
Mutter wirklich cool gewesen. Die war manchmal nicht so vorhanden,

weil sie hat erstens Alk getrunken, zweitens hatte sie Kerle. Deswegen war sie manchmal nicht so greifbar. Aber eine sehr coole, charmante, witzige Frau. Mit der man über alles reden konnte, das muss man ihr echt zugutehalten. Aber sie war halt manchmal einfach weg. Sie war einmal auch über ein Jahr einfach weg. Mit ihrem Lover, einem Arbeitskollegen von meinem Vater. Da war ich vielleicht neun oder zehn. Mein Vater wusste nicht mal, wo sie ist und das ist natürlich doof. Ich weiß nicht, ob ich davon traumatisiert bin, aber schön war das nicht. Nichts gegen meine Mutter, auf der anderen Seite war sie cool und hat dafür gesorgt, dass ich kein Krüppel bin. Ihr Vater wollte sie überreden und sie hat gesagt: »Nein!« Das finde ich gut. Danke, Mama, ich sitze hier kerngesund und kann Bäume fällen.

Mein Vater hatte einen Job bekommen in Berlin, und die ganze Mischpoke ist nach Berlin gezogen, nach Kladow. Kladow ist auf der anderen Seite vom Wannsee, Richtung Spandau, nach Westen raus, es war aber schon ein Haus in Aussicht in Nikolassee, das ist wieder auf der anderen Seite, weiter östlich, in Zehlendorf. Darum wurde ich da schon eingeschult und bin immer morgens mit dem Dampfer von Kladow über den Wannsee zur Schule gefahren. Wir zogen in Nikolassee in eine Gründerzeit-Villa mit zwanzig Zimmern und 'nem Riesengarten, die kostete sechshundert Mark Miete, die hatte ein Souterrain und Fachwerk und Erker und haste nicht gesehen, das war auch damals nicht soviel und das war zu haben, weil der Kalte Krieg tobte, alle dachten, das geht nicht lange gut, Berlin war ja komplett vom Kommunismus umgeben und Berlin die einzige Stadt, wo in allen Richtungen Osten ist.

In Nikolassee wohnten so die Intellektuellen oder Höhergestellten. Die dachten, das ist cool hier, das ist Goldgräberland. Die Schlauen haben diese Villen abgegriffen, mein Vater war zu geizig. Entschuldigung, Papa, aber der hat das nicht gemacht. Das klingt jetzt, als hätte ich einen Groll, habe ich aber gar nicht. Ich bin da völlig entspannt. Da wohnte schon ein anderes Klientel. Da wohnten, ich weiß nicht, der Präsident der Akademie der Künste oder die Präsidentin mit ihrem Mann und irgendwelche Architekten und der Chef der Rechtsabteilung bei Schering und so. Mein Vater war eine Null zwischen diesen Leuten. Diese Leute waren alle ein bisschen crazy, das ging alles so sechziger Jahre mäßig los. Es gab unglaublich viel freie Liebe, die gar nicht frei war, weil die sich tierisch geärgert haben, wenn da wieder der eine den andern beschissen hat mit der Frau vom anderen. Da gab es immer Theater und wir Kinder haben uns sehr beömmelt dadrüber, weil's viel Geschrei gab. Da war alles sehr frei, die Erziehung war auch frei. Mit uns Kindern wurde auch über sowas geredet: »Ja, weißt du, der Jan und die Elisabeth, die sind jetzt und deswegen ist der Peter sauer.« Das war alles schwer intellektuell, ein bisschen kaputtnikmäßig, die hatten auch alle schon dickere Autos, wie gesagt, mein Vater war da eher spießig gegen, ein richtiger Hipper war der nicht. Hatte auch nicht so einen dicken Job, das war schon gut, der war am Institut für Entwicklungshilfe. Ich will jetzt nicht meinen Vater schlecht machen, aber da gab es so richtig tolle Typen. Gut aussehende Männer, die sahen alle wie Andreas Baader aus, total intellektuell, unheimlich eloquent. Wir hatten verrückte Nachbarn, Pfefferkorns, die hatten eine Wohnlandschaft mit so riesigen Grashalmen aus Schaumstoff und Birkenstämmen und einer Brücke und da war jeden Sonntag offenes Haus und da saßen dann die verrücktesten Leute, illustre Gestalten, Halbprominenz und Ganzprominenz, alles immer so ein bisschen überkandidelt. Da ging es lustig drunter und drüber.

Wir wohnten in dieser Villa und sind eigentlich völlig ruhig aufgewachsen. Völkerball auf der Straße gespielt, alle Stunde kam mal ein Auto angetuckert. Damals waren der ganze Wald und die Gewässer voller Munition und Waffen und dann gab es diesen kleinen, stinkigen Nikolassee, man musste erstmal seinen Ekel überwinden, weil der war voll Algen, die voll Krebse hingen, mehr Schlamm als Wasser und halb verfault und es war alles ein bisschen eklig, aber wenn man sich dran gewöhnt hatte, ist man da einfach drin rumgetaucht. Einmal hat mein Freund Mirko einen Plastikbeutel gefunden, gefüllt mit Öl und in dem Öl schwamm ein amerikanischer Trommelrevolver mit vierhundert Schuss Munition, völlig unversehrt, Smith & Wesson, 38er, und wir natürlich »booaaahh« und zu Mirko nach Hause gerannt und zu Mirkos Vater: »Guck mal, guck mal!«, und Mirkos Vater: »Die Munition gebt ihr sofort her! Ich glaub, ich spinne!« Sonst fand der das auch ganz toll. Jetzt hatten wir immer dieses schwere Ding und jeder durfte es mal haben. Ich weiß noch, wie ich in der Schule saß, in der siebten Klasse mit diesem Ding hier vorne drin. Smith & Wesson, 38er Spezial, der war schön schwer und dieses »klick« beim durchladen, das hat mich total fasziniert. Irgendwann wurde das Ding geklaut, sehr, sehr schade. Da habe ich nach wie vor eine Schwäche für. Das hat sich gehalten. Das war so die Jungsclique am Nikolassee. Immer in den Wäldern rumgerannt, um Patronen zu sammeln, Scheiße bauen, der Nachbarin die Scheiben einschmeißen, so einen Scheiß.

Das ging so bis meine Eltern, ich drück es mal diplomatisch aus, die hatten eine ziemlich dynamische Beziehung, das ging nie lange gut. Meine Mutter hat sich dann auch den Nachbarn gekrallt, sehr zur Freude meines Vaters, die war ihrem Naturell entsprechend mittenmang dabei. Das klingt die ganze Zeit, als ob mein Vater das arme Opfer gewesen wäre, von dieser mannstollen Frau, aber davon kann überhaupt keine Rede sein, der war noch schlimmer. Die nahmen sich da nichts. Meine Mutter ist nach Hause gekommen und er war im Badezimmer mit dem Kindermädchen zugange. Apokalyptische Szenarien, du kannst es dir nicht vorstellen! Es war ein unglaubliches Geschrei, »Ruf doch diesen Scheiß Rechtsanwalt an!« Krach, Schepper, Klirr und das heulende Kindermädchen raste aus dem Badezimmer. Irgendwann habe ich einmal was gesagt zu meinem Vater und er meinte nur: »Psst!« zu mir und meine Mutter: »Whof«, aufgestanden und »Pafff!« flog das Essen an die Wand. Ich weiß nicht mehr, was es war, aber ich habe wohl irgendwas, ohne es zu wissen, verraten.

Es gab ständig Krach, das war ein bisschen unangenehm. Wir waren immer froh, wenn wir bei Nachbarskindern waren oder auf der Straße spielen konnten. Ich bin dann in eine andere Schule, Nord-Schule hieß das Ding, das war die Vorbereitungsschule fürs Gymnasium, und da trennten sich meine Eltern. Das war der Kräche dann einer zu viel! Meine Mutter hatte das Studium abgebrochen und ist nach Göttingen zurück zu ihrer Mutter. Wir waren drei Kinder, und meine kleine Schwester und ich sind mit nach Göttingen, und meine große Schwester ist bei meinem Vater in Berlin geblieben. Die sind aus dieser Villa in Nikolassee ausgezogen, die war zum Verkauf, aber das war ihm wohl zu teuer, das war eine Summe, wo du dich heute darüber totlachst, ich wäre jetzt ein gemachter Mann, hätte der die gekauft – hat er aber nicht. Macht nichts, arbeite ich eben weiter für mein Geld. Die sind in eine Wohnung am Rüdesheimer Platz gezogen, und wir sind nach Göttingen.

Schulisch gesehen war das für mich die letzte gute Zeit. Ich war da auf einem humanistischen Gymnasium in Göttingen, und da ging es auch ganz gediegen zu, da war eine andere Atmosphäre. Ein bisschen chaotisch war ich damals schon, ich glaube, heute hätte ich Ritalin bekommen, ich habe immer Probleme gehabt, mich zu fokussieren. Jetzt ist es lustig, damals war es teilweise nicht so lustig. Aber ich bin gut mitgekommen auf diesem humanistischen Gymnasium. Und dann haben meine Eltern, chaotisch wie sie sind, beschlossen: »Wir lieben uns noch – wir ziehen wieder zusammen!« Und dann war in Berlin die nächste Villa fällig. Im Hüttenweg in Dahlem, das ist da, wo früher die amerikanische Botschaft war. Wir sind dort in eine hässliche Villa gezogen, und es begann meine schulische Karriere insofern, dass ich alle Schulen in Zehlendorf durchgemacht habe. Denn es stellte sich heraus, dass ich keinen Bock auf Schule hatte. Ich war da völlig schmerzfrei und habe mir auch keine Sorgen gemacht. Ich hatte in Göttingen angefangen, Gitarre zu spielen. Einer von den Liebhabern meiner Mutter hatte mir zu meinem Geburtstag eine Gitarre geschenkt. Ich war völlig begeistert, aber mit meinem Interesse für Schule war's das. Ich hatte keine Lust mehr, ich hatte ja eh Probleme mich zu konzentrieren. Ich halte mich ja nicht für blöde, obwohl, man kann das ja selber nicht beurteilen. Es war eher so, dass ich einfach keinen Bock hatte.

Ich war null motiviert, ich fand die Lehrer doof, ich fand das ganze System blöde und habe mich in der Schule als Entertainer versucht. Ich habe die Klasse zum Lachen gebracht, aber natürlich nicht die Lehrer. Zum Entsetzen meines Vaters, der ja gehofft hat, dass aus mir was wird, fing ich an, aus den Schulen zu fliegen, weil ich eben nicht hingegangen bin und nichts gemacht habe. Das waren mehrere Schulen. Die neunte habe ich zweimal gemacht, aber es gab eine Realschule in Zehlendorf, da sind alle Villensöhnchen, die, aus denen was werden sollten, die keinen Bock mehr hatten und Mitte der Siebziger gab es viele, echt viele Verweigerer. Das war damals schick. Speziell wenn man so das Gefühl hatte, man muss sich ja eh keine Sorgen machen, weil die Eltern 'ne Villa haben und so. Was nicht stimmte. Jedenfalls habe ich mir keine Sorgen gemacht, kam auf diese Realschule für verkrachte, stinkend faule Bürgersöhnchen und hab' da meinen Realschulabschluss gemacht. Die wollten mich eigentlich auch rausschmeißen, aber mein Vater ist zu denen und hat gesagt. »Wenn der hier nicht seine zehnte Klasse hinterher geschmissen kriegt, dann sorge ich dafür, dass der noch ein Jahr bei Ihnen aufkreuzt. Wollen Sie das?« So kam ich in die Nachprüfung nach den Sommerferien. Da haben sie mir den Abschluss hinterhergeschmissen! Das klingt heiter, aber ich habe noch jahrzehntelang davon geträumt, diese typischen Träume, dass man ohne Hosen die Treppe hoch rennt: »Was, die Chemiearbeit war schon vor den Ferien…?«

Obwohl ich vehement Interesse hatte, mit anderen Leuten Musik und Krach zu machen und E-Gitarre zu spielen, wollte ich klassische Gitarre studieren. Das war mir wichtig, weil erstens macht einem das natürlich was aus, wenn dein Vater sagt: »Du bist 'ne Null!«, das glaube ich keinem, der sagt, das geht spurlos an ihm vorbei. Das ist unangenehm. Das macht einen unsicher. Und deswegen habe ich gedacht, ich beweise mir das. Erstens hatte ich Spaß an der klassischen Gitarre und an der Bimmserei, das ist ja eine unheimliche Ackerei, diesen Kram zu lernen. Und zweitens wollte ich sehen, ob ich nicht doch in der Lage bin, ganz normal akademische Leistung zu bringen wie andere auch. Nach dem Motto: Das kann ja wohl nicht so schlimm sein. Ich bin doch nicht der komplette, totale Idiot. Ich habe wie ein Irrer geübt und mit 18 wollte ich es gleich richtig wissen und bin nach New York gegangen.

Erstmal hat mich die Stadt interessiert, und dann war da ein furchtbar berühmter Gitarrenprofessor. Ich hab in New York anderthalb Jahre gewohnt, gelebt, gearbeitet, gejobbt – Geld von zu Hause gab es nicht groß – und habe da die Aufnahmeprüfung gemacht. Die Vorbereitung war nicht so gut, und ich hatte sehr große Konkurrenz, jedenfalls haben sie mich nicht genommen. Dann bin ich zurück nach Berlin. Ich hatte ja keinen vernünftigen Schulabschluss, nur diesen Realschulabschluss mit unfassbaren Kommentaren. Das einzige, was ich studieren konnte, war Musik. Im Hauptfach Gitarre musste man »nur« einen bestimmten Schwierigkeitsgrad meistern und spielen. Ich kam also aus NY zurück und war deprimiert, dass ich die Prüfung nicht geschafft hatte, aber in Berlin lief es besser. Ich denke immer, wenn ich in NY so gespielt hätte, wie ich in Berlin gespielt habe, hätte das auch da geklappt. Ich habe also die Aufnahmeprüfung an der UdK geschafft und habe mich total gefreut! Ich habe mich so gefreut, dass man schon so ein bisschen gemerkt hat, das war jetzt eigentlich schon das Hauptding, dass ich mir bewiesen habe: Wenn ich richtig arbeite, kann ich auch in einem normalen, etablierten System funktionieren. Wenn ich wirklich meinen Arsch bewege. Ich habe danach auch hart gearbeitet, aber ich habe gemerkt, diese klassische Gitarre ist auf die Dauer nicht meins. Du bist immer alleine am Start und es ist eine super zerbrechliche Angelegenheit. Wenn du irgendwie mal rumtobst und ein Fingernagel bricht dir ab oder du machst die Autotür falsch auf, dann ist schon wieder das Konzert fast futsch. Das entspricht nicht so meinem Charakter.

www.berlinerkindheiten.de/1961-heinrich-heimpel/

## »Freiheit ist auf der Straße«
### Marina Meier (*1962), Tempelhof

*Eines Tages bekam ich einen Anruf: »Ich bin Berlinerin, aber ich bin im Heim groß geworden, ist das ok?« – »Ja.« – »Und meine Geschichte ist ein bisschen härter als die anderen Geschichten. Würdest du das auch zeigen?« – »Ja.« – »Also, gut, dann komm vorbei.« Marina Meier (*1962) berichtet von ihrer harten Kindheit im Heim und der großen Freiheit beim Leben auf der Straße.*

Aufgewachsen bin ich zuerst als Junge. Mario. Dass ich ein Mädchen bin, habe ich eigentlich erst mitbekommen, als mir Brüste wuchsen, ab da war ich Marina. Da habe ich erst mitgekriegt, ich bin ein Mädchen. Mein Vater hat mich als Jungen erzogen, der wollte wohl eine Fußballmannschaft haben, ich weiß es nicht. Wir sind eine große »Family«. Mein Vater war Kranführer, Mama Hausfrau. 1968, da war ich sechs, da ist meine Mutti in meinen Armen gestorben. An Gehirntumor. Nach dem Tod meiner Mutter haben wir erst in Lichtenrade gewohnt. Wir hatten so eine Art Haushälterin, die auf uns aufpasste. Meine Brüder waren in der Schule, ich war noch nicht schulreif und zu Hause mit meinen anderen kleinen Geschwistern. Zwei ältere Brüder kenne ich gar nicht. Die sind verbrannt in Schöneberg. Meine Eltern waren Stepptänzer. So Rock'n'Roll haben die gemacht, Parkettfußbodentanzen. Und da waren die Kinder einmal alleine, haben mit den Streichhölzern gespielt, und dann sind sie verbrannt. Die müssten jetzt über sechzig sein, ich weiß noch nicht mal, wann die geboren sind. Aber ich weiß, dass sie existierten. Eine Schwester von mir lebt in Alaska. Die lebt seit über dreißig Jahren da oben. Meine kleinste Schwester, die lebt in Kördorf, in Richtung Koblenz. Meine anderen zwei Geschwister, Halbgeschwister wohnen in Kempten im Allgäu. Wir sind alle verstreut. Mein Halbbruder, der wohnt bei Lübbenau, irgendwo in der Walachei. Der andere Bruder wohnt in Braunschweig. Und ein Bruder wohnt hier in der Nähe mit seiner Frau, so viel ich weiß, und noch ein anderer wohnt in Schöneberg, Ecke Wilmersdorf. Wir waren insgesamt mal 14 Kinder. Der Papa war fleißig. Oder die Mama. Aber mein Papa konnte uns alleine dann nicht mehr großziehen, so kamen wir ins Heim. Mariendorfer Weg 115-118. Das war kein schöner Ort. Wir wurden geprügelt. Wir wurden geschlagen. Wir wurden missbraucht.

Ich kam dann in die Schule, wie jedes Kind, aber ich war lernunfähig. Ich kam dann in eine Sonderschule für Verrückte, obwohl ich gar nicht verrückt war. Irgendwann habe ich noch die Hauptschule besucht, oben im Wedding, in der Böttgerstraße. Dann habe ich Maurerin gelernt, ich bin ausgelernte Maurerin, das war zu meiner Zeit in der Besetzerszene. Ich kam aber auf die schiefe Bahn. Drogenmissbrauch, Knast und so hat sich das entwickelt. Ich habe irgendwann meine Wohnung verloren, keine Miete gezahlt, weil der Alkohol ja wichtiger war als Miete. Alkoholikerin bin auch ich geworden. Kam in die Psychiatrie, in eine geschlossene Abteilung und ab da habe ich mich hochgepäppelt. Heute wohne ich in einer Einrichtung für Obdachlose.

Heimkinder sind geprägte Kinder und das geht nie aus deinem Kopf heraus. Es wird immer in deinem Kopf bleiben. Du träumst davon. Das ist ganz schlimm. Du hast Alpträume, denn du vermisst so viele Sachen. Was dein Elternhaus betrifft, das vermisst du sehr. Aber du kannst das nicht wiederfinden. Ich habe selber einen Sohn. Aber der wurde mir durch die ganze Kacke auch weggenommen, weil ich damit nicht klar kam. Ansonsten, bin ich im Leben gut durchgerutscht. Ich war eine Zeit in der Besetzer-Szene und dann auf der Straße. Ich habe Äpfel geklaut, um zu überleben. Das war eine harte Zeit.

*Was ist die schönste Erinnerungen an deine Kindheit?*
Das auf der Straße leben. Wie man von jemandem am Obststand einen Apfel oder eine Banane bekommt, wenn man nur höflich fragt: »Hast du mal bitte?« Und du hast es bekommen. Und die Menschen auf der Straße sind anders, wenn man mit einem Menschen kommuniziert, also auch in einer Beziehung. Auf der Straße ist es ein ganz anderes Leben. Vom Feinsten. Das kann man gar nicht beschreiben, das muss man selber miterleben, dass man darüber reden kann. Auf der Straße ist das Leben anders. Da hält jemand zu dir. Auf der Straße ist es ein ganz anderes Kommunizieren mit den Menschen. Da ist Zusammenhalt, was in Beziehungen manchmal fehlt zwischen den Menschen. Das ist das Schönste! Übernachtet haben wir unter den Brücken, im Wald oder im Görlit-

zer Bahnhof zum Beispiel, dem ehemaligen Güterbahnhof. Jeden Platz, den du bekommen kannst. Schlafsack, einkuscheln, Zusammenhalt. Meistens in der Gruppe, manchmal alleine. Oder du hast einen Hund. Ich hatte auch mal einen Hund. Einen kleinen Welpen. Mit einem Hund bist du immer auf der sicheren Seite.

Morgens willst du erst mal einen Kaffee trinken. Da gehst du in so eine Einrichtung und hast da Frühstück bekommen, dann kannst du dich da waschen oder mal frische Kleidung bekommen. Da gibt es ja mehrere Einrichtungen. Die Kirche zum Beispiel, die unterstützt einen. Oder die Caritas. Du bist in die Kirche gegangen und hast da Arbeit bekommen, manchmal sogar einen Schlafplatz, aber nur eine Nacht. Dann musstest du wieder gehen. Dann kamen schon wieder Neue. Das ist das Straßenleben.

Mit sieben war ich zum ersten Mal auf der Straße. Wir waren 348 Kinder im Heim, aber gemischt. Wie ich ins Heim kam, bin ich mehrmals abgehauen. Wir hatten eine Erzieherin, die hat uns permanent geschlagen. Also wenn du ein Buch aufheben wolltest oder ein Buch aus dem Regal nimmst und du hast es nicht richtig da reingestellt, hast du es um die Ohren gekriegt. Oder es wurde runtergeschmissen und wenn du es aufgehoben hast, hast du einen Tritt in den Po bekommen. Oder du hast eine Backpfeife gekriegt. Manche Erzieher waren so und manche so. Die Heimleiterin, die war eigentlich schon passabel, konnte man sagen, bis man mal eines Tages versucht hat, zu klauen. Das war nicht wunderbar. Also, ich habe es da nicht ausgehalten, weil wir verprügelt worden sind. Mein Vater hat mich auch oft verprügelt, hier den Rohrstock rein und da wieder raus. Man sieht die Narbe noch. Der hat alles mit uns gemacht. Meine Schwester hat er missbraucht. Das hieß damals Pickel ausdrücken. Bis ich dahinter kam, was das heißt, da war ich 14. Aber ich will nicht davon reden. Das war nicht schön. Auf der Straße zu leben, hat Spaß gemacht. Das macht heute noch Spaß. Das letzte Mal auf der Straße war ich vor sieben Jahren. Seitdem wohne ich hier. Aber es ist trotzdem schön auf der Straße. Da ist das Leben.

*Weil sich das Leben da frei anfühlt?*
Frei, frei, frei, was ist frei? Frei bist du nirgendwo, frei bist du im Herzen. Frei, was ist frei? Freiheit ist, wenn du reden darfst, wenn du dein

eigenes Leben wieder leben darfst. Leben, das ist Freiheit. Und nicht, wenn jemand dir vorschreibt, du musst dies und jenes machen. Das ist keine Freiheit. Es gab aber auch etwas Schönes im Heim. Einmal im Jahr waren wir bei den Amis, also den Alliierten. Wir haben von denen Weihnachtsgeschenke gekriegt. Weihnachten hatten wir es schön. Muss man sagen. Für die Kinder, die nichts hatten, keine Eltern oder so, war Weihnachten darum toll. Wir wurden eingeladen nach Tempelhof, da unten, wo die Hungerharke ist, auf dem Gelände und das war ein schönes Weihnachten. Das haben die wirklich super gemacht. 1979/80, bin ich aus dem Heim raus, ich war die Letzte. Heute ist das ein Kindergarten. Früher war das mal ein Schloss. Ich habe eine Entschädigung bekommen. Zehntausend Euro. Als Heimkind. Aber ich habe auch dafür gekämpft, dass man das kriegt. Es gab einen Aufruf im Fernsehen. Dadurch habe ich das gemacht. Und ich hab's auch durchbekommen. Geld ist heute sowieso nichts mehr wert, aber man hat immerhin eine kleine Rücklage. Für eine Wohnung zum Beispiel. Die könnte ich vielleicht finanzieren, wenn ich eine finde. Ich suche ja eine Wohnung, aber das ist sehr schwer heutzutage. Ich war zehn Jahre mit einem Mann zusammen. Danach war ich sechs Jahre mit einem Mann zusammen, dann viereinhalb Jahre, das wurde immer weniger. Aber ich wurde immer von den Männern auch verprügelt und ich habe zurückgeschlagen. Das war kein schönes Leben. Ich habe einen Arm verloren dadurch; meine rechte Hand kann ich zwar noch bewegen, aber ich spüre die nicht mehr. Schlägerei mit einem Mann. Häusliche Gewalt sagt man auch dazu. Was ich im Kindesalter hatte, hatte ich als Erwachsene auch. Und jetzt bin ich solo. Seit acht Jahren.

www.berlinerkindheiten.de/1962-marina-meier/

## »Der rauere Berliner Ton«
## Thomas Hans-Otto Bredendiek (*1964)

*Hans-Otto Bredendiek beschreibt das Leben im Bötzowkiez zwischen dem »raueren Berliner Ton« der Straße und der intellektuell fordernden Atmosphäre seiner Familie. Von diesen beiden Polen ist die Kindheit von Hans-Otto Bredendiek geprägt. Er nimmt uns mit in den Friedrichshain zu den Kartenspielern und Zockern, aber auch zur »Christenlehre« und den Tischgesprächen mit seinem Vater.*

Ich bin Jahrgang 1964, der Jahrgang, in dem die meisten männlichen Kinder in der DDR Thomas hießen und die meisten Kinder in der DDR überhaupt geboren wurden. Damit hängt zusammen, dass ich nicht Thomas genannt wurde, sondern Hans-Otto. Irgendwann, als ich drei, vier war, so geht jedenfalls die Familienlegende, haben meine Eltern auf dem Spielplatz »Thomas!« gerufen und da kamen fünf Kinder angerannt. Darum also Hans-Otto. Mein einer Großvater hieß Hans und der andere Otto. Dadurch kam ich zu diesem »Zweitnamen«. Aufgewachsen bin ich in der gleichen Straße, in der ich jetzt auch noch wohne, in der Hufeland 9 direkt über der Bäckerei Kempe. Dort befindet sich noch heute eine Bäckerei.

Ich habe noch drei Geschwister. Mein ältester Bruder Christian, zwölf Jahre älter als ich, ist relativ früh ausgezogen, weil er mit den ganzen kleinen »Quäkern« nicht klargekommen ist. Dann kam mein jüngerer Bruder Markus, ein Jahr nach mir und meine Schwester Ricarda, die kam zwei Jahre nach mir zur Welt. Das war für unsere Familie eine schwere Zeit. Mein Vater war Sekretär im Friedensrat, hat einen Dienstwagen gehabt und einen Haufen Geld verdient, also relativ zu DDR-Zeiten. Meine Mutter war Lehrerin, ist aber zu Hause geblieben und hat sich um die Kinder gekümmert. Mein Vater hat zu Hause gearbeitet, und wir sind sehr behütet aufgewachsen. Dann wurde der Friedensrat umstrukturiert und meinem Vater wurde empfohlen: »Geh doch in den Wissenschaftsbereich.« Er musste zuerst noch seine Doktorarbeit schreiben, und an der Humboldt-Uni war er »bloß« Assistent und musste eine fünfköpfige Familie durchbringen. Das habe ich noch vor Augen, Vater kriegte ein Ei, Mutter wollte keins und wir Kinder kriegten zu dritt ein Ei. Vater hat jedem von uns einen Happs in den Mund gesteckt. Anfang der Siebziger wurde er dann Dozent in Greifswald, ein halbes Jahr später in Halle. Ab da ging es uns wieder besser.

Unsere Wohnung in der Hufelandstraße 9 war eine Riesenwohnung. Wir wohnten in einer 160-Quadratmeter-Wohnung mit Vordereingang und Hintereingang und zwei Küchen. Die Wohnung war so konzipiert, dass man die Tür des »Berliner Zimmers« hätte zumauern und zwei Wohnungen draus machen können. Hat man aber nicht, und da alle Wohnungen so geschnitten waren und die Wohnungen ja kommunal verteilt wurden, war bei uns im Vorderhaus ein ganzer Haufen kinderreicher Familien. Im Hinterhaus und ganz oben wohnten viele Rentner und ältere Ehepaare, die keine Kinder hatten oder nicht so viele. Das war wirklich ein frohes Jugendleben bei uns im Haus. Wir kannten uns alle, und auf dem Hof hat sich viel abgespielt. Der HGL-Vorsitzende, also Hausgemeinschaftsleitung, jedes Haus hatte ja eine HGL, war sehr engagiert für die Kinder. Der hatte eine Tischtennisplatte gekauft und den Hof so umbauen lassen, dass wir Platz hatten zu spielen. Einmal im Jahr war Kinderfest, das hat er auch organisiert, das war der Kinderfasching. Außerdem hat er für die Rentner ein Rentnerfest organisiert. Jedes Kind hatte »seinen« Rentner, hat den abgeholt und dann haben wir als Kinder ein Programm aufgeführt. Das war schon eine gute Gemeinschaft. Da hat der Professor der Oma die Kohlen hochgetragen, das war selbstverständlich.

Kempe, der Bäcker, war eigentlich auch ganz nett, bis ich ihm einmal die Werbescheibe mit einem Fußball eingeschossen habe. Das war eine schöne Werbescheibe, dreifarbig, das gab es sonst gar nicht, da sagte er: »Mensch, Bredendiek, wenn du mir die Schaufensterscheibe eingeschossen hättest, das wäre nicht so schlimm gewesen!« Das war eine Buntglasscheibe, und die war zu DDR-Zeiten nicht so leicht zu bekommen. Aber da war mein Bruder Christian schon älter und auf dem Bau. Der hat dann irgendwelche Glaser rangeholt, die die Scheibe wieder so gemacht haben, wie er sie haben wollte. Ein halbes Jahr war erst mal Funkstille, aber dann gab es auch mal wieder eine Zuckerschnecke geschenkt, wenn wir auf dem Hof spielten.

Zuhause wurden wir preußisch-protestantisch erzogen. Bücher spielten eine große Rolle. Meine Mutter hat mir Lesen beigebracht, noch bevor ich zur Schule ging. Die anderen haben draußen gespielt, und ich musste ein Jahr vorher lesen lernen, damit ich einen Vorsprung habe. Im Nachhinein bin ich ihr aber dankbar, weil es mir sehr geholfen hat, die ersten vier Jahre in der Schule zu überstehen. Ich habe immer viel gelesen. Es gab Zeiten, da bin ich dreimal am Tag in der Bibliothek gewesen und habe die Bücher wieder ausgetauscht. Aber das waren immer so Phasen, je nachdem mit wem man zu tun hatte.

Ein Problem war, die Hufelandstraße selber ist ja geteilt. Die ungeraden Zahlen gehörten zur Advent-Kirche, wo wir wohnten, und die geraden Zahlen zur Bartholomäuskirche. Das gleiche war mit der Schule. Die ungeraden Zahlen gehörten zur Pasteurstraße, und die geraden Zahlen gehörten zur Bößstraße, sodass man also eine lange Zeit sich bloß auf seiner Hälfte der Straße aufgehalten hat, weil man auf der anderen nicht dazu gehört hat, genau wie bei den anderen, die, wenn sie rübergekommen wären zu uns, die hätten auch nicht reingepasst. Es gab damals so kleinere Kinderbanden, die, naja, sagen wir es mal vorsichtig, nicht die Hellsten waren, aber scharf auf Geld und die die Kinder abgezogen haben. Das ist mir auch öfter passiert. Wir sind im TSC gewesen, Turn- und Sportclub, und dahin musste man einmal quer durch den Friedrichshain laufen und wieder zurück. Dann standen die da und haben gesagt: »So jetzt mal Geld her!« Mein Vater meinte dazu nur: »Du musst denen sagen, jetzt holt dich gleich dein Vater ab, der hat immer Bonbons in der Tasche!« Der hat überhaupt nicht verstanden, was das eigentlich für Typen waren.

Ich war auch bei den Pionieren. Aber da passierte eigentlich nichts. Später bei der FDJ war das genauso. Ich kam nach Hause mit dem Aufnahmeantrag, da sagte mein Vater zu mir: »Hier steht, du hast das Statut der FDJ gelesen. Hast du es denn gelesen?« »Nee«, sag ich, »das habe ich natürlich nicht gelesen.« »Dann lass es dir mal geben. Du kannst doch nicht irgendwas unterschreiben, was du nicht kennst!« Dann bin ich zu meiner Klassenlehrerin gegangen, die hat nur gesagt: »Na, Mensch, unterschreib den S..... doch! Das ist doch bloß pro forma!« Sie wusste auch nicht, wo sie jetzt ein Statut herkriegen sollte. Und so lief die ganze FDJ-Arbeit ab. Die Lehrer wollten, dass wir sie in Ruhe lassen, dann ließen die uns auch in Ruhe.

Was für uns wichtig war, war die Kirchenarbeit. Wir sind bei der Adventkiche zur Christenlehre gegangen, und bei der Bartholomäuskirche gab es eine Jungschar. Und diese Jungschar-Geschichten, das war bei Schwester Christa. Schwester Christa hat mich sehr geprägt. Zumal in ihrer Frömmigkeit, die für uns zu fromm war, aber man dachte: »Mensch, solche Leute gibt es auch!« Und sie hat immer etwas mit uns gemacht. Sie ist einmal im Jahr mit uns zu einer Rüstzeit gefahren, eine Woche von zu Hause weg, und das war immer ein Highlight im Jahr.

Mit 13, 14 aber, zog es uns in den Friedrichshain. Was jetzt das Café Schönbrunn ist, war damals das »Freizeitzentrum«. Da gab es keinen Alkohol, bloß so unter der Hand, offiziell nicht. Da konnte man sich Schachbretter ausleihen, Billard spielen, Tischtennis und Karten und »seven-eleven« (ein Würfelspiel) spielen. Da sammelte sich eine ganze Menge Volk, die auch gerne zockten, Skat spielten oder klammerten. Ein Spiel, welches heutzutage kaum mehr jemand kennt. Also eine Generation noch, aber meine Kinder können das schon gar nicht mehr spielen. Jeder konnte damals Klammern. Das Spiel konnte man zu zweit, zu dritt, zu viert spielen, und man konnte es immer um Geld spielen. Das war uns damals wichtig, dass da auch ein bisschen was rumkommt. Da traf sich alles mögliche aus der DDR vom Hochdruckkesselwärter, wie sie sagten, also Heizer, bis zum Major der NVA haben da alle gespielt und gewürfelt, zum Teil auch um höhere Beträge und, na ja, man hat da schon manche Existenz wanken sehen. So weit bin ich nie gegangen. Da hatte ich zu viel Schiss vor. Aber es gab eben auch andere, wo das Suchtpotenzial doch schon durchschlug. Das war eine wichtige Zeit, weil man da viele Leute kennengelernt hat, denen man sonst nie begegnet wäre. Da waren auch Gauner dabei. Also wenn die sich Geld geborgt haben, dann haben die das nie zurückgezahlt. Man kannte viele ja auch bloß bei ihrem Spitz- oder Vornamen. Das war wahrscheinlich auch normal, diese Cliquenbildung in dem Alter. Wir waren zwanzig, dreißig Leute und da wurde getauscht, gehandelt, gespielt. Manchmal prügelten sie sich auch. Das war so, der normale Berliner Ton eben. Das waren keine feinen Jungs.

In meiner Klasse war das auch sehr durchmischt. Neben mir saß einer, da war der Vater Maurer und soff, und dann gab es Kinder von Interflug-Mitarbeitern und noch einer war eben Straßenfeger. Das hat unter uns Kindern aber keine Rolle gespielt. Das habe ich erst später mitgekriegt, als ich bei einem zu Hause gewesen bin. Die hatten ein Außenklo und wir haben in der Küche gespielt. Da stellte sich auf einmal der Vater hin und pinkelte ins Waschbecken. Da dachte ich nur: »Das kann doch nicht wahr sein? Was ist das hier?« Das wäre bei uns undenkbar gewesen. Ich habe meinen Vater nicht mal irgendwo betrunken erlebt. Einmal war er angeheitert, das war zur Hochzeit meines älteren Bruders. Und bei anderen bist du nach Hause gekommen, da waren die Eltern blau wie die Amtmänner. Aber da konnten ja die anderen Kinder nichts für.

Mein Vater war der Bestimmer. Er war nett und freundlich, aber es gab bestimmte Regeln, die musste man einhalten. Die kannte man, und es reichte, wenn er einen streng anblickte, da wusste man, was man falsch gemacht hat. Mein Vater ist von einem Tag auf den anderen gestorben, und da brach dieser autoritäre Punkt weg. Ich kam damals gerade zur Armee, und als ich zurück kam, war alles anders. Er war nicht mehr da, meine Mutter engagierte sich in der Kirchengemeinde und war stellvertretende Leiterin einer Tagesstätte für geistig und körperlich behinderte Kinder. Die Wohnung, die hundertsechzig Quadratmeter, standen mir fast alleine zur Verfügung. Ich habe da mit meinen Kumpels Partys und so gemacht und das hat auch alles gut funktioniert. Mein Vater war mir schon ein wichtiger Mensch, aber das wäre zu seiner Zeit nie gegangen. Er sagte schon mal: »Mensch, bring doch mal deine Freunde mit!« Aber er dachte, er kann dann mit denen so eine Art studentisches Seminar machen. Einmal hat ein Kumpel von mir geklingelt: »Mensch, ist Otti da?« – »Wer ist denn Otti?« – »Na, Ihr Sohn, Hans-Otto.« – »Der ist da, was willste denn von dem?« – »Ich will ein bisschen mit dem Gammeln gehen!« – »Mein Sohn gammelt nicht.« Zack, war die Tür wieder zu. Deshalb musste ich immer so ein Leben führen, das auf der einen Seite so war, dass ich draußen mit meinen Kumpels gut klargekommen bin und auf der anderen Seite diese bürgerliche Existenz, zu der er uns transformiert hat. Das waren so zwei Welten. Man musste immer so einen Hebel umlegen. Es gab diese eine Welt, wo der Vater ins Waschbecken pinkelte und die andere Welt bei uns zuhause, wo der Professor mit Schlips und Koffer saß.

www.berlinerkindheiten.de/1964-hans-otto-tilman/

## »Ein seltsames Kind«
## Andrej Hermlin (*1965)

*»Ich glaube, ich war ein seltsames Kind. Ich war insofern seltsam, weil ich viele Dinge, die andere Kinder oder Jugendliche taten, nicht tat. Ich hörte keine Schlagermusik. Ich hörte auch keine Rock- oder Beatmusik. Ich kleidete mich anders. Ich sprach ein anderes Deutsch. Ich habe nicht berlinert, ich habe Hochdeutsch gesprochen. Ich interessierte mich für Dinge, für die sich meine Klassenkameraden in der Regel nicht interessierten. Geschichte, Politik und vor allen Dingen natürlich die Musik, Swing-Musik aus den dreißiger Jahren.*

Mein Vater besaß eine umfangreiche Plattensammlung, fast ausschließlich klassische Musik – Mozart, Beethoven, Bach. Aber er hatte fünf, sechs, vielleicht sieben Jazz-Platten, unter anderem Django Reinhardt, den er noch live in Paris mit Stéphane Grappelli gesehen hatte, und Goodman und noch ein paar andere Sachen. Und als er das mal aufgelegt hat, da war ich vielleicht drei Jahre alt, hat es mich erwischt. Warum sich ein Kind in der DDR mit einer russischen Mutter, einem deutsch-jüdischen Schriftsteller-Vater in die Swing-Musik der dreißiger Jahre verliebt? Ich habe keine Ahnung.

Ich lebte mit meinen Eltern in diesem Haus[7]. Das war sozusagen ein Dreieck, eine verschworene Gemeinschaft. So erschien mir das jedenfalls. Ich bin nie viel ausgegangen, auch später als Jugendlicher nicht. Es gab eine Zeit, da bin ich hin und wieder tanzen gegangen, aber das eher selten. Ich trank keinen Alkohol. Ich trinke bis heute keinen Alkohol. Ich mag alle Arten von Festivitäten nicht, bei denen getrunken wird. Das ist mir unangenehm.

Ich lebte in meiner eigenen Welt, und diese Welt bestand vor allem aus Musik. Ich hörte Benny Goodman, Tommy Dorsey, Glenn Miller oder Artie Shaw und träumte davon, so wie sie zu sein. Ich träumte davon, eine Band zu haben und mit dieser Band um die ganze Welt zu reisen

---

[7] Gemeint ist das Haus seiner Kindheit, in dem Andrej Hermlin heute wieder lebt.

und Musik zu machen, diese Musik. Dass das in Erfüllung gehen würde, konnte ich nicht vorhersehen.

Mein Vater wurde als Rudolf Leder geboren. Die Leder-Familie war eine jüdische Familie. Mein Großvater David Leder war ein erfolgreicher Kaufmann in der Weimarer Zeit, aber vor allen Dingen war er Kunstsammler. Mein Großvater ist nach 1933 noch in Deutschland geblieben. Mein Vater hatte als Jugendlicher angefangen, erste Gedichte zu schreiben. In dieser Zeit hat er sich den Namen Stephan Hermlin gegeben. Mein Großvater David kam in der sogenannten Reichskristallnacht ins Konzentrationslager Sachsenhausen. Es gelang ihm aber noch im Sommer '39 aus Deutschland rauszukommen. Mein Vater hatte Deutschland bereits 1936 verlassen, er ging zunächst nach Palästina, später nach Frankreich und in die Schweiz. Nach der Emigration – mein Vater hatte mit großem Glück überlebt – kehrte er als Schriftsteller in die DDR zurück.

In meiner Kindheit war ich davon überzeugt Andrej Hermlin zu heißen, bis ich mit 14 Jahren einen Personalausweis bekommen sollte. Und da stand plötzlich drin: »Andrej Hermlin-Leder«. Kurz bevor das geschah, gab es noch einen anderen Zwischenfall. Die Namensführung in unserer Familie war immer mit gewissen Rätseln »bedeckt«. Heute weiß ich das natürlich alles. Und der Name Andrej Hermlin-Leder ist mein im Pass eingetragener Name, der sich zusammensetzt aus dem alten jüdischen Familiennamen Leder und dem Schriftstellernamen meines Vaters Hermlin. So überleben beide Namen.

Die Familie, die mich umgab, bestand im Wesentlichen aus meiner Mutter und meinem Vater. Meine Mutter ist in Rostow am Don geboren, in Moskau aufgewachsen, kam nach der Heirat mit meinem Vater 1963 nach Ost-Berlin. Das Leben, das ich hier lebte, war für DDR-Verhältnisse ein außergewöhnliches Leben. Bei uns kamen viele Schriftsteller zu Besuch wie Heinrich Böll oder Erich Fried oder Stefan Heym und Christa Wolf. Mit denen bin ich aufgewachsen, das waren Freunde. Wir hatten außerdem ein für die damalige Zeit außergewöhnliches Privileg, wir konnten reisen. Das heißt, ich war in der Lage, dieses Land, das ja ein eingemauertes Land war, zu verlassen, in westlicher Richtung wohlgemerkt. Wir konnten fast jeden Sommer ins Tessin fahren, in den Urlaub. Wir waren in Paris, in Venedig, in London. Unsere Familie war im Guten wie im Schlechten außergewöhnlich. Zum Schlechten gehörte, dass diese Familie von Hitler geschädigt war. Viele Bindungen waren zerstört. Es gab unausgesprochene Geheimnisse. Es ist mir erst in den letzten Jahren klar geworden, wie beschädigt wir alle waren und wie beschädigt also auch ich selbst bin. Warum ich in bestimmten Situationen in Tränen ausbreche. Warum ich auf bestimmte Dinge ungeheuer emotional und ungeheuer wütend reagiere. Eine Reaktion, die andere Leute vielleicht nicht verstehen würden. Etwa, wie reagiere ich auf Rassismus? Wie reagiere ich auf Antisemitismus? Das ist sehr, sehr intensiv. Jeder ist ja auf eine Weise geprägt von allen möglichen Dingen, aber in unserem Fall war es besonders dramatisch.

Mein Vater und ich haben viel geredet und viel Zeit miteinander verbracht. Er reiste ab und zu, aber er ging nicht zur Arbeit wie andere Väter. Ich wusste, es gibt bestimmte Themen, wo ich nicht zu viel nachfragen sollte. Zum Beispiel über den Tod seiner ersten Frau im besetzten Frankreich. Ich habe ihn mal gefragt und merkte dann, er will darüber nicht im Detail sprechen. Also habe ich nicht weiter gebohrt, weil ich ihm nicht wehtun wollte. Aber dass mein Vater gesagt hätte, darüber möchte ich nicht reden, das habe ich nicht in Erinnerung. Viele Dinge hat er auch gern erzählt. Ich habe ihn oft gefragt nach seiner Kindheit oder nach der Zeit in Nazi-Berlin, als er ein junger Kommunist war. Ich hätte ihn wahrscheinlich, wenn ich zurückdenke, noch mehr fragen können. Ich bin mir sicher, er hätte die Fragen beantwortet und ich wüsste heute mehr.

Mein Vater und ich sprachen Deutsch miteinander, während meine Mutter und ich Russisch miteinander sprachen. Mein Vater verstand kein Russisch. Als ich ein Kind war, musste immer übersetzt werden. Mein Vater fragte dann meine Mutter: »Was hat er gesagt?« – »Er sagt, er will eine Apfelsine.« Als ich anfing, deutsch zu sprechen, habe ich dann gesagt: »Er will eine Apfelsine!« Weil ich dachte, »er« das richtige Wort dafür. Mein Vater behauptete wie gesagt steif und fest, kein Wort Russisch zu verstehen bis zu einer Diskussion, wo ich mit meiner Mutter stritt. Mein Vater saß daneben und las Zeitung und plötzlich, mitten in der Diskussion, sagte er: »Das kommt überhaupt nicht in Frage!« Seitdem hatte ich ihn im Verdacht, dass er doch mehr verstand, als er zugab.

Die Themen, die ich mit meiner Mutter bzw. meinem Vater besprach, unterschieden sich in fundamentaler Weise. Mein Vater war zuständig für die großen Dinge, für Literatur, für Politik, für Geschichte. Er las mir vor, wir hörten zusammen Musik. Dabei musste geschwiegen werden. Wenn mein Vater Musik hörte, wollte er nicht mit Gesprächen abgelenkt werden. Wir haben trotzdem auch viel miteinander gelacht. Mit meiner Mutter ging es mehr um die alltäglichen Dinge, Dinge, die in der Schule geschahen, um die kleinen Sachen. Das war sehr sauber sortiert. Ich liebe meine Mutter über alles, das ist vollkommen außer Frage. Aber ich habe ihr selten gehorcht, ich habe sie ständig in Frage gestellt, habe ihr immer widersprochen. Wenn sie sagte: »Räum dein Zimmer auf!«, habe ich geantwortet: »Das mache ich nicht!« Wenn sie sagte: »Zieh dies oder jenes an, habe ich gesagt: »Nein, das mache ich nicht.« Und ich habe mich meistens durchgesetzt.

Erzogen haben meine Eltern mich eigentlich nicht, obwohl mein Vater hin und wieder aufbrausend und auch streng sein konnte. Andererseits waren meine Eltern völlig freizügig. Ich konnte machen, was ich wollte. Wenn ich gesagt hätte, ich möchte Offizier werden, hätte mein Vater wahrscheinlich gesagt: »Muss das unbedingt sein?«, aber er hätte mir das auch nicht verboten. Ich konnte treffen, wen ich wollte. Ich konnte fahren, wohin ich wollte. Ich hatte immer das Gefühl, was auch immer ich mache, egal, ob ich erfolgreich bin oder nicht, ob hässlich oder schön: »Wir lieben dich so, wie du bist, egal, wie du bist!«

Ich wollte Geige lernen, ich glaube, das hatte damit zu tun, dass mein Vater als Junge auch Geige gespielt hatte. Vielleicht weil ich ihm nacheifern wollte, und möglicherweise hatte es auch etwas mit Stéphane Grappelli zu tun. Meine Mutter brachte mich zur Musikschule und die sagten: »Deine Hände sind zu groß für die Geige. Du müsstest, wenn überhaupt Cello lernen. Cello oder Klavier.« Da sagte ich mir mit meinen sechs Jahren: »Mit dem Cello kann ich im Jazz nichts anfangen, dann lieber Klavier.« Das war also keine Liebesentscheidung. Ich musste noch ein Jahr warten und Blockflöte lernen, weil noch kein Platz frei war. Blockflöte war furchtbar. Und dann habe ich mit sieben Jahren angefangen, Klavier zu lernen, und ich war ein ganz schlechter Schüler. Ich war faul und wollte ganz andere Sachen machen. Ich wollte keine Kawalewski- oder Czerny-Etüden spielen. Meine Lehrerin sagte immer: »Du bist begabt, aber faul.« Und manchmal, wenn ich übte, kam meine Mutter und sagte: »Hör mal, wenn du das nicht willst, dann lass es doch. Du muss das nicht machen.« – »Doch, doch, doch!« Aufgeben wollte ich nicht. Ich habe dann angefangen, diese Swingsachen auf dem Klavier nachzuahmen, das war zu Beginn wirklich grauenhaft. Aber irgendwie hat sich das weiterentwickelt. Und das meiste von dem, was ich heute tue, habe ich mir letzten Endes selbst beigebracht.

In der Schule war ich anfangs ein Außenseiter. Ich sprach anders. Ich kleidete mich anders. Ich bewegte mich anders. Dann bekamen die mit, wer mein Vater war, und durch einen Zufall kam heraus, dass wir in den Westen konnten und wie Kinder so sind, es war eine schwierige Zeit! Im Deutschunterricht sollten wir einmal das Charakterisieren üben. Die Aufgabe war, sich einen Mitschüler auszusuchen und ihn mit ein paar Sätzen zu beschreiben. Von den vielleicht dreißig Schülern hatten sich 29 mich ausgesucht, und die Charakterisierungen waren furchtbar. Ein wirkliches Strafgericht, viele erfundene Geschichten, Dinge, die nicht stimmten. Andererseits war ich an dieser verfahrenen Situation in gewisser Weise mit schuld, weil ich auf die Zurückweisungen der Klasse meinerseits mit großer Arroganz reagierte.

Einige Jahre später veränderte die Biermann-Affäre alles. Wolf Biermann wurde 1976 von der DDR-Regierung ausgebürgert. Mein Vater verfasste eine Protest-Resolution, die Biermann-Petition, und das Treffen der zwölf Erstunterzeichner fand hier in unserem Wohnzimmer statt. Ich war zufällig Augenzeuge, ich kam an dem Tag früher nach Hause, weil ich eine Mathearbeit nicht schreiben wollte und vorgab, krank zu sein. Am nächsten Tag erschien ich in der Schule, und Matthias, so eine Art Anführer in unserer Klasse, sagte in einer merkwürdigen Mischung aus Erstaunen und Bewunderung: »Da hat sich dein Vater ja ganz schön was geleistet!« Und mit einem Mal war ich nicht mehr der Außenseiter. Der Glanz meines Vater strahlte auf mich ab. Später in der Abitur-Klasse war ich gewissermaßen einer der Anführer. Zumal ich begonnen hatte, mich sehr kritisch politisch zu äußern. Solidarność in Polen, der Einmarsch der sowjetischen Streitkräfte in Afghanistan, »Schwerter zu Pflugscharen«, die unabhängige Friedensbewegung in der DDR. Ich vertrat regimekritische Positionen und äußerte sie sehr prononciert. Ich war nicht der Einzige in meiner Schule, aber ich gehörte zu den Anführern.

Obwohl ich in der Lage war, in den Westen zu reisen, war ich seltsamerweise nie in West-Berlin gewesen, bis zum Sommer '89. Ich habe dort einen Freund getroffen und bin mit der Linie 1 gefahren, nachdem ich den gleichnamigen Film gesehen hatte, um mir das mal anzuschauen. Als ich nach Ost-Berlin zurückkehrte, war da eine Grenzpolizistin, die mich kontrollierte. Und da brach es aus mir heraus: »Ach, ich bin froh, wieder da zu sein!« Sie sah mich an, als wäre ich ein Alien. Nicht, dass sie gesagt hätte: »Willkommen in der Deutschen Demokratischen Republik!« Sie sah mich an, völlig fassungslos, dass jemand so etwas sagte. Aber das war das Gefühl in dem Moment, das ich hatte. Es hatte natürlich auch etwas damit zu tun, dass ich wieder wegfahren konnte, wenn ich wollte. Ich erinnere mich, dass ich zu meinem Vater irgendwann im Herbst 1989 sagte: »Wenn ich mein Visum nicht verlängert bekomme, bin ich weg.« Viele hatte damals das Gefühl, der Zustand muss aufhören.

Bis zu meinem 25. Lebensjahr habe ich eigentlich bei meinen Eltern gelebt. Wenn man immer sozial und emotional abgesichert ist, auch finanziell, dann ist man es nicht gewohnt, auf eigenen Beinen zu stehen. Das hat mir durchaus ein bisschen Angst gemacht. Die DDR war gerade zusammengebrochen, und ich wohnte auch nicht mehr bei meinen Eltern. Aber nach ein paar Wochen hat sich meine Unsicherheit gelegt, weil ich merkte, das Leben geht normal weiter. Wenn Sie fragen: »Wann sind Sie erwachsen geworden?«, so würde ich sagen, in mancher Hinsicht relativ spät. Meine erste wirkliche Freundin, hatte ich mit 18 oder 19. Ich war ein eher schüchterner und verklemmter Jugendlicher. Ich traute mich kaum, nach der Uhrzeit zu fragen auf der Straße. Auf ein Mädchen zuzugehen und sie zu fragen: »Möchtest du mit mir ein Eis essen?«, kam für mich nicht in Betracht. Ich habe mit meinem Vater übrigens über Freundinnen so gut wie nie gesprochen, nur mit meiner Mutter.

*Können Sie sagen, wo Ihr emotionaler Schwerpunkt lag?*
Das ist eine Frage, die ich noch nie beantwortet habe. Ich erzähle ihnen mal eine Geschichte dazu. Das war etwa 1990, mein Vater war 75. Eines Tages fuhr ich nachts mit dem Auto los zur Charité. Dann fuhr ich wieder zurück. Dabei beobachtete ich sehr genau, ob irgendwo die

Volkspolizei steht. Dann fuhr ich wieder los. Ich fuhr die Grabbeallee runter mit hundert Kilometer pro Stunde und die Schönhauser Allee mit hundertsechzig. Nach etwa sechs Minuten war ich an der Charité. Ich wollte herausfinden, wie schnell ich meinen Vater ins Krankenhaus würde bringen können. Ich hätte alles getan, um ihn zu retten, alles und damit meine ich wirklich alles. Ich konnte ihn nicht retten. Er starb hier im Haus ganz friedlich und unerwartet. Meine Mutter war dabei. Er machte einfach die Augen zu und schlief ein. Ich war nicht da, und als der Anruf kam, lebte er schon nicht mehr. Ich hatte an diesem Abend das Gefühl, ich bin auch gestorben. Fragen Sie mich bitte nicht, was ich dafür geben würde, wenn ich ihn noch einmal für eine Minute sehen könnte. Das bedeutet nicht, dass ich meine Mutter nicht liebe, natürlich liebe ich sie sehr. Aber in gewisser Weise war mein Vater ich, und ich bin er. Wenn ich meine Frau nicht kennengelernt hätte und die bezaubernden Kinder nicht hätte, die wir haben, hätte das Leben tatsächlich keinen Sinn mehr gemacht ohne ihn. So lebe ich weiter. Wenn das Ihre Frage beantwortet.

www.berlinerkindheiten.de/1965-andrej-hermlin/

## »Familie von Sturköpfen«
## Jutta Haase (*1966), Hermsdorf

*»Ich komme aus einer Familie von Sturköpfen. Alle. Ob sie miteinander blutsverwandt sind oder nicht. Meine Eltern waren deutsche Meister im Synchron-Trampolinspringen.« Das ist nur der Auftakt für eine wilde Erzählung einmal quer durch Berlin. Jutta Haase erzählt sich von Hermsdorf über die Schulinsel Scharfenberg nach Schöneberg, Kreuzberg und einmal quer durch die DDR nach Frankfurt und zurück.*

Mein Vater war Ausbilder bei der Polizei, erst in Schulzendorf und dann in Ruhleben. Die Kindheit, die ich bei der Polizei verbracht habe, war toll. Ich konnte jederzeit zu meinem Vater in die Sporthalle, und wenn die Halle sonst nicht gebraucht worden ist, konnte ich mir alle Geräte aus dem Geräteschuppen holen, das Trampolin aufbauen oder Ringe runterlassen.
Ich habe noch einen kleinen Bruder, Olaf. Wobei, so klein ist der gar nicht. Wir waren als Kinder total dicke miteinander, sind wir bis heute noch. Wir waren wilde Kinder, würde ich sagen. Wir haben viel Scheiße gebaut. Ich weiß noch, es war Sommer. Es war alles sehr, sehr trocken, das gebe ich zu. Und wir haben geschmökert, haben geraucht und dann haben wir so ein bisschen rumgekokelt. Und dann kam ein Wind auf und plötzlich macht's »flasch!« Das hat alles so schnell gebrannt! Das war unglaublich, das ist einmal um den Baum herum. Ich hab mir meinen Bruder gegriffen und wir sind gerannt! Das war im Fließtal, im Winter war da eine Schlittschuhbahn, das war wie ein kleiner Teich. Wir sind da hochgerannt, und ich drehe mich um – und das werde ich nie vergessen! Das hat so schnell und so heftig gebrannt, und ab da sind wir nur noch gerannt! Ich haben zuhause die Streichhölzer versteckt und mir ewig Gedanken gemacht, wenn man die findet, ob man anhand der Fingerabdrücke feststellen kann… Da war ich vielleicht acht und mein Bruder sechs. Das war der größte flächendeckende Brand der Nachkriegszeit in der Gegend. Wir haben das nie jemandem erzählt. Niemals. Ich dachte immer, die Erwachsenen, die müssen das doch wissen. Weil, wir waren ja immer da, wo was los ist. Immer draußen.

Und dann war der ganze Bezirk voller Feuerwehrwagen und Löschzüge. Und wir saßen im Zimmer und haben mit unseren Autos gespielt. Meine Mutter so: »Das brennt total draußen. Wollt ihr nicht mal gucken gehen?« – »Nö, och, voll langweilig. Ich les' lieber ein Buch.« Ich habe immer gedacht, die müssen das doch gewusst haben, dass wir das waren. Ich habe das irgendwann, da war ich Mitte dreißig, meiner Mutter erzählt, da ist die ganz weiß im Gesicht geworden. Wir wollten ja nicht die ganze Gegend in Brand setzen. Wir wollten nur kokeln. Dann war da noch das Haus gegenüber. Das war eine alte Villa, die wurde später abgerissen, die stand leer. Da haben wir viel drin gespielt. Da war der ganze Keller voll mit großen Einweckgläsern, mit Obst und Eingemachtem und was weiß ich, was da alles rumstand. Da das Haus eh abgerissen werden sollte, haben wir da alles Mögliche kaputt gemacht. Das war schon beeindruckend, wenn man so ein großes Einweckglas genommen hat und das »pafff!« an die Wand geschmissen hat. Nebendran wohnte die »Hexe«. Die wohnte in so einem Verhau, die war die Lumpensammlerin in der Gegend, die hatte ein riesiges Grundstück, das voll war mit Kram. Die war immer in Lumpen gekleidet, hat sehr gestunken und war für uns eine richtige Hexe. Die kam plötzlich in den Raum und stand mitten in der Tür und fing an zu schreien und zu schimpfen, und uns war richtig angst und bange. Wir saßen in der Ecke und haben gedacht, wir werden jetzt verzaubert oder irgendwas. Dann sind wir los und haben die fast umgerannt und waren weg und haben uns im Busch versteckt. Die hat den ganzen Nachmittag damit verbracht, die ganzen Einweckgläser mit den Lebensmitteln wegzutragen. Die hatte so einen Bollerwagen. Damit ist die durch die Gegend gelaufen und hat alles gesammelt, was rumlag und in ihre kleine Hütte gebracht. Später kamen irgendwann die Planierraupen, und die haben diese Villa dem Boden gleichgemacht. Das war ein schönes Haus. Die hatten da wahrscheinlich noch aus Kriegszeiten total viele Sachen gehortet.

Ich kam von Hermsdorf dann auf das Inselinternat Scharfenberg. Das war eigentlich eine schöne Schule, du hast auf den See gucken können, es war alles grün. Das Problem lag eher in den Erziehungsmethoden. Die haben probiert, uns antiautoritär zu erziehen. Das lag so in der Zeit. Und das ist voll in die Hosen gegangen. Wir haben auf dieser Schule nur Blödsinn gebaut. Das Tolle war, dass ich auf einmal nicht mehr die Einzige war, die nur Blödsinn im Kopf hatte. Da waren noch andere, und die waren durchaus kreativer! Das war irre. Das war eine Insel, wo eine ganze Generation von jungen Leuten gelebt hat, die machen konnte, was sie wollte. »Du, da müssen wir jetzt mal drüber reden, das finde ich nicht so in Ordnung! Lass uns doch mal einen Tee trinken.« Wir haben die nicht ernst genommen. Wir haben die Insel als unseren Lebensraum gesehen, den wir auch verteidigt haben. Zum Beispiel gegen Motorboot-Fahrer, es gibt ja diese Berliner Motorboot-Fahrer. Auf der einen Seite gibt es die Leute, die einen Schrebergarten haben und sich da alles schön machen. Und auf der anderen Seite gibt es die, die so ein kleines Motorboot haben und dann überall hinfahren, und Mutti macht schön Kaffee und Mittagessen. Da liegen sie dann den ganzen Tag auf ihrem Motorboot und sonnen sich und hören Musik. Und die haben es zum Teil gewagt, genau in der Bucht zu liegen, wo wir unser Baumhaus hatten, und die haben wir regelrecht bekämpft. Wir sind runtergegangen ins Bootshaus, haben uns Kajaks geholt, sind dahin gepaddelt und haben so lange aufs Wasser geschlagen und die mit Wasser bespritzt, bis die abgehauen sind. Wir wollten die da einfach nicht haben. Wir haben gedacht, wir müssen die Insel vor solchen Leuten verteidigen. Einmal haben wir es geschafft, den gesamten Schifffahrtsverkehr in Berlin und Potsdam lahm zu legen, weil wir sollten neue Möbel bekommen. Wir hatten die Idee, dass dann ja Geld zur Verfügung steht und dass man vielleicht auch individuell Möbel kaufen kann. Das ging aber nicht. Wir haben stattdessen diese popelgrünen Flötotto-Möbel bekommen. Hässlich, wirklich, wirklich hässlich. Und die haben wir dann nachts ins Wasser geschmissen. Alle. Die sind super geschwommen. Der ganze See war voller Holzmöbel, die Schiffe haben die gerammt und keiner konnte mehr fahren. Das gab einen Mordsärger! Eine andere Geschichte ist, da saß ich mit einer Freundin unten am Ufer. Da müssen wir so 17 gewesen sein. Köpenicker Straße, da, wo es zum Wasser runter ging, wo diese Fabriketagen-Höfe sind, da waren so Metallpoller, wo man die Boote festmacht. Und da haben wir gesessen, haben 'ne Zigarette geraucht, gequatscht und dann kommt so ein kleiner, garstiger Hausmeister angeschossen und brüllt uns an, er holt jetzt den Hund und er hat die Schnauze voll und dieses Gesindel, ihr linkes Gesindel! Dabei haben wir nur geredet und in der Sonne gesessen und auf die Mauer geguckt. Die Spree war ja bis zur Hälfte Westen, da waren keine Poller, aber da sind immer die Boote patrouilliert und drüben war die Mauer. Der Typ rennt auf mich zu: »Ich schmeiß' dich jetzt ins Wasser, du Schlampe!« Aber so aus dem Stand, wir hatten wirklich nichts gemacht. Wenn ich sauer bin, bin ich auch richtig sauer. Ich bin auf den zu und hab dem »patz!« die Kippe aus dem Mund gehauen. Hab den genommen, hab dem den Arm umgedreht und da stand zufällig eine Tonne mit Wasser und hab' den mit dem Kopf ins Wasser gedrückt. Ich meine, der wollte mich in die Spree schmeißen! Meine Freundin kam dann an und meinte: »Jutta, ich glaub, du kannst den mal loslassen.« Da war ich selber erschrocken über das, was ich so kann. Das war ja nicht geplant. Und dann gucke ich aufs Wasser und da stehen die Vopos auf dem Boot, und alle haben applaudiert! Ich habe Standing Ovations bekommen und dann habe ich mich auch noch verbeugt und dann sind wir abgehauen. Die fanden das jedenfalls super, dass ich den da so gestoppt habe. Aber so was, ja, das ist mir ständig passiert. Mein Bruder und ich, wir sitzen vor einem Haus im Westend. Ein Freund von mir wohnte da, und wir haben auf den gewartet. Das war so ein fünfziger Jahre Bau. Die Abgrenzung zum Garten war nur so eine Bordsteinkante. Da haben wir gesessen und gewartet. Und dann kommt von hinten der Hausmeister, der hatte einen hochroten Kopf und hatte anscheinend gerade die Glühbirnen ausgetauscht und hatte eine ganze Tüte voller Glühbirnen dabei und fängt an, uns anzuschreien und so »bam, bam!« uns diese Tüte mit Glühbirnen um die Ohren zu hauen. Ohne Scheiß. Das hat nicht wehgetan, aber mein Bruder steht auf, ganz ruhig, geht um den rum und nimmt den in den Schwitzkasten bis der ganz ruhig wurde. Dann hat der den wieder losgelassen. Aber da hatten diese ganzen Wilmersdorfer Witwen um uns herum schon die Polizei gerufen. So kamen wir wegen der Sache vor Gericht. Aber das war lustig. Da kam der Hausmeister am Gerichtstag rein, das war wie ein Theaterstück von der Linie 1, mit so einem ganzen Haufen Wilmersdorfer Witwen, und Olaf und ich sitzen da, gucken den nur an und dachten: »Das war's jetzt!« Aber dann meinte der Richter: »So, danke, es reicht. Sie können gehen, wir brauchen Sie als Zeugen nicht.« – »Ja, was? Und dieses linke Gesocks…?« Dann sind die wieder raus, und der Richter hat uns freigesprochen. Der hat gesagt, das ist eine Lappalie. Wir hatten ja auch nichts gemacht. Wir waren halt, naja, was heißt Punks? Wir hatten Lederklamotten an, Turnschuhe, vielleicht auch mal bunte Haare. Wir waren der ausgemachte Feind für die. Dabei war ich weder im linken noch im rechten Block, nichts. Ich konnte diese ganzen linken Spießer genauso wenig leiden, die so ihre unumstrittene Meinung zum Beispiel über die Polizei hatten. Ich bin mit den Bullen großgeworden, und klar kann man das eine und andere behaupten, aber es ist nicht alles schwarz und weiß. Dagegen habe ich mich schon immer gewehrt. Wir waren einfach nur Jugendliche.

Berlin war damals echt toll. Die Botschaften am Tiergarten zum Beispiel, die standen ja alle leer. Da sind wir auch einmal rein. Ich weiß nicht mehr, welche Botschaft das war. Da war eine Tür mit einem Metallgitter und in der Mitte, da fehlte ein Teil. Damals galt bei uns die Regel: »Passt der Kopf, passt der Rest auch durch.« Ich mich also da durchgepresst und habe mir das Haus angeguckt. Oben waren noch Aktenordner und alte Schreibmaschinen. Plötzlich kommt der Hausmeister, irgendwann kommt ja immer ein Hausmeister, und der kriegte sich überhaupt nicht mehr ein. Der war vor allen Dingen entsetzt. Er brüllte nur: »Das kann nicht sein, das kann nicht sein. Ich habe jede Lücke in diesem Haus zugemacht. Jedes verdammte Loch. Du zeigst mir auf der Stelle, wie du reingekommen bist!« Ich mit ihm also zur Eingangstür: »Da!« – »Du lügst. Das glaube ich dir nicht.« – »Doch ich bin da reingekommen.« – »Mach's vor!« Ich dachte nur: »Das ist meine Chance.« Also Kopf durch, den Rest durchgequetscht, bin wieder raus, hab ihm noch den Mittelfinger gezeigt und bin weggerannt.

Ich hatte nach der Schule ein Beratungsgespräch beim Arbeitsamt. Die Gänge waren leer. »Ja, werden Sie doch Verkäuferin oder so!« Ich bin voll sauer geworden, bin aufgestanden, hab die angebrüllt: »Ich werd' Goldschmied oder ich werd' gar nichts!«, Tür zugeknallt und weg, und dann habe ich geheult. Ich war ja gar nicht so, ich wollte halt unbedingt Goldschmied werden. Aber da hat keiner gesagt: »Bewirb dich doch mal da oder dort oder...«, nichts. Alles, was außerhalb von Berlin war, war irgendwie nicht erreichbar. Aber ich hatte Glück. Da saß ich dann völlig frustriert und heulend in meiner Lieblingsbar, der Schneebar an der Hauptstraße, und neben mir sitzt eine Frau und erzählt, sie ist Friseusin und ist nach Berlin gekommen, um Goldschmiedin zu werden. Ich dachte mir sofort: »Blöde Kuh. Was denkt die sich?« Ich hatte ungefähr vierzig Bewerbungen geschrieben, aber es war nichts zu machen. Und der zweite Satz, den sie gesagt hat, ja, sie könnte ja in Hanau Goldschmied werden, aber da will sie nicht hin. Und ich sofort auf nett umgeschaltet: »Was willst du trinken?« Ich hab die abgefüllt und noch morgens um vier, da habe ich die gezwungen, mich mit zu ihr nach Hause zu nehmen, damit sie mir die Unterlagen von der Schule gibt. »Wir gehen jetzt zu dir nach Hause, und ich kriege die Unterlagen von dieser Schule.« Dann habe ich mich da beworben. Hatte ich wieder Glück, weil es musste eigentlich per Express raus und ich hatte kein Geld, und die Frau im Zeitungsladen hat mir das Porto geschenkt, damit ich mich noch bewerben konnte, weil zwei Tage später war Bewerbungsschluss. Und dann bin ich das erste Mal in meinem Leben allein nach Westdeutschland gefahren. Ich hatte mir keine Chancen ausgemalt. Aber dann. Da waren wir gerade in Österreich Skilaufen, war ein total schöner, sonniger Tag und wir waren früh am Start, Mama und ich. Und es gab Neuschnee. Das ist einer der sensationellsten Momente, wenn du Ski läufst. Und bevor wir auf die Piste sind, hat der Freund von meiner Mama angerufen und gesagt, dass ich angenommen worden bin. Da bin ich den ganzen Tag in diesem stahlblauen Himmel, mit diesem tollen Firnisschnee, knirsch, knirsch, knirsch. Das war ein toller Tag. Da hat mal was geklappt.

Mein Bruder und ein Freund von ihm, Dimitri, haben mich nach Hanau gebracht in einer alten Ente, um meine Sachen dahin zu bringen. Aber ich musste dann nochmal zurück nach Berlin. Wir fahren also durch den Osten und kommen an eine Tankstelle, Intershop. Und da ist keiner. Und dann haben wir irgendwie den Intershop beklaut. Wir haben Schnaps, Zigaretten, Kaffee, alles ins Auto rein und weitergefahren. Dimitri, der gefahren ist, war dann betrunken. Der hat sich den ganzen Schnaps reingeknallt. Der konnte nicht mehr Autofahren. Und Olaf und ich hatten keinen Führerschein. Keine Ahnung. Dann lag jedenfalls der besoffene Dimitri auf der Rückbank und da meine ich: »Ja, Olaf, was sollen wir machen? Wir sind mitten im Osten. Wir haben denen gerade Zigaretten geklaut. Lass uns mal abhauen! Was war das überhaupt für eine scheiß Idee?« Dann haben wir erstmal Fahrübungen auf dem Parkplatz gemacht. Das ging nicht. Ich bin mit dieser Schaltung nicht klargekommen. Dann haben wir getauscht, und Olaf hat das probiert. Der ist mit der Schaltung klar gekommen, aber der konnte irgendwie nicht fahren. »Wir machen das jetzt so, ich fahre, du schaltest.« Ich meine, das war ja nicht so eine Autobahn, wie man sie sich heute vorstellt. Das war mitten in der Nacht. Und nachts sind da keine Autos gefahren. Nichts. Die war leer, die Autobahn. Wir so unsere ersten Fahrprüfung gemacht: »Olaf, ich trete die Kupplung, schalten!« Und dann war aber vor uns ein LKW, der fuhr wahrscheinlich höchstens sechzig und unsere Ente, mein Gott, was fährt die Spitze? Achtzig? Keine Ahnung. »Olaf, wir müssen den jetzt überholen.« – »Okay.« Überholmanöver. Das war tatsächlich der längste LKW, den ich je in meinem Leben überholt habe. Mein Gott. Wir sind weitergefahren und haben's, also bis zur Grenze geschafft. Da war Dimitri wieder ein bisschen nüchtern. Aber dann war die Grenze zu. Die war einfach zu. Kein Haus offen, nix. Man konnte nicht rüber. Da saßen wir also fest. Und dann war uns irgendwie langweilig. Und ich glaube, Dimitri sagte: »Wenn man das schafft, von innen so doll zu wackeln, dass eine Ente umkippt, kriegt man eine neue von Citroën.« – »Quatsch.« – »Doch.« – »Ok, wir probieren das.« Und dann sind wir zu dritt, »alle nach links«, bam, »alle nach rechts«, bam. Und das haben wir eine ganze Weile gemacht. Und das hat auch echt gut geknirscht. Und manchmal hatte ich das Gefühl, die Ente würde umkippen. Wir hatten völlig vergessen, wo wir sind. Jedenfalls ging auf einmal klack klack klack, das Licht an der Grenze wieder an und dann kamen auch irgendwann die Grenzer rüber und das Auto war natürlich von innen beschlagen und dann standen die auf einmal alle um unser Auto rum. Und das Verrückte war, die hatten das in keiner Schublade. Die wussten nicht, wie sie sich verhalten sollen. Was sollen sie machen, wenn ein kleines hellblaues Auto vor ihrem Häuschen wie verrückt wackelt? Da haben wir dann aufgehört und: »Oh, Fenster und alles beschlagen.« Und dann konnten die mit uns echt nichts anfangen und wir sind durchgekommen. In der Nacht ist meine Oma gestorben. Da war ich sozusagen pünktlich wieder in Berlin. Zurück nach Hanau bin ich dann wieder getrampt. Das war auch lustig. Ein Freund von mir, Olaf, hatte einen Plattenladen im Wedding. Der hatte auch eine Band, die fanden wir ganz toll, »Olaf und die Untermieter«. Ich trampe also, der Typ, der mich mitnahm war ein Bulle, der war voll nett. Und im Radio lief eine Sendung, da wurde immer aus verschiedenen Plattenläden gesendet und Musik aufgelegt. Und als ich aus Berlin rausfuhr, war an dem Tag auf dem Sender ausgerechnet Olaf und sein Plattenladen und hat Musik aufgelegt. Ich habe Rotz und Wasser geheult. Das war für mich schon krass, aus Berlin rauszugehen. Mich konnte in Hanau am Anfang auch keiner leiden. Ich war halt aggressiv. Das hat wochenlang gedauert, bis ich gemerkt habe, ich kann da ganz entspannt durch die Straßen gehen. Ich habe dann geschnallt, warum die mich nicht leiden konnten. Ich hatte immer einen engen schwarzen Lederrock hat, Motorradjacke, Stiefel mit hohen Absätzen und war immer irgendwie angespannt. Das hat wochenlang gedauert, bis ich gemerkt habe: »Ey, hier will dir ja gar keiner was.«

www.berlinerkindheiten.de/1966-jutta-haase/

# »Schokoladenkind«
## Abini Herzberg (*1967), Lichtenberg

*Als ich Abini Herzberg mein Vorhaben erklärte, sie zu ihrer Kindheit zu befragen, sagte sie nur »Find ick jut, das machen wir!« Und so war auch unser Gespräch, direkt und herzlich. Ich traf sie in ihrer Wohnung in einem Ostberliner Hochhaus. »Mein ganzes Leben dreht sich um meine Mamel!«, sagte sie gleich zu Beginn. Ihre Mutter erzog sie von kleinauf dazu, kritisch zu sein und sich nicht alles gefallen zu lassen. »Wenn ich ein Problem habe und denke, es hat mit der Hautfarbe zu tun, soll ich scharf nachdenken und erstmal alles andere kategorisch ausschließen. Und wenn es dann wirklich etwas mit der Hautfarbe zu tun hat, dann soll ich ihm zwischen die Beine treten. Das musste ich aber nicht oft machen.«*

Mein Vater kam aus Nigeria, er war da Kommunist, ist in den Untergrund gegangen, musste fliehen und ist in Moskau gelandet. Dort war er ein Jahr an der Parteihochschule Wladimir Iljitsch Lenin und ist dann nach Leipzig gegangen und hat dort Journalistik studiert an der Karl-Marx-Universität. Meine Mamel ist mit ihrer Familie 1937 ins Exil geflohen und hat zwölf Jahre in China gelebt, bevor sie 1950 wieder zurückgekommen ist nach Ost-Berlin. Nicht, weil sie in den Osten wollte, sondern weil Pankow und Lichtenberg ihre Heimat waren. Meine Mam hat dann als Dolmetscherin für Englisch und Chinesisch gearbeitet. Mein Vater war sehr enttäuscht von der DDR und ist Mitte der Siebziger ausgewandert nach London. Er war überzeugter Kommunist, aber er hat auch gesagt: »Sozialismus funktioniert nicht, solange Menschen daran beteiligt sind«. Da hat er recht gehabt. So bin ich mit meiner Mama alleine groß geworden. Aber ich habe auch noch sehr viele Halbgeschwister – väterlicherseits. Ich habe das mal recherchiert und bin – mit denen in Nigeria – auf so zwanzig Halbgeschwister gestoßen. Ich habe später mal in die Stasi-Akte von meinem Papa geschaut. Da habe ich mitgekriegt, dass die Stasi überhaupt nichts mitgekriegt hat. Selbst meine Mutter wusste von den zwei Halbgeschwistern, zumindest in Deutschland. Die Stasi wusste nix. Das fand ich doch ziemlich schwach von denen.

Mein ganzes Leben dreht sich um meine Mamel. Sie war für mich ein ganz wichtiger Bezugspunkt. Sie war auch so wie jüdische Mamels eben sind: schnell besorgt, schnell aufgeregt, in kleinen Dingen sehr, sehr hektisch und in großen Dingen total gelassen. Wenn große Entscheidungen anstanden, war meine Mamel die Coolste, wirklich. Sie hat mich vom ersten Moment an geliebt, als ich auf die Welt gekommen bin – und das hat sie bis zum Schluss gemacht. Sie war immer für mich da und hat mir immer gezeigt, wie lieb sie mich hat. Ich musste dafür gar nichts tun. Ich musste einfach nur geboren sein. Wir hatten eine 37-Quadratmeter-Wohnung, eineinhalb Zimmer. Das halbe Zimmer war meins, meine Mama hat im Wohnzimmer gewohnt. Wir lebten nicht gerade auf großem Fuß, aber das ist mir damals nicht aufgefallen. Lichtenberg war kein supercharmantes Viertel, eigentlich war das eine Arbeitergegend, in der auch einige Intellektuelle und Künstler wohnten. Vielleicht ist Lichtenberg auch immer falsch eingeschätzt, unterschätzt worden.

Zur Schule gegangen bin ich in die Horst-Viedt-Oberschule, die war am Bahnhof Lichtenberg. Ich hatte immer eine sehr heisere Stimme, ich war so ein kleiner Haudegen. Ich war zwar auch sehr mädchenhaft, weil ich im Ballett war, aber in meiner Klasse musste man sich durchsetzen, da wäre man mit besonders mädchenhaft und sensibel nicht weit gekommen. Wir waren wirklich eine ziemlich verschärfte Schule gewesen. So armeehaft. Wir mussten bis zur dritten Klasse im Kreis laufen in der Hofpause. Wir durften nicht einfach so rumstehen, damit keine Schneeballschlachten entstehen. Unsere Schule wurde fünf Minuten vor acht abgeschlossen, weil man fünf vor acht in der Schule zu sein hatte. Der Unterricht begann um acht, und wenn man vier Minuten vor acht da war, dann kam man erst fünf Minuten nach acht rein – damit man richtig zu spät kam. Wir durften keine Plastiktüten tragen. Wir wurden nach Hause geschickt, wenn der Radiergummi mit Kugelschreiber beschmiert war, dann mussten wir nach Hause gehen und den waschen. Und der Lehrer hat auch darauf geachtet, dass wir wirklich nach Hause gehen. Wir durften keine Turnschuhe tragen. Wir mussten zum Essen anstehen in einer Schlange, und wenn jemand nicht richtig in der Schlange stand, kam die ganze Klasse nicht rein. Da wurde so ein Gruppenzwang aufgebaut, dass die ganze Klasse auf denjenigen sauer war, weil der ein bisschen seitwärts stand. Diese Schule war krank, richtig krank, und so waren wir Kinder dann auch, und da wär' ich mit mädchenhaft nicht sehr weit gekommen. Ich kam aus einer besonderen Familie, und ich hatte diese andere Hautfarbe – und ich hatte eine Mutter, die Jüdin war. Und wenn man weiß, dass die ganze Familie meiner Mutter vernichtet wurde in Auschwitz, dann prägt das einen. Und da sieht man die Leute ein bisschen distanzierter.

*Sie haben also schon früh eine unabhängige Sichtweise entwickelt?*
Die habe ich mit der Muttermilch aufgesogen. Meine Mamel, die hat die ganze Welt gesehen, die war aufgeklärt – und die hat immer über den Tellerrand geschaut. Sie hatte ja auch kein Problem, einen schwarzen Mann zu haben, was in der DDR auch nicht einfach so toleriert wurde. Das hat meiner Mutter überhaupt nichts ausgemacht, was die anderen Menschen sagen. Ihr war wichtig, womit sie gut leben kann. Fühlt sie sich dabei gut? Dann ist die Antwort die Entscheidung. Das hat sie mir mitgegeben. Mein Leben war schön und meine Mamel hat auch alles dafür getan, dass mein Leben schön war. Als Jugendliche hatte ich auch erst mal andere Sachen im Kopf als Politik. Aber als ich politisch wurde, in dem Moment wurde es dann auch unangenehm. Solange ich unpolitisch war in der DDR, war nichts. Ich habe zwar nicht die Ausbildung bekommen, die ich wollte – weil mein Vater aus dem nichtsozialistischen Ausland kam. Obwohl mein Vater ein überzeugterer Kommunist war als viele andere. Mein Vater ist kurz nach den Weltfestspielen, die waren 1973, nach London gegangen. Später kam mein Vater mich immer wieder mal besuchen, bis er dann auch nicht mehr einreisen durfte. Meine Mamel hatte ein entspanntes Verhältnis zu ihm. Sie war zehn Jahre älter als mein Vater und hat gewusst, dass sie nicht die einzige Frau für ihn sein wird. Auch als ich ihr das mit den ganzen Halbgeschwistern mal vorgelesen habe, hat meine Mama gesagt: »Aber Abini, warum soll ich denn auf deinen Papa böse sein? Ich habe doch dich!« Großartig, oder? Mein Vater ist 1986 in London gestorben. Als er im Sterben lag, durfte ich ihn nicht besuchen. Ich durfte zwar im selben Jahr zu meiner Tante nach West-Berlin fahren, man hat ja zu jeder Gelegenheit bei den Behörden einen Antrag auf eine Reise in den Westen eingereicht. Bei meiner Tante hat es auch geklappt. Aber bei meinem

Vater, wo es mir wirklich wichtig gewesen war, wo ich wusste, dass er im Sterben liegt – da hat mich die DDR nicht gelassen. Das war eine starke Zäsur für mich.

Für mich war Hautfarbe nie ein Thema. Wenn die Hautfarbe ein Thema ist, dann immer eines, das von den anderen thematisiert wird. Für mich ist klar, dass ich mich immer zu meiner Hautfarbe verhalten muss, auch wenn ich es gar nicht will. Es waren oft so Kleinigkeiten: Etwa, dass mir die Leute immer ungefragt in die Haare gegriffen haben. Und da war meine Mamel zum Beispiel sehr cool. Die hat mich dann beim Bäcker auf den Arm genommen und gesagt: »So, jetzt kannst du der Tante auch mal in die Haare greifen!« Das hab ich auch gemacht, weil meine Mama es ja gesagt hat. Aber dann wussten die Tanten auch, dass man das einfach nicht macht. Jedenfalls alle Frauen, denen ich in die Haare gefasst habe, merkten auf einmal, wie übergriffig eigentlich ihre Aktion war. Ja, man musste schon ein bisschen durchsetzungsstark sein, sonst war man ja auch Opfer. Bei Kindern war man ja auch Opfer, wenn man dick war oder eine Brille getragen hat oder sonst was. Und deswegen möchte ich nicht immer alles auf die Hautfarbe reduzieren. Das hat mir auch meine Mamel beigebracht: Wenn ich ein Problem habe und denke, es hat mit der Hautfarbe zu tun, soll ich nochmal scharf nachdenken und erst mal alles andere kategorisch ausschließen. Wenn es am Ende dann wirklich mit der Hautfarbe zu tun hat – dann soll ich Anlauf nehmen und zwischen die Beine treten. Das musste ich aber nicht oft machen. Ich habe mir halt nichts gefallen lassen.

Ich bin mal richtig rassistisch beleidigt worden. Irgendwann. Ich bin zur Polizei gegangen und wollte eine Anzeige machen. Das war nicht möglich, und deswegen sind auch so wenig rassistische Vorfälle in der DDR erfasst, weil die Anzeigen gar nicht aufgenommen wurden. In der Schule wurde auch alles runtergespielt. Einmal sollte ich eine Fünf bekommen, und da ist meine Mutter zur Direktorin gegangen und hat gesagt: »Binchen, du wartest jetzt hier draußen, Mama macht das!« Ich stand draußen und hörte, wie meine Mutter sagte: »Ich bestehe darauf, dass meine Tochter die Fünf bekommt!« Und ich dachte: »Hä? Mamel ist doch hier, damit ich die Fünf eben nicht bekomme!« Dann hat sie die Tür zugemacht, hat mich an die Hand genommen und hat mir so zugezwinkert. Und draußen hat sie mir erklärt, »... deine Direktorin würde nie im Leben machen, was ich ihr sage, im Leben nicht!« Und ich habe die Fünf wirklich nicht bekommen. Weil meine Mamel drauf bestanden hat. So war meine Mamel. Sie hätte wirklich ihr letztes Hemd für mich gegeben. Wirklich. Sie hat mir immer alles besorgt, Jeans und was ich alles haben wollte – ich bekam es. Aber wenn ein Westpäckchen mit Schokolade kam, hat Mamel immer gesagt: »Binchen, das schmeckt dir nicht. Das brauchst du gar nicht probieren.« Sie war vernarrt in Schokolade. Und so habe ich überhaupt nie gelernt, Schokolade gut zu finden. Ich esse bis heute keine Schokolade.

*Wann ist Ihre Mutter gestorben?*
Vor ein paar Jahren. Da war sie 87. Das war sehr traurig, und ich bin immer noch nicht drüber weg und ich will auch gar nicht mehr drüber wegkommen. Weil ich mir einfach sage: Mamel hat wirklich tiefe Spuren hinterlassen, wieso soll ich die zudecken, um drüber wegzukommen? Ich will das würdigen, diese tiefen Spuren. Und deswegen ist es auch okay, dass ich immer noch traurig bin. Am Anfang wollte man sich so zusammenreißen, aber wofür denn? Das ist doch toll, wenn jemand solche Spuren hinterlässt! Ich wäre gerne ein Mensch, der auch mal solche Spuren hinterlässt. Mir tut es nur leid für diejenigen, die zurückbleiben und dann diese Wunden haben. Es gibt ein großartiges Gedicht von Mascha Kaleko. »Den eigenen Tod, den stirbt man nur. Den Tod der anderen muss man leben.« Und das ist genau die Herausforderung: Man selber ist ja nicht so wichtig. Aber wenn andere, die man so liebgehabt hat, sterben – damit zu leben, ist schwer.

www.berlinerkindheiten.de/1967-andreas-abini/

# »Auch Deutsche«
## Dang (*1970)

*Das Interview mit Dang erscheint nur hier im Buch und nicht auf der Internetseite. Das liegt daran, dass Dang nicht will, dass ihre Verwandten in Vietnam möglicherweise Ärger kriegen. »Ich will nicht, dass die Leute wissen, wer ich bin. Aber ich will erzählen, was ich erlebt habe. Mein Name ist Dang, ich bin in Saigon geboren. Aber seit 1975 war unsere Heimat nicht mehr frei und 1980 haben mein Vati, mein Bruder und ich versucht, mit einem Schiff in die Freiheit zu kommen.«*

Ich war gerade zehn Jahre alt geworden, da sind wir von Süd-Saigon aus auf ein Boot gegangen. Das war sehr klein, und damit haben wir versucht nach Thailand in die Freiheit zu kommen. Auf dem Boot waren insgesamt 99 Personen. Meine Mama hatte mir kurze Haare geschnitten, damit ich nicht wie ein Mädchen aussehe, sie hatte Angst, dass wir in die Hände von Piraten fallen und mir etwas passieren könnte. Viele Mädchen und Frauen wurden vergewaltigt. Und das hat geholfen, ich sah aus wie ein Junge, ich hatte Klamotten von meinem Bruder an. So sind wir vier Tage auf dem Schiff gewesen. Furchtbar. Richtig furchtbar. Sowas habe ich nie wieder erlebt. Wir hatten kein Wasser und kein Essen mehr und wir schaukelten immer hin und her und dann kamen Piraten. Das erste Mal wollten sie nur Essen und Getränke. Dann wollten sie unsere Wertsachen, durchsuchten das Boot und nahmen uns alles weg. In meinem Boot waren auch zwei Cousinen von mir, die haben sie mitgenommen, einfach weggenommen auf das andere Schiff und dort vergewaltigt. Eine Cousine von mir wurde fünfmal vergewaltigt. Meine ältere Cousine wurde direkt bei uns auf dem Schiff auf dem Dach vergewaltigt. Sie hat versucht sich umzubringen, sie wollte nicht mehr und ist ins Wasser gesprungen, aber sie haben sie zurückgeholt und weiter gemacht. Es war furchtbar! Das habe ich alles miterlebt. Das haben wir gemacht wegen der Freiheit. Das werde ich niemals vergessen.

Irgendwann haben sie uns endlich verlassen, aber dann kamen andere Piraten. Diese Piraten haben uns die Maschine weggenommen, den Motor. Wir hatten keinen Motor mehr an Bord. Wir wussten nicht, was machen wir jetzt? Wir sind einfach nur noch getrieben. In der nächsten Nacht dachten wir schon, jetzt ist alles vorbei, wir hatten Durst und Hunger und keine Hoffnung mehr und alle schliefen ein. Ich wurde wach von lautem Geschrei. Da kam ein anderes Piratenschiff, und das hatte einen Kapitän und dieser Kapitän hat uns geholfen! Er hat uns richtig geholfen. Er hat unser Schiff mitgenommen und versucht mit uns zu landen. Wir fragten ihn: »Warum hast du uns geholfen?« Und er hat gesagt: »Ich war Soldat im Vietnamkrieg.« Er wurde da verwundet, und unsere Landsleute haben ihn unterstützt und gepflegt, bis er wieder gesund war und ihm geholfen, nach Thailand zurückzukehren. Seitdem half er allen vietnamesischen Flüchtlingen. Das war ein Glück! Er hat uns geholfen, bis wir nach Thailand kamen. So haben wir überlebt. Alle haben überlebt. So ist es gewesen und so sind wir nach Thailand gekommen, und dort waren wir ein Jahr lang in einem Lager.

1979 ist mein Bruder als erster nach Deutschland gekommen. Der war auch im Lager und ist mit der Cap Anamur nach Berlin gekommen. Ich bin mit meinem Vater später nachgekommen. Mein Bruder hatte beantragt, dass ich und meine Eltern nachreisen durften. Darum bin ich heute in Berlin. Wir sind mit dem Flugzeug direkt von Bangkok nach Berlin geflogen, da war ich elf Jahre, im März 1981, und kam für ein Jahr ins Lager.

Das Leben im Lager war mal so, mal so. Wir konnten Sprachen lernen, Französisch oder Englisch. Weil nur Franzosen oder Amerikaner da waren, Deutsch gab es nicht, obwohl wir gerne Deutsch lernen wollten. Eine Französin war da, die konnte Deutsch und hat uns ein paar Worte beigebracht, so habe ich schon ein wenig Deutsch im Lager gelernt. Aber ich konnte nur zählen und »Guten Morgen« und »Guten Tag« sagen. Sonst konnten wir nichts in dem Lager machen, es war sehr langweilig. Es gab nur wenig zu essen, den Rest haben wir so organisiert oder Verwandte gebeten, Geld zu schicken. Mein Vater, mein Bruder und ich waren da. Mit meiner Mutter hatten wir Kontakt nach Saigon, aber sie ist erst acht Monate später geflüchtet und ist auch zu uns in das Lager gekommen.

Es ist ein bisschen schwierig zu erklären, wie die Situation vorher in Vietnam war. Wir sind geflohen, weil wir frei sein wollten. Ich war noch sehr klein, ich weiß noch, meine Mutter hatte immer Rucksäcke vorbereitet mit Essen und Trinken und sie sagte zu mir, wenn etwas passiert, dann nehmt ihr die Rucksäcke und versteckt euch. Ich hatte davor große Angst. Ich war die Jüngste zuhause und ich sagte immer: »Mama, Mama, ich möchte nicht, dass das passiert!« Ich habe zweimal Sachen erlebt, die so passiert sind, und ich möchte nicht, dass Krieg oder Gewalt passiert. Ich glaube, es ging einfach um Freiheit. Ich möchte auch nicht mehr in einem Land leben, wo ich mich nicht sicher fühle. Ich möchte in Freiheit leben.

Mein Vater war Soldat, und meine Mutter hatte ein Geschäft, uns ging es gut. Aber seit 1975 hat meine Mutter angefangen, Geld zu verstecken. Sie haben uns zwei Häuser weggenommen. Wir wissen nicht warum, und meine Mutter hatte sich damals versteckt, sie wollten sie auch verhaften, weil sie ein Goldgeschäft hatte. So hat sie versucht zu flüchten, zuerst nach Saigon und 1980 raus aus Vietnam.

Mein erster Tag in Berlin, da habe ich Schnee gesehen! Das war wunderschön, die Flocken. Ich bin direkt in die Schule gekommen, in die fünfte Klasse. Ich konnte kein Deutsch und habe nichts verstanden, aber ich bin direkt mit auf die Klassenfahrt gefahren, das war schön, wir sind an die Nordsee gefahren. Wir haben uns mit Handzeichen verständigt. Ich habe versucht, Deutsch zu lernen, aber das war wirklich schwer. Ich habe geheult und geheult und versucht und versucht und habe gesagt: »Wie kann man das nur schaffen?!« Ich habe mir wirklich Mühe gegeben und habe gelernt, und es sind auch Klassenkameradinnen zu mir nach Hause gekommen und haben mir geholfen. Ich habe heute noch eine beste Freundin, mit der ich immer noch Kontakt habe, eine Deutsche, die ist mit mir zur Schule gegangen und die war jedes Wochenende bei mir. Das war wunderschön, und das finde ich bis heute ganz toll!

Bis ich geheiratet habe, habe ich mit meinen Eltern zusammen gewohnt, wir wohnen heute noch ganz bei ihnen in der Nähe. Ich muss meine Eltern unterstützen, denn die können kein Deutsch, sind jetzt alt und brauchen Hilfe. Mein Vati hat in Deutschland ganz verschiedene Sachen gemacht. Der war ein paar Jahre im Gartenbau und in Küchen hat er gearbeitet. Meine Mutter hat, als sie hierher kam, sie kam ja ein Jahr später alleine her auf einem Schiff und der Kapitän des Schiffes wurde direkt vor ihren Augen erschossen, der stand direkt neben ihr. Seitdem ist sie nicht mehr sehr stabil, sie hat schwere Depressionen und das über viele Jahre. Mein Bruder und ich haben alles versucht ihr zu helfen, aber es hat über 25 Jahre gedauert, bis sich das gebessert hatte. Meine Mama hat das alles für ihre Kinder gemacht. Aber in Berlin hatte sie wenig Kontakt mit anderen Leuten, sie spricht die Sprache nicht und lebt nur in ihrer Familie. Zum Glück haben wir noch eine Kirchengemeinde in Berlin, wir sind Katholiken. Und da gehen unsere Landsleute hin, und da geht auch meine Mama hin und seitdem ist es besser geworden. Da ist ihre Heimat. Da ist sie auch Mitglied in einem Seniorenclub, das hat ihr wirklich sehr geholfen.

Ich bin in Spandau zur Schule gegangen seit 1981, wir sind 1984 nach Tiergarten umgezogen, ich habe aber in Spandau noch meine zehnte Klasse fertiggemacht. Ich wollte eine Ausbildung machen und habe sooo viele Bewerbungsschreiben gemacht, aber als ich Abschluss gemacht habe, da hatte ich noch keinen deutschen Pass. Ich weiß noch, ich habe an eine Stelle eine Bewerbung geschrieben und kriegte als Antwort einen Brief zurück mit dem Stempel: »Keine Ausländer!« Das hat mein Klassenlehrer mitbekommen und verstand es auch nicht. Ich war die einzige Vietnamesin in meiner Klasse, der Rest waren alles Deutsche. Ich habe viele Bewerbungen geschrieben und vielleicht achtzig Prozent kamen zurück mit dem Stempel »Keine Ausländer!« Irgendwann hatte ich keine Geduld mehr. Ich hing nach der zehnten Klasse zwei Monate in der Luft und konnte nichts machen. Da bin ich zum Arbeitsamt, um irgendeine Stelle zu bekommen und habe zwei Jahre als ABM in einem Kindergarten gearbeitet. Schließlich habe ich über eine Arbeitsvermittlung eine richtige Stellung in einem städtischen Betrieb bekommen. Da arbeite ich jetzt seit 28 Jahren.

Meine Heimat ist hier, ich lebe seit vierzig Jahren in Deutschland. Ich habe Vietnam mit zehn Jahren verlassen. Seit vierzig Jahren bin ich schon in Deutschland. Das ist doch wie meine Heimat? Ich habe einen Job und habe nette Menschen kennengelernt. In meiner Abteilung bin ich die einzige Vietnamesin, aber ich habe schon lange einen deutschen Pass. Mit meinen Eltern spreche ich nur vietnamesisch, auf der Arbeit spreche ich nur Deutsch. Ich finde Deutsch ist schwer, aber Vietnamesisch ist noch schwerer. Meiner Kultur nach, bin ich eine Vietnamesin, meine Muttersprache ist Vietnamesisch, aber ich bin vor allem hier aufgewachsen und lebe hier genau wie die Deutschen. Ich bin also auch eine Deutsche.

## »Auf eigenen Füßen«
### Gülay Baπgöl (*1971), Neukölln, Sonnenallee

*Gülay Başgöl wuchs in der Sonnenallee in Neukölln auf.* »*Ich komme aus einer türkischen Familie, als ich ausziehen wollte, war das ein großes Drama! Da kann man nicht einfach ausziehen, ohne geheiratet zu haben. Ich habe zu meinem Vater gesagt:* >Nö. Ich brauche keinen neuen Vormund! Ich will eigenständig sein und auf eigenen Füßen stehen. Am liebsten mit deiner Hilfe!< *Da hat mein Vater gesagt:* >Kommt nicht in die Tüte! Du weißt, bei uns Türken ist das nicht angesehen!< *Da habe ich gesagt:* >Dann ist es jetzt an der Zeit zu zeigen, dass Frauen auf eigenen Füßen stehen können, ohne verheiratet zu sein.<«

Für mich war Heirat immer ganz weit weg. Für mich war es wichtig, dass ich aus diesen Wurzeln rauskomme. In der türkischen Gesellschaft ist es so, dass du immer in der Kollektivität bist, dass du als individueller Mensch gar nicht gesehen wirst, sondern in der Gesellschaft wirklich deinen Platz hast, wie die es möchten, wie die Männer es möchten. Mein Bruder hat mir sehr dabei geholfen und hat gesagt: »Wenn du jetzt kämpfst, dann stehe ich hinter dir, und dann bringe ich ihm das nochmal bei.« Ich habe meinem Vater gesagt, dass ich nicht am Heiraten interessiert bin, dass ich erst einmal gucken will, was ich bin, weil ich weiß nicht, was ich bin. Bin ich türkisch? Bin ich deutsch? Bin ich Berliner? Was bin ich überhaupt? Und ich habe gemerkt, ich bin von allem etwas. Ich habe türkische Wurzeln, aber ich fühle mich als Berlinerin und habe zwar den deutschen Pass, aber ich kann nicht sagen, dass ich deutsch bin. Ich bin wirklich Berlinerin, gebürtige Berlinerin mit Ursprung Türkisch.

Mein Vater ist 1968 als Gastarbeiter gekommen, meine Mutter ein Jahr später. Mein Vater war sehr streng. Sehr diszipliniert. Er mochte diese deutsche Disziplin, aufstehen, machen und pünktlich und zuverlässig sein. Darauf stand er total, und das hat er uns auch beigebracht. Meine Eltern haben beide sehr viel gearbeitet. Wir waren darum schon früh selbstständig, mussten selbstständig sein. Meine älteren Geschwister waren in der Schule, meine ältere Schwester ist neun und mein Bruder zwölf Jahre älter als ich. Ich war viel alleine zuhause. Als ich fünf war, kam noch meine jüngere Schwester dazu, ab da waren wir zu zweit zuhause. Ich muss sagen, dass ich, als ich irgendwann erwachsen war, gar nicht mehr zuhause, nur noch draußen sein wollte mit Leuten, immer in Gesellschaft. Da kam gerade diese Kaffeehauskultur auf und wir tranken Milchkaffee in dieser Schale und sind von Café zu Café und fanden das total gut. Mein Vater hat das nicht verstanden: »Was gebt ihr so viel Geld für Cafés aus, wenn ihr zu Hause sitzen könnt.« »Nee, eben nicht. Das ist so langweilig, lass uns. Wir wollen draußen sein.«

Fahrrad fahren war für mich immer Freiheit. Einfach durch die Straßen fahren und wenn ich Sorgen hatte, waren die irgendwie weg durch den Wind. Ich habe dann geträumt, ich kann am besten auf dem Fahrrad träumen. Deswegen bin ich auch überhaupt keine Autofahrerin. Mein Vater wollte unbedingt, dass ich meinen Führerschein mache, weil ich für die ganze Familie dann bei Aldi und im türkischen Supermarkt einkaufen kann. Das fand ich ganz schrecklich, weil ich hatte Angst vorm Autofahren, und ich habe den Führerschein auch erst im dritten Anlauf geschafft. Das hab' ich auch dem Prüfer gesagt: »Ich verspreche Ihnen, ich werde niemals in meinem Leben fahren. Geben Sie mir das Stück Papier, bitte. Ich habe so einen strengen Vater, der wird mir die Hölle heiß machen, wenn ich das wieder nicht schaffe.« Da hat er mir den Führerschein gegeben. Und ich habe mein Versprechen gehalten, ich bin nie wieder Auto gefahren.

*Habt ihr zuhause türkisch gesprochen?*
Darauf bestand mein Vater, er meinte: »Den ganzen Tag draußen in der Schule und in der Uni redet ihr nur Deutsch. Ich möchte, dass ihr die türkische Sprache genauso gut könnt wie Deutsch.« Deutsch habe ich im Hort gelernt. Zuerst habe ich nichts verstanden. Wir haben zuhause immer »Sendung mit der Maus« gesehen, und der Vorspann war immer erst auf Deutsch und dann auf Türkisch oder Italienisch oder Serbokroatisch. »Das war türkisch.« Plötzlich brauchte ich das nicht mehr, weil ich alles verstanden habe. Da bin ich in die Küche gerannt und hab zu meiner Mutter gesagt: »Ich kann Deutsch, Mama! Ich versteh jetzt alles!«

Wir haben in der Sonnenallee am Baumschulenweg gewohnt. Unsere Wohnung war direkt an der Mauer. Wenn wir im zehnten Stockwerk rüber geguckt haben, haben wir die DDR gesehen, also Ost-Berlin. Wir haben immer gedacht: »Oh Gott! Was ist das? Das ist so fade? Keine Farben, leere Straßen!« Wenn man West-Berlin angeguckt hat, da waren alle auf der Straße. Aber da drüben, wenn man über die Mauer geguckt hat, da war gar nichts. Einmal da waren wir so zwölf, dreizehn und es gab ja diese Plattformen mit Treppen. »Hier verlassen Sie den amerikanischen Sektor«. Da sind wir hochgestiegen und da waren immer Wachsoldaten. Wir waren pubertierende Mädchen und haben kichernd die Röcke hochgerissen. Und die haben mit den Ferngläsern zugeguckt.

Was ich toll fand an Ost-Berlin, das waren diese großen, breiten Straßen und die ganzen alten Gebäude. Als die Wende war, hab ich gerade Abi gemacht, da sind wir in die illegalen Bars in Mitte gegangen. Das war nicht so schick wie heute. Hackescher Markt, Oranienburger Straße, Auguststraße. Das war so schön. Da waren tolle Clubs, der Sophienclub, das Café Cinema existiert ja noch. Ost-Berlin war toll, bis ich da sehr viel Rassismus erlebt habe. Ich bin mit einer Freundin in die Danziger Straße gezogen. Einmal wurde ich mit Bananen beschmissen. In einem Café wollte ich Geld wechseln für Zigaretten. Da haben sie gesagt: »Ausländern werden wir kein Geld wechseln, raus hier!« Damals habe ich auch in einem Café in der Kastanienallee gearbeitet, das existiert heute noch, das »Schwarzsauer«. Da wollte ich nachts den Laden schließen und da waren zwei Nazis, Kahlköpfe und Springerstiefel. Die wollten mich verprügeln. Ich kam aus dem Laden nicht raus, die haben von außen gegen die Scheibe gedrückt. Dann habe ich meinen Chef angerufen, der kam angerast und hat mich rausgeholt und nach Hause gefahren. Da hab ich gesagt: »Okay, das war's. Ich will hier weg.« Ich bin nach Kreuzberg gezogen. Dann stehe ich da am U-Bahnhof, und ein Typ kommt und meint: »Ich liebe deine schwarzen Haare!« Und ich dachte: »Da werde ich angepöbelt, hier werde ich geliebt, das ist lustig!« Sonst hab ich wenig Rassismus erlebt. Aber das war prägend damals. Es war eine ganz komische Zeit.

*Hat Religion in deiner Familie eine Rolle gespielt?*
Als wir in die Koranschule gegangen sind, hat der Hodscha uns auf die Finger gehauen, weil wir das nicht richtig aussprechen konnten. Da habe ich gedacht: »Ich kann doch nicht beim ersten Mal gleich alles können. Und wenn er mich schlägt, dann hab' ich Druck. Das macht mir

keinen Spaß!« Das hab' ich meinem Vater gesagt, als er uns abgeholt hat. Mein Vater hat ihn voll angeschimpft! Ich meine, wir waren kleine Kinder, ich war neun, meine Schwester war vier. Mein Vater hat dann gesagt: »Dann bring' ich euch das selber bei.« Meine Mutter hat uns auch was beigebracht, so sehr dogmatisch waren sie beide nicht. Meine Mutter hat schon fünfmal am Tag gebetet. Mein Vater war aber eher der Gemütliche. Sie haben auch die Pilgerfahrt nach Mekka gemacht. Aber sie haben uns zu nichts gezwungen. Wir mussten keine Kopftücher tragen oder so. Nur wenn Besuch da war, durften wir nicht so enge Klamotten anziehen, da das nicht gern gesehen wurde. Mein Vater war nicht streng gläubig, aber traditionell schon. Auch wenn er gesagt hat: »Vor der Heirat kein Sex und solche Sachen«, wurden wir von Jungs abgeholt. Wir durften mit denen spazieren gehen. Das war kein Problem, weil er uns vertraut hat. Das fand ich schön. Aber er wollte nicht, dass wir in die Disco gehen. Das gehörte nicht zu einer türkischen Frau. Das fand er nicht gut. Er hat durch die Blume erzählt, dass Jungfräulichkeit sehr wichtig sei. Trotzdem haben wir unser Ding gemacht. Für mich war Sexualität mein Körper, meine Sexualität. Das hat mit Papa und Mama nichts zu tun. Wir haben ihnen nur Sachen erzählt, die sie vertragen konnten. Ich habe meine Sachen immer heimlich für mich gemacht. Mich zu entdecken hat viel Zeit gekostet.

Ich wurde zweimal missbraucht. Einmal mit neun und einmal mit elf. Mit neun, das war der Sohn von einem Freund meiner Familie. Der war 14, der war selber dabei sich zu entdecken. Der war ein Kind. Trotzdem hat das mit mir 'ne Menge gemacht. Der zweite Fall, der war eklig, das war ein Koranlehrer, und der war ein Freund von meinem Vater. Meine jüngere Schwester hat das Ganze aufgedeckt. Da bin ich ihr sehr, sehr dankbar. Das war eklig. Wir waren fünf, sechs Mädels und er hat sich an allen vergriffen und an meiner jüngeren Schwester auch, aber sie hat dann geplaudert, Gottseidank. So kam das Ganze raus. Wir haben das aber so gemacht, dass mein Vater nichts davon mitgekriegt hat, dann wäre wirklich Mord und Totschlag passiert, und das wollten wir nicht. Das haben meine Mutter und die Mütter der anderen Mädels mit ihm geklärt. Er ist dann abgehauen in die Türkei und da auch kurz darauf gestorben. Der war schon ein älterer Herr, aber eklig, richtig eklig. Ich wurde Gottseidank nicht vergewaltigt, aber doch missbraucht. Das macht mit deiner Seele was. Im erwachsenen Alter hab' ich gemerkt, dass ich Männern nicht vertrauen kann und an meinem Vater, der ein stark hysterischer Choleriker war, hab ich gemerkt: »Ich möchte keinen Mann, der so ist.« Ich habe mir immer Männer ausgesucht, wo ich ganz schnell weg sein konnte. Das habe ich bis heute so gemacht. Ich denke aber, ab jetzt wird sich das ändern. Jetzt habe ich das Gefühl, frei zu sein und endlich eine gesunde Liebe zu leben. Das kann ich schon sagen. Jetzt. Ich merke, dass ich mich wirklich lieben kann. Ich liebe mich, muss ich schon sagen. Ich bin stolz auf mich, dass ich gesund geblieben bin. Dass ich weiter gegangen bin. Dass ich nicht irgendwo emotional haften geblieben bin, dass ich offen bin, dass ich neugierig auf das Leben bin, dass ich das Leben liebe. Und keine Angst vor dem Leben habe. Dass ich jeden Tag aufstehe und dankbar bin, dass ich noch einen schönen Tag erleben darf. Dass ich ein Dach über dem Kopf habe und ich was zu essen habe, dass ich gut aussehe, dass ich gesund bin, dafür bin ich dankbar. Und das ist doch schon ein Grund zu leben, oder nicht?

www.berlinerkindheiten.de/1971-michael-gülay/

## »Der Glaube war immer da«
### Iman Andrea Reimann (*1973)

*Iman Andrea Reimann wurde in eine Pfarrersfamilie in Potsdam geboren und verbrachte ihre ersten Lebensjahre in der Großen Hamburger Straße in Berlin-Mitte, bevor ihre Mutter mit ihr über den Umweg Westdeutschland nach Kreuzberg zog. Sie berichtet von Freiheiten und Unfreiheiten in Ost und West, den Besonderheiten von Potsdam, Gütersloh und Kreuzberg und ihrem Glauben, der sie seit Kindertagen zunächst als Christin und heute als Muslimin begleitet.*

Meine Großeltern waren ein bisschen überrascht, dass ich unterwegs war, aber als meine Mutter mit mir aus dem Krankenhaus kam, waren sie doch sehr glücklich. Ich bin halb auf dem Land und halb in der Stadt aufgewachsen. Mein Großvater war Pfarrer auf einem Dorf bei Potsdam. Im Sozialismus war das nicht immer so einfach, das habe ich schon früh mitbekommen als Kind. Man musste sich irgendwie entscheiden. Bin ich jetzt Christ oder Sozialist? Beides war ein bisschen schwierig. Ich wusste, man darf nicht über alles reden. Für mich war das ein etwas aufregendes Gefühl, was Geheimes, andererseits auch einschränkend. Denn sich als Kind bewusst zu sein, man gehört zu den »Anderen« und muss aufpassen, war halt auch nicht so toll.

Mit dem Landleben verbinde ich große Freiheit. Wir haben in einem großen Pfarrhaus gewohnt, mit einem riesigen Garten. Als Kind war es toll, auf Bäume klettern, jeder im Dorf kannte mich, ich war immer gern gesehen und habe dort sehr schöne Zeiten verbracht. Meine Mutter ist dann mit mir nach Ost-Berlin, nach Mitte in die »Große Hamburger« gezogen. Damals war das traumhaft. Es war ruhig und man konnte überall langlaufen. Das hatte auch so einen Dorf-Charakter, das war ein sehr behütetes Umfeld.

1979 ist meine Mutter mit mir aus der DDR ausgereist, sie hatte einen Mann aus dem Westen heiraten wollen, das lief unter Familienzusammenführung. Wir sind in eine Kleinstadt bei Gütersloh gezogen, und das war wirklich ein Schock. Ich sprach anders. Ich sah anders aus. Ich hatte eine alleinerziehende Mutter, was es da so nicht gab. Da habe ich das erste Mal gemerkt, dass etwas »fehlt.« Die meisten hatten Väter, die gut verdienten und ein Auto und ein Haus mit Garten. Da habe ich das erste Mal verstanden, Geld ist ein Thema. Mir hat in dem Sinn nichts gefehlt, ich hatte andere schöne Sachen, die wir gemacht haben, Fahrradtouren, im Wald spazieren gehen und solche Dinge. Aber meine Mutter war enttäuscht, dass wir in einer Kleinstadt waren. Sie wollte nicht wieder aufs Dorf, sie wollte in der Stadt wohnen, und so hat sich das schnell zerschlagen zwischen den beiden. Geheiratet hatten die auch gar nicht. Die waren nur verlobt, aber das reichte scheinbar für die Ausreise.

Mein eigentlicher Vater hat weiter in der DDR gelebt, den habe ich erst nach der Maueröffnung wieder getroffen. Meine Eltern haben sich getrennt, da war ich ein Jahr alt, ich habe den nur ein paarmal gesehen. Der hat beruflich viel gemacht. Ich glaube, der hat sich sehr ausprobiert und das war zu DDR-Zeiten schwierig für jemanden, der nicht fest in einem Betrieb angestellt war. Man wurde im Osten schnell mal weggesperrt, wenn man nicht ins System passte. Dann musste man eben mal ein paar Monate woanders sein. So, denke ich, ging es auch meinem Vater. Genau weiß ich es gar nicht. Bis ich zehn, elf Jahre alt war, gab es nur meine Mutter und mich und dann noch meine Großeltern und meine beiden Onkels.

Meine Mutter wollte zurück nach Berlin. Studieren konnte meine Mutter auch in Berlin, das musste sie nicht in Bielefeld zu Ende bringen. Sie hatte Erzieherin gelernt, und dann hat sie Soziologie studiert. Wir sind nach Kreuzberg gezogen und ich war erstmal schockiert. In dieser Kleinstadt bei Gütersloh gab es *ein* türkisches Mädchen auf der Schule und *ein* polnisches Mädchen, mit dem ich gut befreundet war. Alle anderen waren deutsch. Und plötzlich waren da so viele türkische, kurdische, polnische, jugoslawische Schülerinnen und Schüler. Das war erstmal merkwürdig. 1982 war das. West-Berlin hat meiner Mutter und mir sehr gut getan, dass wir wieder richtig unter Leuten waren und auch mit Menschen, die dieselben Erfahrungen gemacht haben. Es gab eine große Gruppe von Ex-Ostlern, die geflüchtet oder ausgereist waren. Das war ein großes Zusammenkommen. »Wir sind die, die es irgendwie erfahren haben und jetzt frei sind.« In der DDR damit aufgewachsen zu sein, zu wissen: »Wir sind anders und man kann immer unter Beobachtung stehen!« Das hat mich geprägt, dafür einzustehen, wer ich bin.

In West-Deutschland war ich immer Mittelmaß und hier war ich plötzlich Drittbeste. Das lag daran, dass wir die Themen machten, die wir in Gütersloh schon durchgenommen hatten. Aber das war gut zu merken: »Ich kann ja doch was.« Ich habe unheimlich gerne in Kreuzberg gewohnt. Das war am Kottbusser Damm, zwischen Urbanstraße und Boppstraße, der Grimmepark war nicht weit weg. Ich war da viel mit meinen Freundinnen unterwegs. Als Kind wollte ich immer berühmt sein. Ich habe unheimlich gerne getanzt und gesungen. Weil meine Mutter aber nicht das Geld hatte, war ich nie im Sportverein oder hatte Instrumentalunterricht. Als ich 16 war, sind wir nach Moabit gezogen. Moabit war über lange Jahre mein Bezirk, die Mischung ist einfach schön da. Ich musste nie von zuhause ausziehen, meine Mutter ist ausgezogen. Als ich 18 war ist sie nach Niedersachsen zu meinem Stiefvater gegangen. Ab da stand ich auf eigenen Beinen.

Die Schule habe ich in der zwölften Klasse abgebrochen. Ich hatte irgendwie Torschlusspanik, ich dachte, ich schaff das alles nicht. Meine Mutter sagte damals: »Von mir kriegst du keinen Pfennig.« Und das war gut, weil so musste ich ins Tun kommen und habe mich als Synchroncutterin beworben. Das war in Haselhorst. Da habe ich zwei Jahre lang gelernt, wie man Filme schneidet, Töne rausnimmt und so weiter. Aber ich habe bald gemerkt, das ist nicht das, was ich will. Dann dachte ich, ich werde Maskenbildnerin, weil ich wollte mit Leuten zu tun haben, die vielleicht schauspielern oder so. Dafür musste man aber eine Friseurlehre machen, und die fand ich total blöd. Ich kann heute noch ein bisschen Haareschneiden, aber ich habe das nicht weitergemacht. Zu der Zeit bin ich auch Muslimin geworden und das hat dann nicht mehr gepasst für mich, diese Ausbildung. Manchmal kann man einfach nicht wegrennen vor seinem Schicksal und von Generation zu Generation nimmt man vielleicht immer etwas mit. Bei uns in der Familie gab es viele Pädagogen und Pfarrer. »Und was meine Mutter und meine Großmutter gemacht haben, kann ja nicht so ganz falsch sein«, dachte ich und bin schließlich Erzieherin geworden. Das war am Pestalozzi-Fröbel-Haus. Das ist ein sehr dankbarer Beruf, sich mit Kindern zu beschäftigen, zu sehen, wie sie sich entwickeln, was man ihnen so mitgeben kann. Und trotzdem ist in mir auch eine gewisse Unruhe.

Für mich gab's nie einen Zweifel, Gott war immer existent für mich.

In dem Dorf, wo meine Großeltern gelebt haben, steht eine Feldstein-kirche, und ich durfte als Kind diesen Raum immer betreten. Das war nicht »heilig«, das war ein Raum wie das Wohnzimmer meiner Groß-eltern. Meine Großmutter hat da Orgel gespielt, und wenn ich bei de-nen zu Besuch war, stand ich immer oben bei ihr auf der Empore an der Orgel. Bis heute gibt es auch nur einen Pfarrer, der den richtigen Segen geben kann und das ist mein Großvater. Mein Großvater hatte wunder-volle, große Hände, und das hat mich als Kind total beeindruckt. Groß-vater hat es mir auch leicht gemacht, als Kind in Beziehung zu treten mit Gott, ohne zu predigen oder zu sagen: »So und so musst du das ma-chen.« Morgens wurde immer aus der Losung vorgelesen. Und Großva-ter hat dann noch freie Worte dran angeschlossen. Ich wollte das auch unbedingt machen, weil ich das toll fand. Das war für mich wichtig, so eingebunden zu sein. Als Fünfjährige habe ich mal gesagt: »Wenn ich groß bin, werde ich Pfarrerin.« Mein Großvater hat nur gesagt: »Das ist toll. Mach das mal.« Das war für mich immer die Bestätigung: »Geh ruhig deinen Weg.«

Der Glaube war immer da. Ohne, dass man permanent drüber re-det. Ich muss nicht dauernd über mein muslimisches Leben reden oder meine Vorstellung von Gott, ich bin einfach ich und irgendwann merkt mein Gegenüber, wo vielleicht das muslimische Element ist. Mein Großvater war zu der Zeit, bevor ich Muslimin geworden bin, schon sehr krank. Ich habe damals in einem Restaurant gearbeitet, da war die Belegschaft fast ausschließlich muslimisch, ich kannte Muslimas noch aus meiner Schulzeit, aber sonst war das kein Thema für mich. Nach dem Tod meines Großvaters habe ich angefangen mich mit der Frage zu beschäftigen: »Was passiert nach dem Tod?« Ich habe damals zufällig ein Buch gefunden, das sich mit dem Tod im Islam beschäftigt hat. Und da begann ein Nachdenken. Das fand ich logisch und nachvollziehbar. Ich war nicht am Suchen nach etwas Neuem oder Richtigem, das hat sich so ergeben. Ich habe Gott ja nie in Zweifel gezogen.

Am Anfang meines Muslimseins, gab es viele Fragezeichen. Einige Lehrerinnen aus meiner Schule haben gefragt: »Warum machst du das? Haben dich die und die beeinflusst?« Dann habe ich mal ein schwarzes Kopftuch getragen, ich trage sonst nie schwarze Kopftücher: »Was? Bist du jetzt so…?« Am Anfang, wenn man sich mit etwas Neuem beschäftigt, ist alles ganz wichtig. Da nimmt man alles hundertfünfzigprozentig ernst. Aber wenn viel Unverständnis auf einen trifft, dann hat man noch mehr die Haltung. »Wenn du mich nicht so annimmst, wie ich bin, dann bin ich erst recht so.« Mittlerweile bin ich gelassener. Manchmal ist es auch nicht einschätzbar. Wenn man in so einer Diskriminierungsschiene ist, kann man oft nicht mehr unterscheiden: »Was war das jetzt? Ist der einfach genervt davon, wie ich Auto fahre? Oder ist es wegen des Kopftuchs?« Das ist oft schwierig zu unterscheiden. Auf der anderen Seite ist man als Konvertit in der islamischen Welt immer beliebt. Aber wenn man sich mehr einbringt oder fordert, dann ist das nicht immer so gern gesehen. Ich kann mich noch erinnern, in den ersten Jahren meines Muslimseins wollten mir die Leute erklären, wie der Islam richtig funktioniert. Zum Glück bin ich ja nicht auf den Mund gefallen. Und konnte immer reagieren, wenn ich dachte, die verhalten sich nicht korrekt, aber erklären mir, wie der Islam funktioniert oder wie ich zu sein habe. Das fand ich immer heuchlerisch. So was kann ich nicht leiden, wenn man so tut: »Ich bin hier der Imam, der Gelehrte«, aber selber macht man gar nichts. Das ist dann doof. Oder wenn mir jemand erklärt, wie ich als Frau zu sein habe, das geht gar nicht. Diese Haltung ist mein ganzes Leben geblieben.

www.berlinerkindheiten.de/1973-iman-cem-kerstin/

# ALLES ANDERS?
## Wendezeit

# »Banane, Banane«
## Juliane Winkler (*1978), Mitte

*Juliane wächst in einer kinderreichen Patchwork-Familie in Prenzlauer Berg auf. Lange Zeit fühlt sie sich dort als »Aschenputtel«, wird aber später, wie sie sagt, »eine aufrechte Sozialistin«. Sie berichtet vom roten Tuch der Pioniere, dem Thälmannpark und ihrem Wunsch »einmal Kati Witt sein zu dürfen«. Die »Wende« spielt in ihrer Kindheit eine zentrale Rolle, fällt sie doch unmittelbar mit der Pubertät und dem Drang nach Freiheit zusammen.*

Als ich zwei war, ist meine Mutter gestorben. Die hat sich das Leben genommen, und mein Vater hat ein halbes Jahr später neu geheiratet. Ich hatte in meiner Wahrnehmung eine sehr klassische Stiefmutter, die auch tatsächlich zwei Töchter mit in die Ehe gebracht hat, so dass ich wirklich sehr lange davon überzeugt war, dass ich eigentlich Aschenputtel bin. Und ich erinnere mich genau an das Gefühl mit dem Fahrstuhl nach Hause zu kommen. Das war so ein Elfgeschosser und wir haben im zehnten Stock gewohnt. Und die Angst im Fahrstuhl, nicht zu wissen, wie sie drauf ist.

Wir waren ein Riesenhaufen Familie. Laut und wild. Mit fünf Kindern. Meine beiden Stiefschwestern, und dann habe ich noch eine große Schwester, die ist acht Jahre älter und weil es solange dauerte, bis ich kam, hatten meine Eltern noch meinen Bruder adoptiert. Kurios war, dass ich lange Zeit im Grunde genommen nicht wusste, dass meine Mutter tot war und dass sie Suizid begangen hat. Das habe ich erst erfahren, als ich zwölf war. Ich erinnere mich, da war ich sieben oder acht, als im Zuge der Scheidung die Wohnung so durcheinander war und die ausgezogen sind, da habe ich Fotos entdeckt und da sah ich dann ein Foto meiner Mutter. Und als Kind weiß man ja um die Tabus, man spricht ja nicht darüber. Jedenfalls hatte ich dieses Foto und ich war immer regelmäßig in den Ferien bei meiner Großmutter in Mecklenburg und meine Oma bekam eines Tages Besuch von einer Frau, die aussah wie die auf dem Foto. Und ich weiß, wie ich in das Wohnzimmer hereinkam, die saß da auf dem Sofa und wie ich die angeguckt hab' und einfach einen

Riesenschreck gespürt habe und einfach wieder rausgerannt bin. Was ja eigentlich doof war, weil ich hätte die ja eigentlich gerne gehabt, wenn sie denn meine Mutter gewesen wäre, aber es war nur eine Tante.

Ich hatte die Vorstellung – weil das andere Foto, das ich gesehen habe, da stand sie auf dem Alex – dass ich sie irgendwann auf dem Alexanderplatz treffen werde. Es ist mir der liebste Platz immer gewesen in Berlin, der Alexanderplatz, und als ich zwölf war, da hatte meine Schwester schon ein kleines Kind – sie war wie gesagt acht Jahre älter – und wir standen in ihrer Wohnung auf dem Balkon und sie lehnte sich mit ihrer Tochter über die Brüstung, die guckte einfach nur und ich sagte: »Geh nicht so nah an den Balkon, ich habe so Höhenangst, ich weiß auch nicht warum!« Und da sagte sie: »Ist ja kein Wunder, unsere Mutter ist ja auch gesprungen.« Da bin ich weggelaufen und auf die Toilette und habe ganz furchtbar geweint und hab auch nicht darüber gesprochen, weil es mir gar nicht in den Sinn kam, zu sagen: »Wusst' ich nicht.«

Später haben meine Stiefmutter und mein Vater sich wieder scheiden lassen, und ich lebte von acht bis zwölf mit meinem Vater und meinem Bruder alleine in der großen Vier-Zimmer-Wohnung. »Ich bin dir Vater und Mutter«, hat mein Vater immer gesagt. Meine Schwester war schon ausgezogen und mein Vater noch voll berufstätig. »Ich bin viel draußen unterwegs gewesen, aber dafür konnten auch immer alle zu mir kommen. Mein Vater hat das nicht so eng gesehen mit den Besuchen und hat sich immer gefreut, wenn jemand da war. Insofern war meine Wohnung die coolste, wo immer alle sein konnten. Mein Vater ist Jurist und hat im Ministerium für Hoch- und Fachschulwesen gearbeitet. Im staatstragenden Dienst, und so hat er sich auch politisch verstanden. Für ihn war die Wende der Zusammenbruch all dessen, was er sich vorgestellt hat. Und dass er sein Leben zu diesem Zeitpunkt komplett neu starten musste. Mein Vater ist Jahrgang 1949 und seine politischen Bewertungen hängen auch damit zusammen, dass er sein politisches Leben in der DDR hatte, privilegiert, sicher, nicht arm und dann nach der Wende als selbstständiger Anwalt, der er ja eigentlich nie war. Musste er sich aneignen, als Ossie, als Deutscher zweiter Klasse in seiner Wahrnehmung. Und dann in dieser Welt, in der seine Kinder jetzt groß werden müssen, ohne existentielle Sicherheit, ohne Recht auf Arbeit und was nicht alles.

Ich war als Kind eine sehr aufrechte Sozialistin. Als der Thälmann-Park eröffnet wurde, war ich wirklich fest überzeugt, dass in der Wohnsiedlung gegenüber Irma Gabel-Thälmann wohnt, weil ich dachte, natürlich muss sie dort wohnen, weil sie will ja jeden Tag ihren Vater sehen. Ich bin auch wirklich freiwillig mit meinem roten Halstuch und meiner Pionierbluse einfach so am Nachmittag Blumen kaufen gegangen um sie zum Thälmann-Denkmal zu tragen und meinen Pioniergruß zu machen.

Als die Mauer gefallen ist, habe ich nichts verstanden, nichts gewusst und am nächsten Tag war die halbe Schule leer. Meine Schwester bekam in der Zeit ihr erstes Baby, das fand ich spannend, ich habe in der Zeit erfahren, dass meine Mutter tot war, dann habe ich angefangen diese Familie mütterlicherseits auszugraben und kennenzulernen, und darum habe ich ganz viel von dem überhaupt nicht geschnallt. Das erste mal in West-Berlin waren wir, das war bestimmt eine Woche nach dem Mauerfall, da ist mein Vater mit mir rübergegangen, da kamen wir bis Oberbaumbrücke in Kreuzberg. Das war für mich total krass, zum ersten Mal Obdachlose zu sehen. In meiner Wahrnehmung gab es das ja überhaupt nicht.

An den Golfkrieg und die Demonstrationen kann ich mich richtig gut erinnern. Die Schülerdemonstrationen und dass ich mich unglaublich stark und wichtig gefühlt hab. Und wir so Situationen in der Schule hatten, wo wir einfach aus dem Unterricht rausgegangen sind, und auf einmal schrie eine Lehrerin, und wir sagten »Frau Schäfer, Sie dürfen uns jetzt nicht mehr anschreien!« Und die Lehrer wussten nicht, was richtig ist und was nicht, weil wir uns eben auch alles erlaubt haben. Das war uns wichtig, auch das Gefühl, dass wir etwas mitgestalten können und mitbestimmen und dass wir das auch sollen. Ich habe oft die Schule geschwänzt, und ich war richtig stolz darauf, wenn ich für die Demonstrationen geschwänzt habe. Ich hatte wechselnde Haarfarben, ich war in einen grünhaarigen Punk der neunten Klasse verliebt und alles fühlte sich irgendwie gut an. Aber ich hatte auch Glück, mein Vater war neu verheiratet, wir wohnten gut und sicher, seine Schwierigkeiten im Job haben mich nicht tangiert, weil ich davon nichts gemerkt habe.

Aber was mich betrifft, bin ich natürlich in dieser Zeit überhaupt erst zum Ossi geworden. Ich hatte über diese politischen Aktivitäten Kontakt mit Wessis und gemerkt, dass wir als Ossis als blöder befunden werden. Mein Vater war Anfang der Neunziger mit einer Frau aus Göttingen zusammen, einer linksalternativen Lehrerin, die das, glaube ich, auch schick fand, mit so einem Ossimann und seiner Tochter. Alleinerziehender Mann geht sowieso immer total gut. Und dann haben zwei Freundinnen von mir und ich da eine Woche hospitiert an dieser Gesamtschule in Göttingen. Ich weiß noch den ersten Morgen. Die Lehrerin kam rein und alle haben gesessen und wir drei sind aufgestanden, weil wir halt den Lehrer begrüßen wollten, immerhin haben wir keinen Pioniergruß mehr gemacht, sondern sind einfach nur aufgestanden. Wir fanden uns ja schon sehr lässig, dass wir bei uns an der Schule nur noch aufstanden und nicht mehr den Gruß machten, sondern nur noch so einfach »Guten Morgen« sagten, aber die haben sich natürlich schlapp gelacht. Und die haben so über uns gelacht, und wir waren so blöde. Wir sahen natürlich auch aus, wie so olle Ossis. Man spürte das und dann riefen die alle: »Na, Banane, Banane?« Wir waren vollkommen unbedarft.

Dann wurden wir gefragt: »Und wie sind so eure Noten in der Schule?« Und wir waren alle brave Russischschülerinnen und hatten alle so Einser, Zweier, eben voll die Streberinnen. »Ach ja, die Lehrer bekommen ja auch Prämien im Osten.« Und das wurde uns da alles so gesagt, aber wir wussten gar nichts und haben uns alles erzählen lassen. Wir waren hin- und hergerissen zwischen »Wir wollen gefallen, wir wollen zu den Neuen gehören« und gleichzeitig unsere Familien und das Alte zu verteidigen. Die waren für uns auch schräg, aber die waren definitiv cooler. Ich hatte erst später so eine Phase, »geil, ich bin Ossie und ich bin super links und ihr könnt' mich alle mal«, aber zu der Zeit dachte ich eher, »ich bin halt nur ein scheiß Ossi. Ich habe keine Ahnung, ich habe olle Klamotten, ich habe keine Barbie Puppen.« Ich hatte auch nicht so wirklich Geschmack. Ich hatte ganz viele Klamottenspenden an, die mein Vater von irgendwelchen Frauen hatte, die ihn angehimmelt haben. Und die sich in sein Herz schleichen wollten, indem sie sagten: »Bring das doch deiner Tochter mit!« Und da war echt viel Scheiß dabei. Wie gesagt, ein alleinerziehender Vater geht echt gut weg. Das waren alles mögliche Frauen, die den retten und lieben wollten.

www.berlinerkindheiten.de/1978-juliane-winkler/

## »Das Loch in der Mauer«
### Kai Stoph (*1979), Prenzlauer Berg / Lichtenberg

*Kai Stoph wächst in Prenzlauer Berg in unmittelbarer Nähe der Mauer auf. Bedingt durch den unsteten Lebenswandel und Alkoholismus seiner Eltern ist er früh auf sich allein gestellt. Seine Kindheit erlebt einen jähen Wandel, als er eines Tages plötzlich durch das Jugendamt abgeholt und in ein Kinderheim nach Marzahn gebracht wird.*

Wir haben direkt an der Mauer gewohnt. Und was interessant war, in der Mauer an der Gleimstraße unten war direkt neben der Durchfahrt für die NVA-Leute ein ganz kleines Loch. Da haben wir uns immer hingekniet und haben durch dieses Loch geguckt. Jetzt konnte man, weil da zwei Mauern waren, nicht sehen, was ist dahinter. Wir wussten nur, da ist der Westen. Und das ist ganz lange, also bis zur Wende unbeantwortet geblieben, die Frage: »Was ist dahinter?« Das war für uns ein großes Rätsel. Und was noch interessant war, ist, wenn man als Kind Drachen steigen lassen gegangen ist, kamen die VoPos – so war es bei uns auf dem Falkplatz – und haben uns das untersagt. Weil an dem Drachen hätte ja 'ne Notiz dran sein können, die in den Westen fliegt.

Meine Eltern waren beide Alkoholiker, damit musste man sich relativ früh arrangieren. Wir hatten eine Zwei-Raum-Wohnung, die war immer ziemlich unordentlich, und wenn das Jugendamt kam, die haben sich ja angemeldet, wurde gesagt: »Kai, du hast dich zu benehmen«, und denn wurde ein bisschen sauber gemacht. Mit einer Zwei-Raum-Wohnung das geht am Anfang mit einem Baby, aber später wenn das Kind größer wird, funktioniert das nicht. Ich wurde mit 13 wieder aus dem Heim entlassen und zurück in diese Wohnung, die haben das so umgedröselt, dass ein Zimmer das Kinderzimmer war und das andere, da sollten dann halt meine Eltern wohnen. Das hat eine Woche funktioniert, dann haben die sich schon wieder bekriegt und dann habe ich mit meiner Mutter in dem einen Zimmer gelebt, in dem anderen war mein Vater, bis er gestorben ist. Wenn ick im Park war, hat mein Vater sich abends auf den Balkon gestellt und hat einmal ganz laut über den ganzen Platz: »KAAAAAIIII-II!!!!« gerufen. Dann wusste ich, jetzt muss ich nach Hause.

Weil meine Eltern viel unterwegs waren, in der Kneipe und so, war ich relativ früh auf mich selber gestellt und habe mit meinen Kumpels auch schon früh angefangen »Scheiße« zu bauen. Das muss in der ersten Klasse gewesen sein, da sind wir mit einem Freund, der hat seinen Eltern aus dem Nachtschrank hundert Ostmark geklaut, nach dem Alexanderplatz zum Weihnachtsmarkt gefahren. Und Ecke Rhinower ist Höher's Gaststube, die gibt's, glaube ich, heute auch noch, und daneben ist so ein Nähladen, Garn, Wolle und so Zeugs und da wollten wir das wechseln, und da hat die uns dann gefragt, wo wir – sechs Jahre alt, die Knirpse – wo wir denn so viel Kohle her haben, ick weiß nicht mehr, was wir erzählt haben, auf jeden Fall waren wir lange auf dem Weihnachtsmarkt und haben da einen großen Teil der Kohle ausgegeben für Fahrgeschäfte. Wie gesagt, ich war relativ früh auf der Straße und auf mich selber gestellt.

Mein Vater war Heizungsmonteur, meine Mutter war studierte Kamerafrau und hat auch beim DDR-Fernsehen Kameraassistentin gemacht, glaube ich, aber seit ich auf der Welt bin, war die arbeitslos. Ich kann mich nur erinnern, dass die nach der Wende in einer Buchbinderei gearbeitet hat, aber sonst war die nicht in Beschäftigung, und mein Vater hat ziemlich lange gearbeitet und ist dann aber, ich schätze jetzt mal kurz nach der Wende, nicht mehr arbeiten gegangen aufgrund gesundheitlicher Probleme und hat dann nebenbei noch, der war halt viel in der Kneipe und hat da viel Bekanntschaften gehabt und die haben dann nach der Wende neben der Kneipe noch so einen Spätverkauf eröffnet, quasi mit investiert und war da irgendwie mit drinne, aber die haben eben auch ständig Bier getrunken. So die Schiene.

Ich hatte ein stark abhängiges Verhältnis zu meinen Eltern – das habe ich später alles aufgearbeitet und habe über das Jugendamt die Akte von mir noch mal angefordert, und die Dame vom Jugendamt meinte zu mir, das zieht sich wie ein roter Faden durch, die Liebe zu meiner Mutter. Als ich das aber später aufgearbeitet habe, habe ich gemerkt, dass diese Liebe auf meine Kosten ging, weil es eine Abhängigkeit war.

Ich kann mich erinnern, ich war acht Jahre alt, das war in den Winterferien, das muss Februar gewesen sein, da hat's am Sonntag geklingelt und das Jugendamt stand vor der Tür. Meine Oma war gerade zu Besuch und wir haben getanzt, »Tut-Tut« hieß das Lied. Und wir haben getanzt und waren total fröhlich, und dann haben die mich abgeholt und wir mussten Sachen für mich packen und dann haben die mich mitgenommen nach Marzahn ins Kinderheim. Das war total schrecklich, weil du aus deiner Umgebung, die ja für mich normal war als Kind, dass die sich da irgendwie verprügeln und besoffen sind, dass du da rausgerissen und dann einfach in so eine Gruppe fremder Kinder reingesteckt wirst. War auch für mich offen, wie lange das geht. Viereinhalb Jahre sind daraus geworden, aus heutiger Sicht war es gut, dass man das gemacht hat. Ich mache auch niemandem einen Vorwurf, im Gegenteil, da ist schon Dankbarkeit dabei, sonst hätte ich die Möglichkeiten, die ich jetzt habe, nie erreicht.

Es gab einen ganz geregelten Tagesablauf, ich habe aber eher die negativen Dinge abgespeichert. Ganz schrecklich war, wenn Nachtruhe war, musste man total still sein, man durfte nicht schwatzen. Wir haben natürlich immer geflüstert, kleene Jungs eben, und dann die Nachtwächterin, es gab immer eine Nachtwache, die auf dem Flur Nachtwache gehalten hat und die hat uns beim Quatschen erwischt und dann mussten wir, icke und der andere, mussten wir uns nachts auf den dunklen langen Flur stellen, mit dem Gesicht zut Wand und das ist für einen Achtjährigen natürlich eine Nummer. Das habe ich sehr negativ in Erinnerung. So ein Heim in der DDR war genauso trostlos wie der Rest. Ich kann mich erinnern, der Tee hat immer beschissen geschmeckt. Die haben Schwarztee gemacht in großen Bottichen und haben da Zitronenscheiben rein geschmissen und wenn das zu lange gestanden hat, hat das absolut eklig geschmeckt.

Als Kind war das Leben in der DDR relativ unbeschwert. Wir hatten immer genug zu essen, ich hab erst viel später wahrgenommen, was das wirklich war. Die Wende habe ich relativ eigenartig mitbekommen, und zwar gab es abends ein Feuerwerk. Man hat uns aus dem Bett geholt, wir mussten alle über den Balkon einmal rüber laufen. Von Marzahn, wenn man auf dem Balkon stand, sah man Richtung Innenstadt, da war diese Windmühle und so haben wir uns das Feuerwerk angeschaut, »Die Mauer ist jetzt weg! Ok, ab ins Bett.« Am nächsten Tag war die Klasse auch nicht vollzählig und, ich glaube es war der Geschichtslehrer, meinte zu uns: »Freunde, das Leben, so wie ihr es bis jetzt kennt, ist vorbei. Ab jetzt wird es mehr Arbeitslose, mehr Penner auf der Straße geben und ganz viel Leuchtreklame!« Das habe ich behalten. Das hat er uns mit auf den Weg gegeben und er hatte ja auch Recht. Ansonsten, du hattest immer irgendwie Volkspolizisten bei uns an der Grenze, die haben dich angehalten auf dem Fahrrad, wenn du das Licht nicht anhattest oder irgendetwas nicht gestimmt hat. Du warst immer beobachtet, du warst unter Kontrolle. Ich kann mich erinnern, kurz vor der Wende haben meine Großeltern mir ein BMX-Rad in Polen gekauft. Und dann bin ich mit dem André, der wohnte mit im Haus, von Görlitz nach Rothenburg gefahren. Das sind über Landstraße etwa 45 Kilometer. Wir sind am Mittag los und als wir unterwegs waren, haben wir Radio gehört und da hat Honecker gesagt: »Die Mauer steht noch in hundert Jahren.« Daran kann ich mich erinnern. Man hat das nicht in Frage gestellt. Das war einfach normal.

In den Neunzigern fällt mir sofort ein, die Loveparade. `95, `96 bis `98, `99, das waren so die besten Loveparades, alles danach war nicht mehr so. Aus meinem Empfinden. Ansonsten waren wir eher bei uns im Kiez unterwegs. Wir hatten damals noch das Icon, eine Diskothek, die gibt es nicht mehr, Underground, Schönhauser beim Pfefferberg, das waren so Techno-Clubs, wo wir uns früher reingeschmuggelt haben mit 16. Das war eine tolle Zeit. Damals war das ein großes Miteinander, da wurde miteinander gefeiert, wenn's einem nicht so gut ging, warum auch immer, da wurde sich drum gekümmert. Da waren damals anderthalb Millionen an der Siegessäule, das war gigantisch. Danach sind wir wieder in unseren Jugendclub und haben weitergefeiert bis in die Puppen. Die ganze Welt war in Berlin, du hast tausende Leute kennengelernt. Wo man manchmal gelandet ist, wer manchmal bei einem gelandet ist, das war irre.

Ich glaube, meine Kindheit war relativ früh zu Ende. Weil meine Eltern Alkoholiker waren, war ich früh auf mich selber gestellt. Ich habe eine Situation vor Augen, wo ich mit meiner Mutter unterwegs war, bei meiner Tante, und dann haben die immer gesoffen. Ich bin da oft abgehauen, weil mir das peinlich war, auf der Straße mit einer betrunkenen Frau zu sein. Und dann waren wir an dem Kohlenplatz, hundert Meter vor unserem Zuhause, und da ist sie hingefallen und hat sich die Stirn komplett aufgeschlagen am Gehweg, und dann musste ich die nach Hause bringen. Zuhause hat sie sich dann noch mit Vater gefetzt, irgendwie wegen Kohle, wegen Einkaufsgeld. Und das würde ich als den Moment beschreiben, wo ich meine Mutter, nach Hause gebracht habe, lass mich fünf, sechs Jahre alt gewesen sein, in der Schule war ich noch nicht – und das ist der Moment, ab dem ich aus heutiger Sicht sagen würde, das war ein Einschnitt, den will man keinem Kind zumuten. Jetzt bin ich selber Vater und ziehe den Hut vor meinen Eltern, dass die mich groß gekriegt haben. Das könnte ich mir so nicht vorstellen. Ich bin dadurch unwahrscheinlich flexibel geworden, ich finde immer eine Lösung und bin doch ein relativ starker Typ vom Wesen her, ich stecke eine Menge ein, bin aber auch unwahrscheinlich dankbar. Ich glaube, dass Leute, die sehr wohl behütet aufwachsen, wenn die mal in so Situationen kommen, wo man nicht weiter weiß, dass die es oft schwerer haben. Das heisst, ich bin dankbar für diesen Weg insofern, dass ich von unten angefangen habe, so schnell haut mich nichts um.

Das Erste an das ich mich erinnere ist, mein Vater hat mich nach dem Baden aus der Wanne gehoben, hat mich in ein großes rosa Badehandtuch gesteckt und mich auf die Couch getragen und mich dort trocken gerubbelt. Das fand ich schön. Und wenn ich heute meinen Sohn bade, mache ich das genauso. Ich wickele den in das Handtuch ein, trag den ins Bettchen, rubbel den schön ab und ziehe ihm dann seinen Schlafanzug an.

www.berlinerkindheiten.de/1979-stoph-rühmann/

## »Einfach nur Erdbeerjoghurt«
### Johanna (*1984), Prenzlauer Berg

*Johanna wird in die Wendezeit hineingeboren und verlebt eine von Unruhe und Veränderung geprägte Kindheit, politisch wie privat. Da sind die Streitereien der Eltern und der Alkoholismus des Vaters, aber auch die freudige Aufbruchstimmung der Massendemonstrationen zur Wendezeit. Johanna erzählt außerdem von der Gentrifizierung in Prenzlauer Berg und dem Problem »einfach nur blöden Erdbeerjoghurt zu kaufen!«*

Ich bin Zwilling, meine Schwester kam zuerst, die ist acht Minuten vor mir geboren. Dann kam ich, aber ich hing im Geburtskanal fest und habe keinen Pieps von mir gegeben. Da musste erst einmal, also mein Vater sagt, »da musste der Trichter her!« Mit so einer Sauerstoffflasche. Mein Vater war bei der Geburt dabei und dachte schon »Scheiße, scheiße, das kann nix werden!« Aber nach einer Minute fing ich an zu brüllen und alles war gut.

Wir haben zuerst in der Winsstraße 67 gewohnt, und das war eigentlich eine Katastrophe. Das waren anderthalb Zimmer und wir waren zu fünft. Ich habe noch einen älteren Bruder und meine Zwillingsschwester und ich und meine Eltern. Das war schwierig. Zu DDR-Zeiten war es ja so, dass du eine Wohnung zugewiesen bekommen hast. Und je mehr Kinder es gab, desto sicherer war es auch, dass du eine größere Wohnung bekommst. Meine Eltern hatten das Angebot, dass sie in Marzahn in eine ganz schicke Platte ziehen dürfen. Zu DDR-Zeiten war das der Hit, wenn du in einer Platte in Marzahn wohnen konntest. Warmwasser, alles schick ausgebaut, mit Fahrstuhl und du kommst auch mit dem Kinderwagen gut hoch. Meine Mutter wollte das aber nicht. Meine Mutter hat damals schon den Prenzelberg geliebt und gesagt: »Ich will hier nicht weg!« Deswegen konnten wir die Wohnung tauschen mit einer älteren Dame, die Prenzlauer Allee 22 gewohnt hat, das war eine Witwe und die Kinder waren auch schon lange ausgezogen. Wir bekamen also die Wohnung in der Prenzlauer Allee 22, sie zog nach Marzahn in die Platte und alle waren glücklich.

Berlin hat immer zu mir gehört, so wie der rechte Arm zu mir gehört. Darüber denkt man ja auch nicht nach. Ich bin mit Berlin groß geworden, und eigentlich so richtig spannend, eigenartig und komisch war dann erst die Wendezeit. Erstmal ist gar nichts passiert nach dem Mauerfall. Und dann plötzlich wurde die Straße aufgerissen und irgendwann waren überall Baustellen und alles war auf einmal, also ganz Prenzelberg war eine Baustelle, und plötzlich, bei jedem Haus, war plötzlich ein Baugerüst. Und immer die große Frage, bei wem kommt das nächste Baugerüst? Plötzlich war alles bunt und gelb und grün und blau und halt nicht mehr grau. Wir hatten gegenüber von unserem Haus eine HO, eine Handelsorganisation, und da war dann plötzlich ein neues Schild dran, das war der Sparmarkt. Ich war auch schon vorher in der HO einkaufen, mit meinem Taschengeld mal einen Lolli oder so. Und dann war ich in diesem Sparmarkt und auf einmal war alles so bunt und auf einmal gab es nicht mehr zwei Joghurt-Sorten, es gab plötzlich dreißig Joghurt-Sorten, und alles hat dich angeglitzert – für mich als Kind die totale Überforderung. Das ist heute auch noch so. Ich hasse es zu Kaufland oder Real zu gehen, wenn du diese Auswahl von hundertdreißig Joghurts hast und eigentlich nur blöden Erdbeerjoghurt kaufen willst. Dieser Wandel, dass plötzlich die Straße aufgerissen wird und plötzlich irgendwie von mal zu mal ganz Prenzelberg eine Baustelle wurde, das ist meine zentrale Kindheitserinnerung.

Mein Vater ist 13 Jahre älter als meine Mutter gewesen, hatte schon zwei gescheiterte Ehen hinter sich. Hatte schon drei Kinder und war auch, als sie sich kennengelernt haben, eigentlich ganz schön verbraucht und fertig mit der Welt. Für meine Oma war das schwierig zu akzeptieren. Aber meine Mutter hatte diesen Mann für sich gefunden und sie kamen zusammen und es war schwierig. Meine Eltern hatten nie eine glückliche Beziehung. Das war schwierig, weil mein Vater einfach mit dem Leben nie so wirklich zurechtkam, Alkoholiker war, depressiv war. und auch mit der Wende überhaupt nicht klarkam. Vor der Wende hat er betreutes Wohnen für geistig Behinderte gemacht und hat das mit aufgebaut, dass geistig Behinderte nicht mehr in Heimen wohnen, sondern in Wohngemeinschaften. Nach der Wende wurde er ganz schnell aussortiert und fand nicht mehr gut Arbeit und war dann auch schon zu alt. Er ist '42 geboren und wurde früh nach der Wende arbeitslos. Und dann wurde es schwierig. Ich bin mit dieser unglücklichen Beziehung groß geworden und habe diese Streitigkeiten miterlebt und habe immer auch gemerkt, dass die nicht miteinander können. Als ich 19 war, haben sie sich getrennt, und das war eine große Befreiung für mich! Meine Mutter ist dann nach Sachsen gegangen, und ich bin in meine erste WG gezogen. Eigentlich hat da auch erst so richtig meine Jugend angefangen. Vorher war ich zu sehr beschäftigt mit meinen Eltern und mit deren Problem, vor allem mit den Problemen meines Vaters, weil der in seiner Depression ertrunken ist.

Ich glaube, ich bin ziemlich früh erwachsen geworden. Das werden viele Kinder von Alkoholikern sagen, dadurch, dass mein Vater für mich immer so das vierte Kind der Familie war. Und ich hatte auch früh das Gefühl, dass ich gar nicht mehr so richtig Kind sein darf, sondern dass ich Verantwortung übernehmen muss, damit sich meine Mutter um meinen Vater kümmern kann. Meiner Mutter war es immer wichtig, dass wir selbstständig werden und viele Dinge selber machen. Ich durfte schon sehr früh sehr viel. In meinem Freundeskreis, so mit 15, 16, viele mussten da um zehn zu Hause sein. Ich konnte so lange wegbleiben, wie ich wollte. Aber ich musste auch immer viel machen. Meine Mutter hat irgendwann beschlossen, als ich zwölf war, »so ich habe keinen Bock mehr, deine Wäsche zu waschen, mach selber«, dann habe ich es halt selber gemacht, und das war in vielen anderen Dingen so. Aber es hat mir auch etwas beigebracht. Ich bin ein sehr selbstständiger Mensch, ich konnte von Anfang an viel alleine, und ich war dadurch auch oft sehr frei, was auch gut war. Gerade in der Jugend. Ich war ziemlich vogelfrei und konnte viele Dinge machen oder hätte sie machen können.

Meine Mutter ist Chemielaborantin, ursprünglich, hat dann aber viele verschiedene Jobs gemacht. Der erste Job, den sie nach der Babypause wieder hatte, war so ein Heizjob in der Prenzlauer Allee. Da hat sie Büroräume geputzt, und da waren damals noch überall Öfen. Da musste sie abends hin und musste die Öfen vorheizen, damit es morgens schön warm war. Da hat sie uns ganz oft mitgenommen. Da waren wir drei oder vier. Sie hat die Büroräume gefegt und geputzt und uns hat sie so einen kleinen Feger gegeben und wir durften dann den Hausflur fegen, damit wir was zu tun hatten, nicht um wirklich zu helfen. Im Erdgeschoss gab es eine Bäckerei, und die fanden das ganz großartig, dass die kleinen Kinder schon mithelfen, weswegen wir immer ein Stück Kuchen bekommen haben. Das ist mir unvergessen. Du warst im Hausflur und hast gefegt und hast schon von unten diesen Kuchenduft mitbekommen. Der Bäckermeister war immer absolut begeistert.

Meine Schwester und ich, das ist so ein Ding für sich. Sie war immer die engste Person meines Lebens. Ich muss mit ihr nicht reden. Sie weiß, wie ich denke und fühle, wir waren schon immer so ein doppeltes Lottchen und eigentlich immer zusammen. Vom Kindergarten bis zur Grundschule und bis zum Abitur waren wir immer in der gleichen Klasse. Nachmittags waren wir viel im Mauerpark und haben uns da mit unseren Leuten am Amphitheater getroffen. Da haben sich immer alle getroffen. Wenn du nach der Schule noch Lust hattest was zu machen, bist du zum Amphitheater. Irgendwen hast du immer da getroffen, da musstest du dich auch nicht vorher verabreden. Meine Schwester und ich waren immer die, die am längsten wegbleiben durften. Meine Mutter hat nur gesagt: »Ihr könnt wegbleiben, solange ihr wollt, wenn ihr morgens Schule habt und ihr seid total müde, ist das eure Schuld.« Die Regel war nur: »Ihr müsst zusammen nach Hause gehen. Dann könnt ihr solange bleiben, wie ihr wollt.« Theoretisch hätten wir auch bis früh um drei, vier im Mauerpark bleiben können, was wir nie gemacht haben, weil die meisten Freunde von uns halt immer schon um neun, zehn nach Hause mussten. Dann hingen wir noch ein, zwei Stunden alleine da herum, irgendwann dachten wir dann: »Ok, wenn jetzt kein anderer mehr da ist, können wir ja auch nach Hause gehen.«

Ich war auf der Kurt-Schwitters-Oberschule in der Greifswalder Straße. Da gab es einen Schüler-Club und einen großartigen Sozialarbeiter, Gunnar. Sowohl die Schule als auch der Schüler-Club waren ein Auffangbecken für Punks, für linke Jugendliche und für viele, die irgendwie nicht so richtig angekommen sind. Da konnte man gemeinsam kochen, du konntest kickern und konntest auch mal abends ein Bierchen trinken. Viele, die anderswo Probleme hatten, konnten da einfach sie selbst sein. Über diese Clique ist man in einen größeren Umkreis von Menschen gekommen und wegen diesen Menschen, wegen dieser Schule, wegen diesem Sozialarbeiter, hatte ich eine sehr gute, tolle Jugend und hatte meine Leute, hatte meine Freiheiten und war aufgefangen, einfach aufgefangen.

Eine wichtige Erinnerung ist noch, das war zur Wendezeit, da gab es eine Riesendemo auf dem Alexanderplatz. Da ging es nicht darum, dass wir die DDR nicht mehr wollten, sondern, dass sie den reformierten Sozialismus wollten und eine andere DDR wollten. Da hatte mich mein Vater mitgenommen zum Alex, wo glaube ich fünfhunderttausend Leute waren. Das war als Kind unglaublich krass. Ich hatte auch ziemlich Angst, aber da hat mich mein Vater auf die Schultern genommen und wir liefen die Otto-Braun-Straße hoch. Da guckten Leute aus dem Fenster, und ich muss hoch gebrüllt haben: »Kommt runter ihr Gurken und demonstriert mit!« Mein Vater fand das so brüllkomisch, das hat er mir noch 15 Jahre später erzählt. Das war unglaublich beeindruckend. Diese Massen! Ich habe das damals als Kind natürlich nicht begriffen, aber ich hatte dieses Gefühl, dass einfach klar war, so wie es bisher ist, kann es nicht weitergehen. Und diese extreme Aufbruchstimmung habe ich mitbekommen und aufgesogen. Mein Vater war immer bei diesen Demos und hat im Vorfeld bei uns im Flur Transpis gemalt. Und ich, als kleines Kind mit meinen fünf Jahren habe zugeguckt und gefragt: »Was machst du da?« Und dann hat er versucht, mir zu erklären, was er da macht. Das war gut, denn so hatte ich mit fünf, sechs Jahren das Gefühl, ich verstehe ein bisschen, worum es da geht. Und dann gab es diese Silvesterparty, auf die ich auch mitdurfte. Das war ein absoluter Massenevent. Die Leute sind ausgerastet. Wir waren an der Mauer und alle standen schon auf der Mauer und haben sich gegenseitig hoch geholfen. Alle hatten ihre Deutschlandfahnen in der Hand. Einheit und so. Und ich weiß, dass es für mich total unbegreiflich war, dass diese Leute auf der Mauer stehen. Und dann sah ich auch auf dem Brandenburger Tor jemanden, der da oben stand und eine Rakete schoss. Eigentlich hatte ich nur furchtbare Angst, dass der Typ runterfällt und dass irgendjemand kommt und die dafür bestraft, dass die auf der Mauer stehen. Ich wusste ja, dass man das nicht darf. Und gleichzeitig war es für mich ein absoluter Moment, diese Stimmung, diese Atmosphäre! Das war so ein ergreifender Moment. Das ist etwas, das ich nicht vergessen werde. Einfach nur diese Stimmung.

www.berlinerkindheiten.de/1984-cihan-m-johanna/

# »Die Türken haben Berlin gerettet«
## Cihan (*1984)

*Cihan ist in Kreuzberg im Wrangelkiez aufgewachsen. Während seine Mutter tagsüber putzen ging, lernte Cihan allein zurecht zu kommen und sich die Welt um sich herum zu erschließen. Sei es die Funktionsweise des Wasserhahns oder die Weltgeschichte durch den Fernseher. Und dann ist da ja noch die Mauer direkt vor der Haustür.* »Ich dachte immer, dass hinter der Mauer ein riesiges Fabrikgelände ist. Ich mochte die Mauer auch sehr. Auf unserer Seite, im Westen, war sie ja bunt und wir konnten sie anfassen und dort spielen. Eines Tages komme ich da an und sehe, die Mauer ist weg! Und irgendwelche Menschen verscherbeln Mauerstücke für fünf Pfennig, zehn Pfennig. Da war ich schon traurig. Verstanden habe ich es nicht. Ich habe es so hingenommen, aber ich habe gemerkt, dass da eine Veränderung eingetreten ist.«

Mein Vater hat meine Mutter in der Türkei geheiratet und nach Berlin geholt, als sie mit mir schwanger war. Während sie im Krankenhaus war, hatte er aber eine Affäre mit einer anderen Frau, mit der er später drei Kinder hatte, und wir beide hätten nach seinem Willen abgeschoben werden sollen, damit er keinen Unterhalt zahlen muss. So musste meine Mutter halb illegal erstmal hier leben. Sie war zunächst bei seinen Eltern, da wurde sie aber nicht gut behandelt. Damals wurden die jungen Mütter noch zu Hause besucht vom Amt, um zu sehen, wie es dem Kind geht und so. Und die Angelika, die sehr gut türkisch sprach oder spricht, hat meine Mutter da rausgeholt. So kam meine Mutter in ein Frauenhaus und musste sich durchs Leben schlagen, in dem sie hier und da geputzt hat. So kam es, dass ich mit zwei, drei Jahren oft mehrere Stunden alleine zu Hause war. Ich finde das im Nachhinein aber gut, weil ich früh gelernt habe, mich um mich selbst zu kümmern. Meine Mutter hat mir immer viel Liebe gegeben, auch wenn sie mich zu Hause gelassen hat. Sie hat mir Saft und etwas zu Essen bereitgestellt und mich trainiert, dass ich keinem Fremden die Tür aufmache. Aber wenn ich Lust hatte auf Leitungswasser, musste ich als kleines Kind schon ein paar Hürden überwinden. Wie komme ich daran? Ich nehme den Stuhl, ich versuche den Wasserhahn aufzudrehen. Geht nicht, zu fest. Probiert, Fehler gemacht, probiert, bis ich es geschafft habe. So hatte ich meine ersten Erfolgserlebnisse.

Wir sind dann nach Kreuzberg gezogen, in den Wrangelkiez. Im Wrangelkiez sind ziemlich viele alte Häuser, und die Gegend sollte eigentlich komplett plattgemacht werden für eine Stadtautobahn. Durch ganz Kreuzberg sollte die gehen und durch die Hasenheide. Aber dann kamen die Gastarbeiter und Gastarbeiterinnen vor allem, das waren ja mehrheitlich Frauen aus der Türkei. Und dann hieß es: »Die können da fünf Jahre bleiben. Und wenn die weg sind, können wir unsere Autobahn bauen.« Aber die sind halt geblieben. Mein Professor an der Humboldt-Uni, Thomas Mergel, hat gesagt: »Die Türken haben Berlin gerettet. Und die Hausbesetzer.« Bei uns in der Straße oder im gesamten Kiez lebten mehrheitlich türkeistämmige Familien. Damals war das die Gegend mit der höchsten Dichte an Menschen mit Migrationshintergrund, wie es damals hieß. Ich erinnere mich noch, wie wir Kinder uns auf der Straße getroffen haben und über mehrere Straßenzüge hinweg Räuber und Gendarm gespielt haben.

Mein Kindergarten war in der Adalbertstraße, auf der Höhe vom Kottbusser Tor. Wenn wir rausgegangen sind zum Spielen, war direkt die Mauer vor der Haustür. Als Kind denkst du ja nicht daran, dass die Stadt geteilt ist. Ich dachte immer, dass hinter der Mauer ein riesiges Fabrikgelände ist. Ich mochte die Mauer sehr. Auf unserer Seite, im Westen, war sie ja bunt und wir konnten die anfassen und dort spielen und sind immer die Mauer entlang zur Musikschule gelaufen mit unseren Erzieherinnen. Eines Tages komme ich an der Hand meiner Mutter da an und sehe, die Mauer ist weg! Und irgendwelche Menschen verscherbeln Mauerstücke für fünf, zehn Pfennig. Da war ich schon traurig. Verstanden habe ich es nicht. Ich habe es so hingenommen, aber ich habe gemerkt, dass da eine Veränderung eingetreten ist.

Etwas später waren meine Mutter und ich zu Besuch bei Freunden, und da haben wir ferngesehen, es lief die Tagesschau. Und ich sehe noch die Bilder von den Neonazi-Aufmärschen, die da gezeigt wurden. Als Kind spürst du ja das Gefühl, das die Erwachsenen gerade haben. Die waren besorgt, und ich habe die Angst von denen gespürt. Die Mauer ist weg, jetzt kommen Neonazis! Oder für mich damals »böse« Menschen. »Jetzt brechen vielleicht schlimme Zeiten an!« Das war mein Gefühl.

Meine Mutter hat nur einen türkischen Grundschulabschluss, sie ist mit zwanzig Jahren nach Deutschland gekommen. Sie wäre damals eigentlich gerne zurück in die Türkei gegangen, hat sie mir später erzählt, aber für mich ist sie geblieben. Hat sich quasi aufgeopfert, als Putzfrau gearbeitet und sich dadurch früh kaputt gemacht. Weil sie morgens und abends immer putzen musste. In Kinos. Das weiß ich noch. Manchmal hat sie mich auch ins Yorck-Kino am Mehringdamm mitgenommen. Ich kannte es nicht anders. Wenn ich meine Freunde angeguckt habe, habe ich zwar gesehen, »es gibt auch Väter«, aber ich hatte nie das Bedürfnis, einen Vater zu haben. Ich war nicht traurig, dass ich keinen Vater hatte.

Meine Mutter konnte kein Deutsch, damit hat sie heute noch Schwierigkeiten. Sie hat mit mir nur Türkisch gesprochen und ich habe erst im Kindergarten Deutsch gelernt. Das war eine gemischte Gruppe, eine deutsch-türkische Gruppe, und wir hatten eine deutsche und eine türkische Erzieherin. Dann kam ich aber auf die Grundschule in der Görlitzer Straße. Damals war das Paradigma, dass man die Zweitsprache nur dann gut lernt, wenn man die Muttersprache perfekt beherrscht. Die Folge war: »Wir stecken alle Türken in eine Klasse.« Da war ich vier Jahre und bin dann in eine »normale« Klasse gewechselt. Ich erinnere mich noch an den Zeugniskopf von meinem ersten Halbjahr in der fünften Klasse. Da stand, dass ich noch Schwierigkeiten mit der deutschen Sprache hätte, mit den Artikeln und so, aber mit einem positiven Ausblick. Und ein halbes Jahr später, am Ende der fünften Klasse, stand drin, »dass alle Probleme behoben seien.« Da sieht man, wie schwierig es ist, die Sprache zu lernen, wenn man wirklich nur mit Kindern zusammen ist, die nur eine Sprache gut können. Im Unterricht war das okay, aber man unterhält sich ja vor allem in den Pausen und auf der Straße und da bringt man sich dann gegenseitig falsches Deutsch bei. Ich hatte immer gute Noten und wurde dafür anfangs oft gehänselt. Für mich war es normal, eine Eins zu bekommen und habe da auch keine Reaktion drauf gezeigt. Aber meine Mitschüler riefen immer »Angeber, Angeber, Angeber.« Darum habe ich mich oft mit denen geprügelt. So lange, bis wir alle richtig gute Freunde wurden. Wichtig waren mir die

Noten eigentlich nicht. Ich konnte es einfach. Aber so habe ich gelernt mich durchzusetzen.

Der Wechsel von der Grundschule aufs Gymnasium war eine Zäsur für mich. Vorher war ich immer für Deutschland beim Fußball und so. Ich hatte auch keine Rassismuserfahrungen. Das habe ich erst erfahren, als ich aufs Gymnasium kam. Da waren Schüler, die von sich aus versucht haben, die Türkei schlecht zu machen, warum auch immer. »Die Türkei hat verloren!« Die haben einen so in eine Ecke gedrängt, dass ich wirklich auch Lust darauf hatte, dass Deutschland verliert. Das war für mich eine interessante Erfahrung, wie ich patriotischer wurde in Bezug auf die Türkei. Ich wollte, dass Deutschland verliert. Aber so, wie ich mich in der Grundschule durch Prügeln bewähren musste, musste ich mich am Gymnasium anders bewähren. Das hat auch funktioniert. Durch Widrigkeiten konnte ich mich immer gut entwickeln.

Ich erinnere mich noch an meine ersten Erfahrungen mit Menschen aus dem Osten. Das war irgendwann in der Grundschule, da waren wir auf einer Exkursion. Ich kann mich an den Ort nicht mehr erinnern, aber da standen wir auf einem Platz und wir sahen plötzlich eine Gruppe von gleichaltrigen Kindern, die aber ganz anders aussahen als wir. Die haben uns angeguckt, als wären wir irgendwelche Tiere im Zoo, und wir haben die genauso angeguckt. Für die war es wahrscheinlich auch was ganz Neues, so viele dunkelhaarige Kinder zu sehen, und für uns war es neu zu sehen, ganz viele Kinder mit kurz geschorenen Haaren, Bomberjacken, Jeans und Turnschuhen. Die hatten noch einen ganz anderen Stil, einige mit Hornbrillen. Genau das war meine erste Begegnung, und die zweite Begegnung war: Ich habe dann irgendwann in Steglitz Fußball gespielt, und wir hatten in Köpenick ein Fußballspiel. Abends, ja. Unser Trainer war irgendwie mit dem Auto nach Hause gefahren. Wir mussten mit der S-Bahn zurück, und dann sind wir eine Station gefahren. Und dann stieg eine Gruppe von Neonazis ein. Und das war keine schöne Erfahrung. Die wurden handgreiflich und wir mussten alle »Fischers Fritze« aufsagen. Damit wollten sie herausfinden, wer Deutscher ist, und wir waren halb türkeistämmige Kinder und halb deutsche Kinder. Das war dann meine zweite Erfahrung als Kind. Man darf nicht vergessen, dass ich auch am Anfang gesagt habe, die Erinnerung im Kopf, das Gefühl, das meine Mutter und die Freunde hatten, als damals die Mauer fiel und die Neonazis in der Tagesschau gezeigt wurden. Und da hat das auf einmal total Sinn gemacht. »Okay, der Osten ist gefährlich, da geht man nicht hin.« Später habe ich sehr viele nette Menschen aus dem Osten kennenlernt, aber das war ein prägendes Erlebnis. Und natürlich gibt es Bezirke in Berlin, da gehe ich nicht so gerne hin. Man darf auch nicht vergessen, dass es in Kreuzberg Anfang der Neunziger, Mitte der Neunziger, viele Gangs gab. Eine berühmte Gang waren die 36ers in Kreuzberg. Die haben sich gegründet, als Neonazis zum Kotti gekommen sind und türkische Läden mit Steinen beschmissen haben. Da haben sich halt die Jugendlichen zusammengetan, um eine Schutzpatrouille zu bilden.

Deutsch gelernt habe ich vor allem von Trickfilmen, in der Tat. Der Fernseher war für mich auch ein Bezugspunkt. Ich habe sehr viel vom Fernsehen gelernt, von den Trickfilmen, die wir damals geguckt haben. Also nicht nur sprachlich, sondern auch inhaltlich und moralisch. Damals gab es Trickfilme wie »Kickers«, »Mila Superstar«, »Lady Oscar«, die als Frau Generälin zur Zeit der Französischen Revolution war, usw. Da ging es viel um Gerechtigkeit, Gemeinsamkeit und Zusammenhalt. Da habe ich auch gelernt, dass man sich immer für Gerechtigkeit einsetzen sollte und für das Gute und anderen Menschen helfen soll. Mein Grundschullehrer damals, als ich in der fünften, sechsten war, der war ein absoluter Gegner des Fernsehens. Er hat uns immer gesagt »Fernsehen macht dumm. Immer.« Irgendwann im Sachkundeunterricht hat er von Dresden erzählt. Und dann haben ein Mitschüler, Zaher hieß der, seine Eltern kommen aus dem Libanon, und ich gleichzeitig »der Zwinger und die Semperoper« gesagt. Und da hat er uns angeguckt mit großen Augen. In der fünften Klasse, zwei Kinder mit Migrationshintergrund. »Woher kennt ihr denn bitte schön die Semperoper und den Zwinger?« Und da meinten wir auch wieder gleichzeitig: »Von der Radeberger-Werbung.« Ja, vom Fernseher habe ich viel aufgeschnappt. Wenn du in einem Kiez lebst und das ist ein Arbeiterviertel nur mit Arbeiterfamilien, da hat dir das Fernsehen auch ein bisschen die Welt gezeigt.

www.berlinerkindheiten.de/1984-cihan-m-johanna/

## »Durch die Wälder«
### Violetta (*1987), Novi Sad / Marzahn

*Violeta ist in Nowi Sad in Serbien geboren und floh 1995 mit ihrer Familie vor dem Bürgerkrieg nach Berlin. Violeta berichtet von der abenteuerlichen Flucht der Familie nach Berlin, ihrer Ankunft in Wilmersdorf und ihren verschiedenen Unterkünften in Lichtenberg, Marzahn, Pankow und Hohenschönhausen, »wir haben oft den Wohnsitz wechseln müssen, unfreiwillig, so war das eben, wenn man unter einer Duldung gelebt hat.«*

Überwiegend sind wir im Osten von Berlin gewesen. Das lag auch daran, dass wir einen Duldungsstatus hatten, zehn Jahre lang. Wir haben oft den Wohnsitz wechseln müssen. Unfreiwillig. Das war eben so unter einer Duldung. So kam es, dass wir mal in Lichtenberg gelebt haben, mal in Marzahn, eine kurze Zeit in Pankow, dann eine lange Zeit in Hohenschönhausen und jetzt wieder in Lichtenberg. Wären wir damals nicht hergekommen, wären wir mitten im Bürgerkrieg gewesen. Meine Eltern haben alles stehen und liegen lassen, um Sicherheit zu suchen für ihre Kinder, für ihre Familie. Sie kommen aus sehr einfachen Verhältnissen in Serbien, sind selbst recht konservativ aufgewachsen, und haben hier in Berlin gelernt sich anzupassen, aufgeschlossener zu werden. Meine Geschwister und ich, wir sind hier aufgewachsen und natürlich passt man sich an und man lebt das Leben, wie es hier ist. Und das ist nicht so, wie sich meine Eltern in ihrer Heimat das vielleicht vorgestellt haben.

Mein Vater war als junger Mann Boxer. Er war Sportler und als er eine Familie gegründet hat, hat er gemerkt, dass er damit nicht so viel Geld verdienen kann. Er hat dann überwiegend auf dem Bau gearbeitet. Meine Mama ist sehr jung Mutter geworden und hat eine Lehre als Schneiderin abgebrochen. Ich habe noch zwei Brüder. Ich bin die Älteste, aber meine Brüder sind sehr beschützerisch. Sie achten auf mich oder sagen wir, sie versuchen es. Und ich versuche, ihnen das Gefühl zu geben, dass sie es noch könnten.

Ich war der Liebling meiner Großeltern und habe sehr viel Zeit mit ihnen verbracht. Mein Opa ist immer Angeln gewesen und hat Fisch mit nach Hause gebracht, und ich hatte immer Angst vor diesen Fischgräten. Oma hat mich dann immer gefüttert. Daran kann ich mich erinnern. Meine Oma ist im März 2020 verstorben, mein Opa im Juni 2017. Das war sehr schwer für uns. Es war schon schwer, dass wir sie zurücklassen mussten. Und der Gedanke daran, dass wir ihnen nicht mehr helfen konnten, um ein besseres Leben zu haben, so wie wir. Das war sehr bitter. Wir haben in Novi Sad gelebt, ein bisschen am Rand, aber man ist schnell in der Stadt. Die Nachbarschaft war sehr familiär, idyllisch. Aber es war nicht wie auf dem Dorf. Wir hatten es oft nicht einfach, aber wir waren, glaube ich, sehr glücklich. Meine Eltern haben mit uns nicht groß darüber gesprochen, dass wir fortgehen. Wenn Menschen diese Notsituation sehen, dann redet man nicht viel herum. Dann wird es einfach entschieden.

Das war im Juli. Es war sehr heiß. Wir sind über Tschechien gekommen, durch die Wälder, und sind ganz viel zu Fuß, nachts. Das war schon krass. Mit vielen anderen Familien. Mit manchen haben wir noch immer Kontakt. Das war wirklich gefährlich. Ich erinnere mich an die Zwischenstopps in irgendwelchen Schuppen. Irgendwelche Leute haben uns da versteckt und haben uns Essen gebracht. Das war für mich total krass. So fremd. Wildfremde Menschen haben uns einfach in ihren Schuppen versteckt und Essen gebracht. Wir sind auch teilweise mit einem Zug gefahren. Ich glaube, diese Endphase war dann zum Teil mit einem Zug. Eine Strecke auch mit Autos. Und wie gesagt, viel zu Fuß über die Wälder aus Tschechien.

Wir waren mit mehreren Familien unterwegs. Aber als wir in Berlin angekommen sind, haben sich die Wege getrennt. Meine Eltern konnten kein Deutsch, nichts, kannten niemanden. Und dann haben wir uns ein, zwei Nächte in ein Hostel in Wilmersdorf einquartiert, bis mein Vater, ich weiß nicht wie, jemanden kennengelernt hat, auch aus Serbien. Und diese Person lebte in der Nähe in Wilmersdorf in einem Wohnheim. Der hat uns dann zu sich gebracht in seine Wohnung und hat uns geholfen, uns hier anzumelden. Als wir es geschafft hatten, uns anzumelden, wurden wir im selben Wohnheim einquartiert. Und da haben wir ein paar Jahre gelebt, bis die Ämter entschieden haben, dass das Wohnheim geschlossen werden sollte. Da mussten wir umziehen und wurden verteilt. Das ist im Laufe der Jahre immer wieder passiert, dass Wohnheime geschlossen und alle verteilt wurden. Bis wir irgendwann am Tiefpunkt gewesen sind. Das war 1999. Da wurden wir nach Pankow geschickt, in eine richtig schlimme Unterkunft. Das werde ich nie vergessen. Das war einfach abartig. Da wurde nicht geputzt und die Müllberge haben sich gehäuft. Das war einfach schrecklich. Ich erinnere mich, als ich früh immer mich fertig gemacht habe, um zur Schule zu gehen. Ich saß auf dem Boden, um meine Schnürsenkel zu binden und da lief eine Kakerlake an mir vorbei! Irgendwann kam eine Frau in dieses Wohnheim, die vielen Menschen geholfen hat, aus diesem Drecksloch rauszukommen. Dieser Frau haben wir sehr viel zu verdanken. Nicht nur wir, auch viele andere Familien. Damals, in Pankow, hatten wir wirklich eine Zeit, wo wir die schlimmsten Erlebnisse hatten. Da war ich zwölf, das war 1999/2000 ungefähr. Das war eine sehr entscheidende Zeit für mich. In der Grundschule in Pankow, in die ich gegangen bin, wurde ich anfangs gut aufgenommen. Später wurde ich aber gemobbt und beleidigt und auch geschlagen. Dann wollte ich nicht mehr zur Schule gehen. Ich glaube, ich bin mindestens sechs Monate nicht hingegangen. Ein halbes Jahr habe ich verpasst, und das war ausschlaggebend für die Weiterempfehlung. Ich konnte nicht mehr auf eine Real-, also auf eine mittlere Oberschule gehen, wie ich es mir erhofft hatte. Ich bin dann auf eine Hauptschule gegangen, weil ich vieles nicht aufholen konnte, was ich verpasst habe.

Irgendwann durften wir wieder nach Marzahn, wo wir vorher gelebt haben. Komisch, dass es so viele Vorurteile gegen Marzahn gibt. Klar, gibt es dort auch eine rechte Szene. Aber ich habe das überhaupt nicht gespürt. Das lag daran, dass wir in einem sehr großen Wohnheim gelebt haben, wo viele migrantische Familien waren. Es macht wirklich viel aus, wenn du in einer Gruppe da bist. Da fühlt man sich sicherer und man ist auch sicherer. Man ist da nicht so anfällig für Übergriffe. Wir sind oft gemeinsam zur Schule gegangen. Da wurden wir dann nicht mehr blöd behandelt. Meine Schulzeit in Berlin war im Großen und Ganzen immer positiv, außer wie gesagt in Pankow. Von der Grundschule, die ich besucht habe in Lichtenberg, kann ich nur positive Sachen erinnern. Ich war in einer Klasse, die sehr gemischt war. Es waren viele deutsche, aber auch viele migrantische Kinder. Und gerade das war das Gute, weil wir so schneller Deutsch gelernt haben. Das sage ich extra, weil es heutzutage diese Modelle von Willkommensklassen gibt, die ich überhaupt nicht verstehe. Mir ist es überhaupt nicht klar, warum Kinder so segregiert werden, warum migrantische Kinder ohne Deutschkenntnisse anders beschult werden sollen als andere Kinder. Wie sollen Kinder die deutsche Sprache erlernen, wenn sie nicht kommunizieren können mit anderen? Wenn sie in eine Klasse gesteckt werden mit anderen Kindern, die dieselbe Sprache sprechen wie sie? Dann werden sie weiterhin diese Sprache sprechen und nicht die deutsche Sprache erlernen. Das verstehe ich nicht. Das wird mir immer in Erinnerung bleiben, dass ich in eine gemischte Klasse gegangen bin. Von der ersten Klasse an war der Freundeskreis so breit aufgestellt. Solche Erlebnisse prägen einen. Auch die Begegnungen mit bestimmten Menschen, wie zum Beispiel, wie vorhin die Frau, die uns geholfen hat. Sie hat mir auch später immer geholfen, eine Ausbildung zu finden. Wenn sie nicht wäre, wäre ich heute nicht hier.

Zu der Zeit, als ich eine Ausbildung suchen sollte, hatten wir noch keinen sicheren Aufenthaltsstatus und es hieß, dass wir wahrscheinlich abgeschoben werden müssten. Und da dachte ich mir, es macht keinen Sinn, mir jetzt eine Ausbildung zu suchen, wenn ich eh abgeschoben werde. Und davon mal abgesehen, wird mich keiner einstellen. Wenn die sehen, dass die Zeit bald abläuft! Dann hat sie es aber doch irgendwie geschafft, sehr kurzfristig, uns einen Aufenthaltstitel zu verschaffen. Wir hatten, glaube ich, eine einjährige Aufenthaltserlaubnis, und da dachte ich: »Okay, jetzt ist aber echt spät, also muss ich das nehmen, was ich gerade finde.« Nun habe ich eine Ausbildung als Fachkraft im Gastgewerbe gefunden. Eine zweijährige, Ausbildung, schulisch und betrieblich. Die habe ich auch abgeschlossen und habe danach jahrelang gekellnert. Und habe irgendwann gemerkt: »Das ist nicht das, was ich eigentlich machen will.« Oder wollte. Tatsächlich hatte ich nie so wirklich die Gelegenheit, vorher darüber nachzudenken: »Was will ich machen?«

Und dann dachte ich eigentlich, Bürokauffrau wäre ein toller Job. Habe ich gemacht. Zwei Jahre lang, dann habe ich abgebrochen, weil es irgendwie doch nicht mein Ding war. Hauptsächlich wegen der Mathematik und ich Mathe nicht so gut konnte. Dann habe ich eine dritte Ausbildung angefangen als Erzieherin. Die habe ich aber auch abgeschlossen. In der Zeit bin ich anderen Leuten begegnet, die mich in den

Bereich eingeführt haben, in dem ich heute tätig bin. Ich bin einer Initiative begegnet, in der sich Jugendliche bundesweit engagieren, sich
selbst organisieren und politische Aktionen machen, für ein Bleiberecht
von Jugendlichen für Jugendliche. Und dieser Initiative habe ich mich
angeschlossen, durch diese Initiative bin ich auf Roma-Aktivisten gestoßen. Ich hatte mich vorher nie mit meiner Roma-Identität beschäftigt. Irgendwie hat mir der Bezug zu meiner Community immer gefehlt.
Und durch diese Bekanntschaft bin ich in diesen Bereich reingekommen. Und habe angefangen mich zu engagieren. Da war mein Opa eine große Stütze. Meine Eltern waren sehr skeptisch. Sie wussten nicht,
was sie davon halten sollten, dass ich so viel herumreise. Das war neu
für die. Zu der Zeit war mein Opa gerade bei uns zu Besuch und hat
das miterlebt. Er fand es eine tolle Möglichkeit und hat auf meine Eltern eingeredet. Ich glaube, wenn er das nicht gemacht hätte, ich weiß
nicht, also meine Eltern waren danach immer noch skeptisch, aber wer
weiß, ob ich das überhaupt gemacht hätte. Er hat mir viel Mut zugespro-
chen. So langsam entwickele ich auch jetzt erst meine Roma-Identität.
All diese Vorurteile, all diese Stereotype, die von außen kommen, haben einen großen Einfluss darauf, wie Jugendliche sich zu ihrer Identität
bekennen. Das war von Anfang an auch ein wichtiger Schwerpunkt in
unserer Jugendarbeit. Dass wir Jugendlichen einen sicheren Raum bie-
ten wollen, um mit anderen, mit Jugendlichen anderer Nationalitäten,
in Kontakt zu treten und positive Erlebnisse zu haben und sich nicht
zu schämen. Da hat man auch angefangen, ein bisschen auszusortieren,
aufzuräumen im Freundeskreis. Das ist traurig, aber es ist so. Klar gibt
es Menschen, die sich noch nie mit Roma beschäftigt haben. Das ist
auch nicht schlimm. Es ist nur so, dass viele Menschen gar nicht damit
in Berührung kommen wollen. Aber gar nicht offen zu sein? Man muss
auch nicht immer so erwachsen sein und das Leben so ernst nehmen,
finde ich. Für seine Eltern bleibt man ja eh das Kind. Immer. Meine
Mutter hat, bis ihre Eltern gestorben sind, sich immer als deren kleines
Kind gesehen. »Ich werde immer euer Kind sein«, hat sie gesagt. Egal
wie alt man ist.

www.berlinerkindheiten.de/1987-violeta-anna-maria/

# VEREINTE STADT
## Ein neues Jahrhundert

## »Schräge Beamte«
### Dominique Wolf (*1991)

*»Meine Eltern sind beide Beamte. Wir arbeiten alle im öffentlichen Dienst. Ich auch.« Dominique Wolf wächst in Steglitz auf und berichtet von ihrer frühen Faszination für die »Schwarze Szene«, von bunten Haaren, Strapsen und abwertenden Blicken und wie sie ihren Platz als »schräge Beamte« im Finanzamt Schöneberg gefunden hat.*

»Ich habe früh angefangen, mich für Musik und Subkultur zu interessieren und habe mit 13 meine Optik geändert. Ich war eher ein Mädchen, das nicht so nach Mädchen aussah. Ich war immer sehr groß und auch nicht so definiert in der Figur. Manche Mädchen haben lange Haare und 'nen Zopf und sehen niedlich aus, tragen Kleider und so. Ich war eher die in Jeans und Turnschuhen, Polohemd. Das war in den Neunzigern mal ganz in und ich hatte kurze Haare. Wenn du dann noch Dominique heißt, denken viele, dass du ein Junge bist. Darum hatte ich manchmal so leichte Identitätsprobleme. Nicht, dass ich gesagt hätte: »Oh Gott, was bin ich? Ich will ein Junge sein!«, sondern einfach nur: »Warum ist das manchmal so schwierig?« Das ist mir schon in der Grundschule passiert, dass ich manchmal vor den Kopf gestoßen wurde und nicht mitspielen konnte. So bin ich Einzelgänger geworden.

Auf dem Gymnasium hab ich mir einen Iro schneiden lassen. Meine Eltern hatten damit nie ein Problem. Dann hab ich mir auch die Haare färben lassen, ich fing mit rot an und ab da war das Kind in den Brunnen gefallen. Da warst du wahrhaftig der »lonely wolf«. Natürlich hatte ich Freundinnen, einzelne. Aber ab da gab es so eine Verlaufskurve, zuerst Chucks, zerrissene Jeans und Band T-Shirts. Wie gesagt, bunte Haare, viel Schmuck. Ich hab damals angefangen, mich viel zu schminken, weil ich Akne hatte in der Pubertät und das war mir wichtig, dass man das nicht so sieht. Dann bin ich noch mehr in die Höhe geschossen. Ich war auf einmal größer als die Jungs in der Klasse und das Thema Brüste ist ja auch so ein Ding. Ich hatte mit 15 meinen ersten Freund, der war schon im Abi-Jahrgang. Wir hatten vier Jahre Unterschied und das war super, weil es hat mich darin bestätigt, so zu sein, wie ich bin. Der war 'ne Mischung aus Punk und Metaller. Wir haben uns musikalisch gegenseitig befruchtet, ich hab immer mehr Bands entdeckt und wurde immer krasser und hab' überall Aufnäher und Buttons gehabt und ganz viele Glöckchen, die waren für mich ganz wichtig. Von diesen Osterhasen von Lindt habe ich immer die Glöckchen gesammelt und ich war super laut, das war so die Haltung: »Lasst mich alle in Ruhe! Ihr sollt aus hundert Meter Entfernung schon hören, dass ich komme.« Ich wurde leider auch gemobbt. Wir hatten auch ein Klassengespräch, aber der Lehrer hat das nicht ganz kapiert. »Naja, ist ja normal, die sind ja in der Pubertät, da neckt man sich!« Nein, das war es nicht. Mir wurden Sachen weggenommen, Sachen kaputt gemacht, ich wurde beleidigt am laufenden Band, auch im Unterricht. Mir wurde ins Wort gefallen und ich wurde als dumm und natürlich als Freak betitelt.

Das sind alles Einschläge in eine Kinderseele, entweder machen die dich härter und bringen dich dazu, dich weiterzuentwickeln, oder sie sorgen dafür, dass du immer schwächer wirst. Ich hatte in jedem Fall oft Bauchschmerzen. Aber es hat mich auch weitergebracht. Meine Eltern haben sich damals sehr doll damit auseinandergesetzt. »Nehmen wir sie von der Schule?« Da hab ich gesagt: »Auf gar keinen Fall. Dann zeige ich denen ja, dass sie gewonnen haben. Ich bleibe da.« Meine Noten haben darunter sehr gelitten, und ich habe eine Prüfungsangst entwickelt, die hatte ich bis ins Studium.

Ich habe mich immer weiter mit der Szene auseinandergesetzt, viele Leute kennengelernt, viele Freundschaften geschlossen, dadurch auch eine Menge kompensiert, denke ich. Weil man sich in dieser Szene, ich nenn das jetzt mal grob die »schwarze Szene«, auch wirklich wohlfühlen kann. Da sind viele Menschen, die verletzt wurden, die Probleme haben, ob es nun seelisch ist oder körperlich. Es ist ein großes Sammelbecken für Leute, die am Rand der Gesellschaft stehen, weil sie nicht ganz integriert werden. Ich bin zwar integriert, aber wenn man speziell ist, wird man oft abgelehnt und wundert sich warum. Und dann geht man eben zu den Leuten, mit denen es geht.

Meine Mutter war schon immer eine coole Sau. Die ist auch immer krass rumgelaufen. Ich hatte nie irgendwelche Regeln oder Verbote. Ich habe schon gut funktioniert. Ich habe nie gestresst. Ich war nicht laut. Ich habe mich nicht gestritten mit meinen Eltern. Ich habe in der Pubertät überhaupt nicht diese Pubertät ausgelebt an meinen Eltern, das war gar nicht nötig. Ich konnte meine Springerstiefel, zerrissenen Strumpf-hosen und auch früh schon Strapse anziehen, wenn ich da Bock drauf hatte. Meine Mam hat mich auch musikalisch sehr geprägt. Depeche Mode, Sisters of Mercy, ganz viel David Bowie und Billy Idol. Auch Fal-co haben wir viel gehört.

Mein Papa ist fast zwei Meter, und ich wollte immer auch groß sein. Meine Freundinnen waren immer so klein, das wollte ich nicht. Und dann hab ich halt auch sehr lange Beine bekommen. Ich habe mit meinem ersten Freund meine Sexualität entdeckt und gemerkt, naja, das gefällt dir selber, dass du lange Beine hast, das gefällt den Männern. Ich trag auch, seit ich 16 bin, keine Hosen mehr. Ich wollte nicht mehr jungsmäßig wirken. »Nee, du bist jetzt eine Frau!« Seitdem trage ich nur noch Strumpfhosen oder mal 'ne Leggins. Es kleidet einen halt. Ich habe auch in einem guten Alter gelernt, auf hohen Schuhen zu laufen. Ich wurde sehr klassisch erzogen. Sei still. Nimm dich zurück. Benimm dich. Etikette halt. Man kann zwar derbe aussehen und auch manchmal eine Kodderschnauze haben, aber in den richtigen Momenten weiß ich sehr wohl, wie ich mich auszudrücken habe und wie das Essen mit Mes-ser und Gabel funktioniert, wo ich bei Altersgenossen oft denke, wie hältst denn du das Messer? Da bin ich dann selbst sehr spießig. Sauber-keit ist auch ein großer Faktor. Diese engen Klamotten, Strümpfe, Kor-setts und Highheels sind Dinge, die du ja um dich herum schnürst, die den Körper klar umschließen. Das gibt dir Sicherheit. Verletzlichkeit ist bei mir auch so ein Ding. Deswegen vielleicht auch die Haare oder die großen dicken Springerstiefel mit den Plateausohlen. Das sind Dinge, wo andere Menschen erst mal zurückgehen und sagen, das ist mir zu krass. Aber so hast du auch nur noch mit Menschen zu tun, die es viel-leicht besser mit dir meinen.

Weil meine Eltern beide Westberliner sind, kriegt man von Kindes-beinen an mit, dass das mal anders war. Die haben noch so Sprüche: »Ich fahr nicht in den Osten!« oder »Man steht nur an roten Ampeln. Ist ja wie im Osten.« Mein zweiter Freund hatte noch eine DDR-Ge-burtsurkunde, der hat in Prenzlauer Berg gewohnt. Da hab ich sehr viel Zeit verbracht in der Abi-Phase. Ich fand das cool, ich mochte den Kiez in Prenzlauer Berg. Der hat sich ja leider dann krass zum negativen gewandelt, weil so viele Zugezogene da hingekommen sind. Viele Hipster und Yuppie-Leute und so viele Familien. Das hat mich abgestoßen. Es waren keine coolen Leute mehr da, da ist keiner mehr rumgelaufen, der geile Haare hatte und nicht eine coole, abgewetzte Lederjacke. Im Prenzlauer Berg gab es einen Klamottenladen, der hat auch '91 eröffnet, der hieß damals noch Xtra X. Den hab ich als Teenager kennengelernt. das war ein super cooler Laden. Da lief richtig derbe Musik, es war alles schwarz, und die Leute, die da gearbeitet haben, sahen dementsprechend aus. In dem Laden hab ich direkt nach dem Abi angefangen zu arbeiten als Aushilfe. Das war saugeil, weil du konntest dich genauso geben und sein, wie du bist. Da waren nur Leute, die genau die gleichen Interessen hatten. Das war eine tolle Zeit, echt. Und die Leute hab ich auch bis heute als Freunde. Das Zurückfahren dann immer in den Westen war dann schon krass. Aus der coolen Ecke im Prenzlauer Berg rein in das spießige Steglitz. Ey, ey, ey. Ich provoziere nun mal mit meinem Aussehen und finde es auch okay, wenn die Scheiße reagieren. Da freut man sich ja fast drüber! Ich habe keine Scheu, Menschen in die Augen zu gucken und auch lange anzugucken, wenn die mich anstarren oder dann gibt's halt 'nen Spruch und die Berliner Schnauze. Das liebe ich. Dafür ist Steglitz ganz süß, um es ein bisschen aufzuwühlen. In Schöneberg z.B. ist das anders. Hier provoziere ich keinen, und hier muss ich auch keinen provozieren. Hier ist komplett mein Zuhause. Das ist mein Nest. Ich könnte hier nackt um drei Uhr morgens die Straße lang laufen. Mir würde hier nichts passieren, gar nichts.

Ich arbeite jetzt beim Finanzamt Schöneberg. Damit rechnet immer keiner. Das ist toll da, das ist so tolerant. Ich hatte wegen meiner Optik da nie Probleme. Ich wurde so eingestellt. Die hätten mich ja nicht nehmen müssen, haben sie aber. Und da laufe ich so rum, wie ich will. Das ist toll. Du kannst da von Hacke bis Nacken tätowiert sein. Das ist egal. Damit hatte ich gar nicht so gerechnet, als ich mich beworben habe. Nächstes Jahr bin ich »lebenslänglich«. Darauf bin ich stolz, weil ich aufgrund der Prüfungsangst zwischendurch mir das fast versaut hätte. Ich hab' vorher was anderes studiert, Lehramt, hab' aber gemerkt, das ist es nicht und bin danach so ins Bodenlose gefallen, weil ich nicht wusste, wo ich hin soll. Ich hatte keinen Halt. Wenn du einfach nicht weißt, was du werden sollst und hast schon was abgebrochen, bist Mitte zwanzig, ich hatte Angst, dass ich es nicht schaffe. Beim Finanzamt war das für mich am Anfang auch sehr schwer, weil ich immer dachte, schaffe ich es oder nicht? Das Studium war knüppelhart, aber sehr strukturiert und das habe ich gebraucht, aber ich habe mich sehr schwer getan und habe meinem Umfeld wirklich viel zugemutet. Als ich im Job war, sind alle Knoten geplatzt. Ich saß da und dachte: »Gott, warum war das denn so ein Problem?« Aber jetzt ist es mein Ding. Während dieser Zeit ging auch meine letzte Beziehung in die Brüche. Und das verzeihe ich mir selber nicht. Ich habe meinen Partner, meine Familie, meine Freunde extrem belastet damit. Das lag nicht nur an dem Studium, aber das tut mir bis heute leid. Aber wir sind bis heute noch befreundet. er ist nicht raus aus meinem Leben. Das wäre noch viel trauriger.

Jetzt bin ich das erste Mal alleine. Ich habe noch nie alleine gewohnt und ich war auch, seit ich 15 war, nie alleine. Erster Freund, zweiter Freund und dann er. Entsprechend muss ich jetzt mal mich selber kennenlernen. Man reflektiert sich viel mehr, und ich bin viel ruhiger geworden. Endlich. Ich komme unglaublich gerne nach der Arbeit nach Hause, kann die Tür zumachen und sagen. »Boah, und jetzt ist hier Schicht im Schacht.« Musik an, was kochen oder nicht. Lesen. Netflix. Telefonieren. Das ist wirklich gerade erfüllend. Ich brauche jetzt erst mal keine neue Beziehung. Ich möchte jetzt die Beziehung erstmal mit mir selber führen. Wer ich jetzt bin? Ich bin immer noch ich, Dominique, ich bin eine gute Freundin, ich bin, glaube ich, eine ganz gute Tochter und eine schräge Beamte!

www.berlinerkindheiten.de/1991-dominique-wolf/

## »Fake it till you make it«
### Allan Anders (*1996), Charlottenburg


*Allan meldete sich auf einen meiner Abreißzettel, die ich an Ampeln und Laternen hefte: »Berliner Kindheiten gesucht!«. »Keine Ahnung, warum ich den mitgenommen habe, aber ich dachte, den nimmt außer mir bestimmt keiner von meinen Leuten mit. Und ich fand's gut, dass da was ist, was von mir bleibt.« Die Kindheit von Allan spielte sich rund um den Richard-Wagner-Platz in Charlottenburg ab, wo wir uns auch getroffen haben. Seit er denken kann, hat er hier mit Freunden »gechillt« oder Fußball gespielt und noch heute führt ihn sein erster Weg in Berlin immer zum »Richard«, wie er sagt. Allan berichtet von der Fähigkeit, sich als »Chamäleon« durchzuschlagen und wie er – »ich hatte keine Ahnung davon, keine Ahnung« – sich im Rap-Business einen Namen machte.*


Meine Eltern haben sich nie getrennt oder so, das war immer ein stabiles Ding, die haben sich geliebt, die haben uns geliebt, mich und meine jüngere Schwester. Mein Vater ist Fahrer bei der »Deutschen Rentenversicherung«. Meine Mutter war bis vor kurzem Putzkraft. Sie ist außerdem Hausfrau und Mutter, das ist sozusagen ihr Hauptjob gewesen. Wir waren so Mittelstand, wir hatten nicht übermäßig Geld, aber wir hatten immer einen vollen Kühlschrank. Ich hab zwar keine Nike-Klamotten bekommen, aber ich habe eben normale Klamotten bekommen. Eine coole, unproblematische Kindheit. Früh zum Kindergarten, nach Hause, zwei Serien auf RTL 2 geguckt und dann raus auf den Bolzplatz Fußball gespielt bis spät in die Nacht, dann nach Hause schlafen und jeden Tag genau dasselbe. Hier sind viele Ausländer, man denkt immer Charlottenburg ist gehobene Gegend, aber wir sind halt einfach Jungs, ganz normal, die zur Schule gegangen sind und Fußball gespielt haben, das war unsere Beschäftigung. Libanesen, Türken und Deutsche, Italiener, Mexikaner, alles voll gemischt, wir haben die ganze Zeit Fußball gespielt. Das war unser Ding. Wir waren viel auf der Straße. Ich bin auch heute noch jeden Tag am Richard-Wagner-Platz. Ich bin mittlerweile viel unterwegs, aber wenn ich in Berlin lande, will ich zuerst hierher kommen. Das ist mein Zuhause, Heimat.«

Als Kind waren zuerst Sportler meine Vorbilder, Ronaldinho z.B. Später waren das irgendwelche Rapper, wo ich im Nachhinein denke, wie konnten die dein Vorbild sein? Da gab es viele, Azad, Bushido und so, das waren Leute, die ich übelst gefeiert habe. Aber wir waren dumm, wir haben gedacht, der ist Ausländer, ich bin auch Ausländer, jetzt will ich so sein wie der, weil der hat Millionen, ich will auch Millionen. So wurde unser Kopf schon früh gefickt, würde ich sagen.«

*Warum sagst du, bist du Ausländer?*
Wir haben eine andere Kultur, wir sind mit anderen Werten aufgewachsen, weißt du, das ist eine andere Religion, wir essen anderes Essen, das merkst du ganz früh. Dass du nicht das isst, was dein guter Freund isst. Der isst Schweinefleisch und ich esse keins. Mein Lieblingsessen ist das und das, und der kennt das noch nicht mal. Dann fragst du: »Warum kennst du das nicht? Isst du nicht das selber auch?« Aber was heißt schon Ausländer? Wenn man mich fragt: »Was bist du?« Dann sage ich: »Berliner«. Wenn man etwas tiefer in die Materie reingeht, bin ich Kurde. Aber eigentlich mache ich da keinen Unterschied. Meine Eltern sind aus dem Nordirak, ich bin hier geboren, aber im Nordirak spricht man halt viele Sprachen, arabisch, türkisch, kurdisch, turkmenisch, ich kann von allem so ein bisschen und Turkmenisch und Türkisch kann ich relativ gut. Aber das ist auch das Umfeld hier, ja? So lernst du auch als Deutscher türkisch. Auf dem Bolzplatz war das egal. Hauptsache, du konntest gut Fußball spielen. Und wenn du nicht gut spielen konntest, dann hast du halt Scheiße gespielt, du durftest trotzdem mitspielen. Aber wer deutsch ist und wer … das haben wir erst später gecheckt. Im Nachhinein ist es eigentlich auch egal, du suchst nur Fehler in anderen, um dich ein bisschen krasser zu machen. »Die nehmen unsere Jobs weg!«, »Die Schwarzen kommen besser bei den Frauen an!« – Das sind halt alles Ausreden. Man will sich einen Grund geben, warum man Dinge nicht schafft. Ich habe z.B. einen deutschen Nachnamen, deswegen kann ich immer gut tricksen. Wenn ich deutsch sein muss, bin ich Deutscher, denn ich heiße »Anders« mit Nachnamen, aber wenn ich Kanake sein muss, kann ich immer noch eine andere Sprache sprechen. Ich bin ein Chamäleon, darum komme ich immer gut durch.
Erste bis sechste Klasse war ich voll gut in der Schule, einer der Be-

sten. Siebte Klasse erstes Semester war ich auf dem Gymnasium, das habe ich voll verkackt, und dann bin ich auf eine Realschule gekommen, wo wir nur Scheiße gebaut haben. Das Problem war – jetzt wieder das Thema –, das war eine Schule voller Ausländer. Aber gebürtige Deutsche, da hattest du einen. Der Rest waren nur so durchgedrehte Idioten. Wir haben alle zusammen Scheiße gebaut, bis meiner Mutter der Kragen geplatzt ist und sie meinte: »Niemals«. Und sie schickte mich auf eine evangelische Schule: »Da bist du weg von allem Schlechten und lernst ein bisschen mehr!« Da war ich der einzige Ausländer und war die nächsten vier Jahre nur umgeben von Deutschen. Am Anfang war das voll fremd. Weil die ganze Zeit nur mit einer anderen Kultur. Obwohl ich in diesem Land lebe, war das trotzdem etwas komisch. Aber ich habe mich schnell eingelebt. Die ersten drei Typen, mit denen ich mich angelegt habe, wurden drei Wochen später meine besten Freunde. Tom, Robin und Bela. Mit denen bin ich bis heute befreundet. Tom war in der siebten Klasse schon zwei Meter groß, da war ich noch ein kleiner Pisser. Der hat mehr türkisch geredet als ich. »Warum?« – »Ich bin halt mit solchen Leuten aufgewachsen.« Und da habe ich gemerkt, es gibt original keinen Unterschied. Es gibt einfach keinen Unterschied.

*Wie bist du mit der Rap-Szene in Kontakt gekommen?*
Durch meinen Cousin. Der hat richtig früh Azad[8] gehört. Der war Kurde, und mein Cousin konnte nicht so gut Deutsch, weil der frisch aus dem Irak zu uns kam. Und der hat immer Azad gehört und gemeint: »Boah, der ist Kurde, der ist voll cool, hör dir das mal an!« Das war 2001. Das heißt, ich bin fünf gewesen. Voll früh. Und so kam es. Durch Freunde auf der Straße, wir hatten irgendwann alle Handys, so Nokia 3210, und da haben wir uns immer per Infrarot die neuesten Rap-Lieder geschickt. Das waren so Leute, die nichts hatten, wie wir, und die hatten auf einmal ganz viel Geld und das fanden wir voll geil. Aber das war Dummheit! Wir waren natürlich nicht arm. Arm sind andere Leute, wir waren ganz bestimmt nicht arm. Wir hatten immer einen vollen Kühlschrank, wir waren einmal im Jahr im Urlaub, wir konnten unsere Miete bezahlen, wir hatten Klamotten, uns ging es voll gut. Aber man will halt

---

[8]  Frankfurter Rapper kurdischer Abstammung

immer noch mehr. Das ist die Natur des Menschen. So wie man heute
Gucci-Klamotten und das neueste Auto haben will, wollte man damals
Nike-Klamotten und ein Fahrrad haben.«

Vor vier Jahren, da war ich 18 und hatte gerade meinen Führerschein.
Da kam ein Album raus von Manuellsen[9]. Ich schrieb auf seiner Face-
book-Seite: »Boah, voll geil! Ich hab' zwar kein Geld, um mir das zu
kaufen, aber ich komme schon irgendwie ran.« Und der dachte, ich will
das klauen. Und hat auf meinen Kommentar kommentiert: »Dicker,
mach dir keine Sorgen, komm morgen bei mir im Studio vorbei, dann
kriegst du das.« Da habe ich mir meine Jungs geschnappt und wir sind
nach Neukölln gefahren, geklingelt und da war auch der Manager von
ihm. Michael Jackson. Der heißt wirklich so. Und dann haben wir ein
bisschen mit dem gequatscht. Das war der erste Kontakt.

Anderthalb Jahre später. Da war am Mehringplatz ein Späti-Verkäu-
fer, der hat voll laut Rap gehört. Und ich bin rein und meinte: »Voll
geil, krasse Musik.« Und er meinte: »Ich muss jetzt mal ein Video dre-
hen.« Und ich meinte zu ihm, obwohl ich keine Ahnung davon hatte:
»Komm, ich mach dir ein Video.« Dann bin ich zu meinem Cousin,
der ist Kameramann, und sage ihm: »Wir machen jetzt für den Typ ein
Video.« – »Gibt's Geld?« – »Nee, gibt kein Geld.« Und dann haben
wir ein Video gedreht, und ich habe immer Anweisungen gegeben, obwohl ich keine Ahnung hatte. Der Typ war begeistert: »Boah, du bist
17, 18 und machst das voll krass.« – »Ja, normal«, habe ich auf selbstverständlich getan.

Halbes Jahr später habe ich in einem Späti gearbeitet. Und dieser
Michael Jackson kommt rein. Und ich frage: »Ey, kann ich bei dir ein
Praktikum machen?« So habe ich bei dem ein Praktikum gemacht und
für die ersten ein bisschen namhafteren Leute gedreht, aber was heißt
»gedreht«, ich habe vor allem Sachen getragen. Aber ich habe all meinen Freunden gesagt: »Ich habe das gemacht. Das neue KC Rebell Video habe ich gemacht.« Obwohl ich nur Sachen getragen habe. Das hat
mir aber so gefallen, dass etwas bleibt im Internet, wo dein Name drunter steht. Irgendwann habe ich gemerkt, mir bringt dieses ganze Zeug
nichts, das macht alles keinen Sinn, ich höre auf. Dann habe ich aufge-

[9] Rapper aus Gelsenkirchen

hört und hatte nichts mehr mit Rap zu tun und habe eine Zeit an der Tür gearbeitet und habe einen Obst-Saft-Verkauf gestartet. Von einem Kumpel die Mutter, die hatte eine Bar, die hat erst um 19 Uhr geöffnet und da hatte ich die Idee: »Komm, wir fangen um acht Uhr an und verkaufen Säfte bis 18 Uhr.« Das lief ganz gut, ich habe mich damals so über Wasser gehalten. Aber sonst war ich ein notorischer Penner und hatte kein Geld. Ich habe dann auf Wunsch meiner Mutter wieder studiert. BWL Dual. Erstes Semester und habe dafür ein Praktikum gesucht. Ich hatte durch Zufall einen Monat vorher den Manager von Bausa[10] auf Facebook geaddet und der hat vier Stunden vor der Abgabe von dem Praktikumsvertrag auf Facebook gepostet: »Suche Pflichtpraktikanten für Bausa / Videographen.« Bewerbung abgeschickt und eine Stunde später kriege ich 'ne Nachricht, Bewerbungsgespräch. Die haben mich nach einem Monat schon übernommen, obwohl das Praktikum eigentlich zwei Monate ging. Für die habe ich in den letzten Jahren Videos gedreht und seitdem bin ich ein bisschen bekannter in der Szene.

*Woher kommt das, dass du dich einfach hinstellst und sagst: Ja, mache ich.*
Man hat halt nichts zu verlieren. Das habe ich von meinem Vater. Mach einfach Dinge. Und wenn du es nicht schaffst, hast du es halt nicht geschafft. Du bist immer noch voll jung und kannst immer noch tausend andere Dinge tun. Keine Ahnung, das liegt so bei uns in den Genen, das wir einfach machen. Wir tun's einfach und wenn's nicht klappt, dann klappt's halt nicht.

*Vor was hast du Angst?*
Das ich mich verliere in dem Ganzen. Viele Leute verlieren sich und gehen – ich bin ja Moslem und ich will nicht diesen teuflischen Pfad eingehen. Es ist in der Musik leider so, da wird vieles glorifiziert, was nicht gut ist. Hätte ich damals keine Musik gehört, hätte ich auch bestimmt nicht gedacht, dass Kriminalität cool ist oder dass viele Frauen zu haben cool ist. Das kommt durch die Musik, da wird die Jugend früh manipuliert, und ich möchte eigentlich kein Teil davon sein. Ich möchte kein Teil davon sein, dass Leute kriminell werden. Ich habe Angst da-

---

[10] Berliner Rapper

vor, vom rechten Pfad abzukommen und zu denken, es gäbe nur dieses Leben. Da macht dann nur noch das Sinn: Geld verdienen, sterben. Dieses Denken will ich niemals bekommen. Wenn du lang genug in dieser Szene bist oder mit Menschen zu tun hast, die so denken, dann ist die Gefahr groß zu vergessen, was wirklich wichtig ist. Ich versuche auch mich komplett von Alkohol fernzuhalten, ich habe noch nie Drogen genommen, ich möchte mich einfach nicht verlieren, das ist mir wichtig. Ich glaube, wenn du erwachsen bist, ist man nicht mehr so hyperaktiv, wie ich jetzt. Ich bin die ganze Zeit aktiv und will die ganze Zeit irgendwelche neuen Ding tun. Aber ich glaube, ein Erwachsener hat diese Weisheit. Die Weisheit, wo er sagen kann, ich muss jetzt nicht nach links gehen, weil ich bin da schon mal lang gegangen. ich muss mir das nicht mehr anschauen. Aber ich muss jetzt gerade da lang gehen, um zu checken, was es da alles gibt. Wenn man reich an Erfahrungen ist, dann ist man erwachsen.

www.berlinerkindheiten.de/1996-allan-karl-chi/

*Karl erlebt seine Kindheit im Scheunenviertel während der aufgeregten
Nullerjahre des Berlin-Hypes, was ihn und seine Mutter vor allem belus-
tigte. »Du läufst vor die Tür und auf dem Weg zum Alex hörst du kein
Wort deutsch, nur Touristen. Amerikaner, Japaner, die da rum guckten,
»Ohh, eine Galerie!« Ich hab den Hype darum nie verstanden, schon als
Kind nicht. Das ist meistens nur ein weißer Raum, in der Mitte hängt ein
Bild und davor ist eine lange Schlange voller Schwaben oder Touristen.«*

Was mich immer aufgeregt hat an den Touristen, das war, am Hackeschen Markt sind die Gehwege nicht so breit. Und du kommst mit deinen
Einkaufstüten und die Touristen laufen da in ihrer unendlichen Lang-
samkeit diesen Weg lang. Wenn es große Gruppen sind, dann bleiben
die oft auch einfach stehen. Du läufst hinter denen her und »batsch!«
läufst du direkt in die rein. Typisch sind auch die Galerien. Ich hab den
Hype darum nie verstanden. Schon als Kind nicht. Es ist meistens einfach nur ein weißer Raum. In der Mitte hängt ein Bild und davor ist
eine lange Schlange von Schwaben oder Touristen, die voll abgehen.
Vor einem Bild, das ich aber gar nicht schön finde oder interessant. Und
dann sagt der Künstler: »Und jetzt gib mir zehntausend Euro.« Das
Schlimme ist, irgendjemand zahlt auch zehntausend Euro dafür.
    Wir sind keine reichen Schwaben gewesen. Mein Papa kommt aus
Leipzig und meine Mama aus Potsdam. Die haben sich in Berlin kennengelernt. Ich glaub' in einer Kneipe, wo meine Mama gekellnert hat.
Die haben sich aber schon getrennt, als ich noch ein Baby war. Das war
das einzig Gute daran. Da hab ich es nicht so mitbekommen. Mein Papa
hat immer in Prenzlauer Berg gewohnt. Mit dem hab ich viel unternommen am Wochenende. Das war Tradition, dass der sonntags gegen Elfe
bei uns auf der Matte stand und mich abgeholt hat. Dann sind wir mit
dem Fahrrad los und ins Kino oder zum Teufelsberg gefahren.
    Zur Schule bin ich in die Kastanienbaum-Grundschule an der Gips-
straße. Das war eine sehr schöne Schule, klein, aber fein. Es gab da er-
staunlich wenige Ausländer, fällt mir jetzt mal so auf. Es gab schon Aus-

länder, klar, aber wenige. Die meisten waren deutsch. Und, was auch bemerkenswert ist, alle, zumindest in meiner Klasse, haben im Scheunenviertel gewohnt. Wirklich alle. In der ersten Klasse schon hab ich da zwei meiner besten Freunde kennengelernt. Der eine ist Bulgare, der andere Mongole. Die Jahre von sechs bis zwölf habe ich fast nur mit den beiden verbracht. Vor allem mit dem Mongolen. Wir waren eigentlich immer draußen. Neben meinem Haus war ein Abenteuerspielplatz und daneben ein Basketball- und ein Fußballfeld. Da haben wir uns verabredet und sind durch die Straßen gestromert.

Ostberlin hat für mich immer noch diesen ein bisschen billigen, aber doch coolen und ein bisschen abgeranzten Charme. Westberlin ist für mich immer noch, da wohnen halt die reichen Säcke in Wilmersdorf. Ist mehr Schickimicki. Das Scheunenviertel ist eine interessante Mischung aus beidem, würde ich sagen. Schon auch reiche Leute, aber auch sehr ruhig. Wir waren ja selber keine reiche Familie. Wir hatten immer genug zu essen und wir hatten eine megageile Wohnung. Neunzig Quadratmeter, eine riesige Küche und die Wände waren alle mit Stuck verziert. Als meine Eltern noch zusammen waren, haben wir da gemeinsam gewohnt. Richtig schöner Altbau. Mit noch so einer Wendeltreppe, riesengroß. Das war echt 'ne geile Wohnung. Verreist bin ich mit meiner Mama nie. Immer nur mit meinem Papa oder mit meinen Großeltern. Dadurch, dass in Mitte die Mieten so teuer geworden sind und meine Mama mich und meine kleine Schwester aufziehen musste, war nicht mehr drin. Es gab, wie gesagt noch die Großeltern väterlicherseits. Mit denen habe ich richtig viel gemacht. Ich kann mich erinnern, dass ich oft die gesamten Sommerferien nur bei denen verbracht habe. Mama ist Krankenpflegerin, schon immer gewesen. Mein Papa ist gelernter Elektriker, hat aber auch viele handwerkliche Sachen gemacht. Der hat auf dem Bau gearbeitet oder früher, kann ich mich erinnern, im Berliner Ensemble. Da hat der immer die Scheinwerfer mitbewegt, wenn die Schauspieler sich bewegt haben, damit sie immer im Licht stehen.

Mit 16 habe ich eine Ausbildung begonnen zum Fachinformatiker. Mit 19 war ich fertig. Jetzt bin ich immer noch da. Ausgezogen bin ich mit zwanzig. Direkt nach Neujahr. Ich konnte es mir halt dann leisten, meine Mama hatte auch eine Person weniger, um die sie sich kümmern musste. So bin ich in den Wedding gezogen. War eine richtig geile Entscheidung. Das klingt vielleicht gemein gegenüber meiner Mutter. Aber jetzt, wo man ausgezogen ist, merkt man das Erwachsensein doch. Ist für mich besser erwachsen, als ein Kind zu sein. Weil als Kind bist du total abhängig von den Eltern. Du kannst nichts. Du hast keinen Beruf erlernt, verdienst kein eigenes Geld. Und jetzt habe ich einen Job, und seitdem ich auch nicht mehr bei meiner Mama wohne, bin ich ein richtiger Hausmann geworden. Tatsächlich. Früher musste ich immer die Spülmaschine ausräumen, den Müll runterbringen und so. Da hatte ich nie Bock drauf. Aber jetzt, wo ich alleine wohne, bin ich viel selbstbewusster geworden, viel ordentlicher. Als Kind war ich sehr schüchtern und introvertiert und ziemlich brav. Aber als ich ausgezogen bin, habe ich gemerkt: »Jetzt fängt das Leben erst richtig an. Jetzt kann ich machen, was ich will.« Ich kann mich erinnern, dass meine Mama mich mal zum Kindergarten gebracht hat und ich konnte damals noch nicht lesen. Dann habe ich immer gefragt: »Was heißt das, was steht da?« Dann hat sie mir das vorgelesen. Da hab ich einmal gesagt: »Ich wünschte, ich wäre erwachsen, dann könnte ich das alles selber lesen!« Da hat Mama gesagt: »Nee, wünsch dir nicht erwachsen zu sein. Kind sein ist besser.« Da war ich schon deprimiert, weil ich wusste, »eines Tages werde ich erwachsen sein!« Heute sehe ich das anders. Lieber Erwachsener als Kind sein. Erwachsen zu sein bedeutet für mich, für sich selbst sorgen zu können, ohne groß Hilfe von außen zu benötigen. Im zweiten Schritt dann auch die Anderen oder das Leben der Anderen zu bereichern. Mit dem Wissen oder der Erfahrung, die man hat, indem man sie inspiriert oder zum Lachen bringt.

»Insect Warfare«, die Band auf meinen T-Shirt, ist eine Grindcore-Band. Die gibt es leider nicht mehr. Bis ich elf Jahre war, habe ich gar nicht selber Musik gehört. Ich musste immer diesen fürchterlichen Radiosender meiner Mutter anhören. Radio Eins ist das. Mein Zimmer lag direkt neben der Küche, und das Radio in der Küche war natürlich auf Lautstärke hundert eingestellt. Und wehe, ich hab das Radio leiser gemacht, dann hat meine Mama schon geschrieen: »Mach das Radio lauter!« Als ich elf war, hat mein Vater mir eine Platte von Snoop Dogg in die Hand gedrückt. Dann fand ich das für ein Jahr ganz cool. Dann kam eine Michael Jackson-Phase und in der Oberschule bin ich durch meine beiden Freunde zu Rammstein gekommen. Rammstein mag ich bis heute. Später sind wir über Youtube auf »Insect Warfare« gestoßen, das war eigentlich die erste Metal-Band, die ich gehört habe, und so bin ich reingerutscht in diese Musik. Metal war für mich immer eine Form von Einzigartigkeit. In meiner Familie einzigartig und auch ein wenig Protest gegen Radio Eins und Herbert Grönemeyer. Durch die Band-Shirts, die ich mir immer geholt habe, konnte ich mich identifizieren. Meine Freunde haben eher Metalcore gehört und ich bin Richtung Death Metal gegangen, das haben die dann wieder nicht mehr so toll gefunden. Das war aber ein Faktor, der dazu beigetragen hat, dass ich das weitergemacht habe, ich wollte einzigartig sein. Das ist bis heute so. Ich habe noch keinen Menschen gesehen mit einem Insect Warfare T-Shirt, noch keinen. Und ja, ich hab's tatsächlich gemocht, weil die anderen es nicht gemocht haben. Bis heute habe ich fast ausschließlich Band-Shirts.

Das Scheunenviertel hat sich nicht allzu viel ändert. Außer ein paar baulichen Maßnahmen am Hackeschen Markt. Da war Edeka, Rossmann und da drüber noch »Pro Seniore«, so ein Altenheim. Abgerissen. Ich habe keine Ahnung, was jetzt da hinkommt. Wahrscheinlich Primark. Das finde ich schade. Viel wurde abgerissen. Im Monbijou Park, wo wir immer im Freibad waren. Die ganzen Bäume weg, die ganzen Spielplätze weg. Es gab auch mal ein Jugendzentrum direkt am U-Bahnhof Weinmeisterstraße. Da ist jetzt noch eine Waldorfschule, und daneben war mal ein Jugendzentrum. Das gibt's glaub ich noch. Verändert hat sich, dass es weniger Hundescheiße gibt. Das ist zumindest mein Eindruck. Und mehr Graffiti dafür. Und es gibt mehr Obdachlose. Die sind auf jeden Fall mehr geworden. Und die Mieten sind hoch gegangen.

Mein mongolischer Freund wurde mit elf abgeschoben in die Mongolei. Er hat mich am Tag vorher angerufen. Ich war vollkommen baff. Und auch sehr traurig. Ich kann mich noch erinnern, wie ich ihn zum Flughafen gebracht habe. Mit dem Taxi sind wir nach Tegel. Ich weiß noch, wie er mich das letzte Mal angeguckt hat. Richtig traurig. Dann ist er um die Ecke von dem Sicherheitsterminal gelaufen. Und dann war er weg. Die waren illegal in Deutschland, und darum wurden die abgeschoben. Erst als er weg war, hab ich angefangen zu weinen.

Umso krasser war der Moment neun Jahre später in Ulan Bator, als wir uns wiedergesehen haben. Eines Tages habe ich ihn auf Facebook angeschrieben und dann bin ich rüber zu ihm geflogen, und wir haben eine Rundreise durch die Mongolei gemacht. Das hat mich sehr stark geprägt, die Bilder von dieser geilen Landschaft. Der lebt heute noch in der Mongolei. Leider. Eigentlich will er wieder zurück nach Berlin. Aber das ist nicht so einfach mit dem Geld und dem Visum. Da sieht man aber, dass für wahre Freunde kein Weg zu weit ist. Und wenn ich neun Jahre warte und dann bis in die Mongolei fliegen muss, um den Typen zu sehen. Ja, dann mach ich das auch. Der Rest aus meiner Grundschulklasse hat sich irgendwie so verlaufen. Das fand ich immer schade. Aber für wahre Freunde macht man vieles. Er hat jetzt ein bisschen einen Akzent, da er die ganzen Jahre nur mongolisch gesprochen hat. Als ich bei ihm war, mit der Zeit, ist es immer besser geworden und er hat mir auch kyrillisch Lesen beigebracht. Mongolisch selbst ist richtig schwer zu lernen. Dieser Bruch mit elf war hart, aber am Ende ist das doch noch cool geworden. Mit der Ausbildung fertig war ich 2016, da war ich das erste Mal da. Und das war auch der schönste Urlaub in meinem gesamten Leben. Allein schon wegen den Umständen. Ausbildung geschafft. Schule fertig. Führerschein hatte ich auch gerade geschafft. Und dann setzt du dich allein in einen Flieger, fliegst in die Mongolei und siehst den Typen wieder, den du seit neun Jahren nicht gesehen hast. Wir sind zu dritt mit einem Fahrer durch die Steppe und durch die Wüste gefahren. Ich hab ihn noch ein zweites Mal besucht, ein Jahr später. Da sind wir durch die Wüste Gobi gefahren. Das war der geilste Urlaub aller Zeiten. Wirklich.

www.berlinerkindheiten.de/1996-allan-karl-chi/

## »Gott hat kein Problem damit«
Tugay (*1997), Reinickendorf

*»Die eine Seite meiner Familie ist ziemlich offen und liberal, die andere Seite ist konservativer.« Tugays Kindheit ist geprägt durch den Gegensatz dieser beiden Seiten. Nach dem frühen Tod seines Vaters, findet er sich im Zwiespalt zwischen seinem muslimischen Glauben und der scheinbar dazu im Gegensatz stehenden Erkenntnis schwul zu sein. Tugay berichtet von den verschiedenen Leben vor und nach seinem Outing und der ewigen Frage: »Woher kommst du?«*

Die eine Seite meiner Familie ist ziemlich offen, ich sag mal liberal. Die andere Seite ist konservativer, türkisch-konservativ, weniger islamisch, sondern konservativ. Ich erklär' es immer so: Meine Familie ist in den sechziger Jahren nach Deutschland gekommen. Aus zwei Dörfern, eins in Kayseri und eins in Sivas, in den Bergen. Die sind hierhergekommen und sind politisch und gesellschaftlich in den Sechzigern geblieben, während die Türkei sich weiterentwickelt hat. Die haben sich aber auch nicht mit der deutschen Gesellschaft entwickelt. Das ist, als wären die in so eine Konserven-Box gepackt worden. Die haben noch ganz die »alten Werte«: »Du musst heiraten!«, »Homosexualität geht gar nicht« oder auch Kleidungsvorschriften. Das ist noch sehr »dorftürkisch«, teilweise. In der Türkei sagt man auch »köylü«, also Dorfi oder Dorfbewohner.

Meine Mutter ist in Deutschland als Deutschtürkin aufgewachsen und hat sich so auch entwickelt. Ziemlich offen und liberal. Mein Vater war sehr eifersüchtig, und meine Eltern haben sich oft gestritten, und irgendwann haben die sich auch getrennt. Das war ich fünf und bin mit meiner Mutter und meinen Geschwistern nach Mitte gezogen zu unserer Tante.

Ich war froh, dass wir nach Mitte gezogen sind. Nicht weil ich den Wedding abwerten will. Aber ich bin in Mitte an eine bessere Schule gegangen. Viele die auf meiner alten Schule geblieben sind, haben sich später sehr problematisch entwickelt. Ich bin froh, dass ich ab dem fünften Lebensjahr in Mitte war, in Ostberlin. Auch in der Oberschule, da war ich am Frankfurter Tor an einer Schule und ich weiß noch, ich fand die Ossi-Lehrer immer cool. Die waren ziemlich streng, aber das war die Art Strenge, bei der man spürt, dass sie nur das Beste für einen wollen und einen angeregt haben, etwas zu machen. Das waren immer meine Lieblingslehrer.

Meine Eltern haben sich später wieder vertragen, und wir haben wieder zusammengelebt. Da war ich zehn. Ab da war das sehr intensiv, dieses gemeinsame Zusammenleben. Wir sind oft rausgegangen mit meinem Vater und haben viel unternommen. Der war dann wie mein bester Freund. Diese letzten Jahre, bis ich 13 war, waren sehr liebevoll. Dann ist mein Vater gestorben. Bis er krank wurde, hatte er eine Pizzeria und hat Pizza gemacht. Sehr gute übrigens. Die war in der Nähe vom Mehringdamm.

Meine Mutter war nie wirklich autoritär. Sie hat mir natürlich mal gesagt, wo es langgeht, wenn ich Scheiße baue oder so. Aber liebevoll, offen. Meine Mutter hat mich immer »Schmusebär« genannt. Nach dem Tod meines Vaters habe ich mich verändert. Da bin ich konservativer geworden, weil ich mich irgendwie, irgendwo festhalten wollte. Ich war immer ein Mutter-Kind, aber mein Vater war mein bester Freund und ein guter Vater. Trotz allem. Später, als ich realisiert habe: »Okay, du bist schwul und du bist irgendwie doch muslimisch, das passt nicht.« Da habe ich mich so verändert, dass meine Mutter irgendwann zu mir gekommen ist und gesagt hat: »Du warst doch immer mein Schmusebär! Was ist denn passiert?«

Mein Vater wollte immer, dass ich Fußball spiele. Darum heiße ich, wie ich heiße, wie der türkische Fußballer Tugay Kerimoglu. Fußball war aber nie meins. Aber mein Vater war für mich immer ein großes Vorbild. Ich habe mich stark daran orientiert, was ihn glücklich machen könnte. Und daher kam teilweise auch mein Problem mit meiner Homosexualität, weil ich wusste, dass er damit gar nicht klarkommen würde. Das habe ich ihm auch nie erzählt. Ich kann mich an eine Sache erinnern. Da war ich vielleicht vier Jahre alt, da sind wir mit meiner kleinen Schwester spazieren gegangen. Da war sie noch neugeboren. Dann wollte ich den Kinderwagen halten, und da hat er mir die Hand vom Kinderwagen weggeschlagen und gesagt: »Hör auf damit, das ist schwul!« Oder er hat Geschichten erzählt, wie er im Fußballverein war, und da war ein schwuler Junge und wie er den mit seinen Kumpels zusammengeschlagen hat. Und da wusste ich: «Okay, das ist für ihn ein Problem.« Ich habe es ihm nie erzählt und ich bin auch erst seit Weihnachten 2017 out.

Wirklich realisiert habe ich das so mit zwölf, 13 Jahren. Da habe ich mich in der Schule verliebt in einen Jungen. Das war sehr irritierend für mich, und ich fand das absolut nicht okay und wollte es auch verändern. Das habe ich versucht, indem ich religiöser und konservativer wurde und irgendwie versucht habe, das weg zu beten. Ich habe Halt gesucht nach dem Tod meines Vaters. Und den einzigen Halt hab ich in der Religion gefunden, wo ich eine klare Anleitung hatte und meine Probleme lösen konnte mit dem Beten. Damals waren auf Youtube Hassprediger wie Pierre Vogel oder Sven Lau populär. Ich habe mir Videos von denen zum Thema Homosexualität angeschaut und später, wenn man auf YouTube Vorschläge für Videos bekommt, noch ein Video und noch ein Video.

Ich wurde dann immer strenger. Vorher war es für mich selbstverständlich, dass alle, Frauen und Männer, ein und dasselbe und gleichberechtigt sind. Auch meine politischen Ansichten haben sich stark verändert. Ich war irgendwann Befürworter von den Jabhat al-Nusra und der Al-Nusra-Front. In Ägypten waren es die Muslimbrüder und diese ganzen islamistischen Organisationen, die ich dann befürwortet habe. Irgendwann ging das soweit, dass meine Tante zu meiner Mutter gegangen ist und gesagt hat: »Er muss die Schule wechseln, die haben einen schlechten Einfluss auf ihn!« Das habe ich mitgehört und war total sauer. Die Schule war aber nie das Problem. Die waren eigentlich ziemlich offen. Mein Ziel war es, Hetero zu sein, »normal« zu sein. Ich dachte, ich kann Gott nicht darum bitten, mich »normal« zu machen, ohne all seine Befehle zu befolgen. Also muss ich mir das verdienen.

Ich war nie der große Moscheen-Gänger. An der Osloer Straße gab es da hinter dem Dönerladen Moscheen, in die bin ich damals gegangen. Eine von denen ist mittlerweile geschlossen. In die bin ich öfters gegangen. Vorher war ich, wenn ich gegangen bin, in der Sehitlik Moschee, das ist die türkische Moschee am Tempelhofer Feld. Später eher in arabische oder sogenannte internationale Moscheen.

Ich wurde immer konservativer und irgendwann ist ein kemalistischer Freund, was eigentlich Linksnationalismus und eher Richtung Atheismus ist, zum Schiitentum konvertiert und wollte mich davon überzeugen und ich war zuerst schockiert. »Schiiten kommen noch tiefer in die Hölle als die Christen!«, war mein Gedanke. Aber er hat es doch geschafft, mich ein bisschen zu überzeugen. Da ging es eher um die Nachfolge des Propheten, ob es jetzt Ali sein sollte oder Abu Bakr, der es am Ende geworden ist. Das war für mich der Zeitpunkt, wo ich mich für andere Ideen geöffnet hatte. Eine merkwürdige Entwicklung. Ich habe damals auch über das Christentum nachgedacht. Tatsächlich. Oder doch wieder Sunnitentum? Ein bisschen einen progressiveren Islam, wie der in meiner Familie so gelebt wird? Dann habe ich irgendwann »The Young Turks« auf Youtube gesehen, wo eine Frage gestellt wurde, die schon ein bisschen in meinem Kopf war und die ich auch oft von weißen Deutschen gehört hatte: »Warum glaubst du an einen Gott, der dich eine Ewigkeit brennen lassen will?« Da ist bei mir der Damm gebrochen. Da habe ich gedacht: »Stimmt. Warum eigentlich? Ich habe jahrelang versucht, was zu verändern und nichts ist passiert! Entweder gibt es keinen Gott oder Gott hat kein Problem damit.«

Ich war sehr unglücklich in der Zeit, in der ich so radikal war, weil sich nichts verändert hat. Nichts hat geholfen. Ich habe fünf Mal am Tag gebetet, jahrelang. Ich bin morgens vor der Schule aufgestanden, im Sommer um drei, vier Uhr, im Winter um fünf, sechs Uhr. Nur um zu beten. Und es hat sich nichts verändert. Ich habe gefastet, bin in Moscheen gegangen und habe alles gemacht, was mir irgendwie sinnvoll erschien. Und das hat mich depressiv gemacht, weil es änderte sich nichts, und ich lebte ein so isoliertes Leben. Ich habe ja niemandem gesagt, was mein Problem ist. Ich habe mich einfach in mein Zimmer gesetzt und dort mein Ding gemacht. Dieses eine Jahr, in dem ich mich so akzeptiert habe, wie ich bin, war dann ganz gut. Wobei ich auch da noch niemandem erzählt habe, dass ich schwul bin, auch wenn ich kein Problem mehr damit hatte. Ich wollte einfach keine Veränderung in der Familie. Obwohl ich wusste, dass wichtige Teile meiner Familie kein Problem damit haben, wollte ich nicht, dass sich was in unserem Verhältnis ändert. Zum Beispiel Scherze, die ich mit meiner kleinen Schwester mache, Witze über Schwule oder so, die ich auch heute noch mache, weil es einfach lustig ist. Ich wollte nicht, dass das aufhört, weil ich diese Beziehung, die wir hatten, gut fand.

Und eigentlich war es auch eine ziemlich blöde Zeit, weil ich habe akzeptiert, wer ich bin, aber ich konnte es immer noch keinem sagen. Irgendwann hat es mir gereicht. Das war Weihnachten 2017. Da habe ich es erst meiner kleinen Schwester gesagt, fünf Minuten später meiner Cousine und ein paar Wochen später meiner Mutter und meiner Tante und meiner Schwester. Und dann kam es zu dem Interview auf »Jäger & Sammler«[11], und so hat es der Rest meiner Familie erfahren. Ich dachte, das war es. Aber vor einigen Tagen hat mich ein Cousin überall blockiert und hat meine Schwester terrorisiert, am Telefon immer wieder angerufen, und eine Cousine hat mir geschrieben: »Tugay, melde dich bei uns.« Dabei hatten wir nie wirklich Kontakt. Darum habe ich auch deren Reaktion nicht verstanden und fand die auch merkwürdig, weil mittlerweile weiß es eigentlich jeder. Ich bin immer noch Muslim. Ich gehe auch in die Moschee, aber ich möchte mir mein Leben nicht mehr vorschreiben lassen. Ich möchte mir keine Regeln aufdrängen lassen.

*Würdest du sagen, dass muslimische Leben ist allgemein offener geworden in Berlin?*
Es gibt eine Entwicklung in beide Richtungen, es fühlt sich an, als würde es keine Mitte mehr geben. Die einen und das ist glaube ich der größere Teil, wird konservativer und die andere Seite wird offener und liberaler. Ich finde, dass man nie wirklich versucht hat, die türkischen Gastarbeiterfamilien zu integrieren. Wenn man sich anguckt in was für Dreckswohnungen wirklich unsere Familien gesteckt wurden, mit zwanzig Leuten in einer Wohnung und einer Toilette und einem Waschbecken für so viele Leute, dann ist das für mich fast schon normal, dass man Parallelgesellschaften gebildet hat und sich abgekapselt hat. Natürlich gab es auch nicht immer den Willen von der türkischen Seite, das muss man auch sagen. Aber ich glaube, man hat nie versucht die türkischen Menschen zu integrieren. Es gab einen türkischen Künstler, Cem Karaca, der war in Deutschland im Exil, ist geflüchtet und der hat ein ganzes Album, das heißt »Die Kanaken« auf Deutsch gesungen und das eine Lied heißt »Es wurden Arbeiter gerufen und es kamen Menschen an.« Ich glaube, das war wirklich das Problem, dass man sich gedacht hat, gut, die arbeiten fünf Jahre hier, und dann gehen die wieder.

[11] ehemaliger Youtube-Kanal

Als türkischer Mensch war man in Deutschland lange benachteiligt. Und das ist bis heute so. Erdogan sagt das ja wörtlich: »Die Deutschen haben euch gedemütigt und ich bin euer Schutzherr. Ich beschütze euch, ich gebe euch meine Hand.« Und das hat auch bei mir eine Weile gezogen in der konservativeren Zeit. Ich habe das Gefühl, da kommt von der deutschen Seite nichts. Beispielsweise in der Moschee habe ich oft Gruppengespräche mit Besuchern. Und dann kommt jedes Mal, jedes Mal mindestens eine oder zwei Personen kommen zu mir und fragen: »Ja, woher kommst du eigentlich?« Das ist echt so und das nervt und pisst einen an und früher habe ich immer gesagt: »Ich bin Deutscher.« Dann kommt die Frage »Ja, aber woher kommst du ursprünglich?« »Berlin, ich bin hier geboren, ich bin Deutscher.« »Ja, ja.« Dann kommt das erste Lachen, als wär das gar nicht ernst gemeint. »Aber wo kommt deine Familie her?« »Türkei.« Und das wollen sie halt hören. Und das nervt, weil das kommt nicht von Rechten, die sehen ja sowieso, der ist Ausländer. Das kommt meistens von Linken, die eigentlich politisch ungefähr gleich ticken sollten wie ich. Und deswegen stelle ich mir manchmal die Frage: »Bin ich Deutscher?« Weil deutsch sein heißt ja nicht nur einen Ausweis zu haben und zu sagen: »Ich bin Deutscher«. Das ist ein Geben und Nehmen und man ist Teil der Gesellschaft und die Gesellschaft sieht dich als Teil von ihr. Und wenn das nicht gegeben ist, dann, dann weiß ich nicht, dann bin ich Europäer und das finde ich am Ende sowieso viel cooler.«

www.berlinerkindheiten.de/1997-tugay-gilbert/

# »Das hat mich tough gemacht«
## Satou Sabally (*1998), Schöneberg

*Das Interview mit Satou Sabally fand im Juli 2020 per Zoom-Call statt. Zu dem Zeitpunkt war Satou mitten in der Vorbereitung mit den Dallas Wings und stand vor ihrer ersten Saison in der WNBA. Satou erzählt von ihrer großen Familie und ihrem Umfeld in Schöneberg – »die Gegend war damals schon Multikulti, jetzt würde ich sagen: »Gentrifizierung läuft«. Satou berichtet, was sie tough gemacht hat und warum ein kleines Fläschchen Prada Parfüm bis heute eine besondere Bedeutung für sie hat.*

Meine Mutter hat früher gemodelt und war viel unterwegs. Sie hat sich in New York verliebt, und so bin ich dort zur Welt gekommen. Ich habe sechs Geschwister. Ich war die älteste Tochter von meiner Mutter, nicht von meinem Vater. Ich habe noch eine ältere Schwester, aber ich habe mich immer als die Älteste gefühlt und mich sehr um meine Geschwister gekümmert. Als Familie waren wir immer sehr liebend und chaotisch, groß, aber wirklich auch einfach lustig. Meine Mama kommt aus Ost-Berlin. Eine waschechte Berlinerin. Die ist wirklich der Herr des Hauses oder die Frau des Hauses, will ich mal sagen. Die organisiert alles, macht alles. Mein Vater ist aus Gambia. Der bringt die Kultur ins Haus, der war immer mit uns, seitdem wir klein waren. Meine Eltern waren immer zusammen, was sehr cool war für uns, weil wir unsere Roots kennen. Nicht nur die Berliner, sondern auch die aus Gambia. Meine Mutter hat immer Deutsch mit uns geredet, aber dadurch, dass wir in englischsprachigen Ländern aufgewachsen sind, haben wir immer Englisch geantwortet. Wenn mich Leute fragen, was meine Muttersprache ist, dann sage ich immer Deutsch. Aber ob es die erste Sprache war, weiß ich nicht. Ich träume in beiden Sprachen, wenn ich in Amerika bin eher Englisch und wenn ich wieder in Deutschland bin auf Deutsch. Als ich sechs war, sind wir nach Berlin gekommen. Es gibt ein Bild von uns, wie wir am Flughafen angekommen sind und ich erinnere mich, wie kalt es war. Wir hatten so afrikanische Kleidung an, und unsere Oma hat uns Winterjacken mitgebracht. Der erste Ort, den ich erinnere, ist die Potsdamer Straße, da bin ich aufgewachsen, die Gegend

Bülowstraße, Nollendorfplatz. Das ist meine Area. Die Gegend war damals schon Multikulti. Jetzt würde ich sagen: »Gentrifizierung läuft.« Aber ich würde auch sagen, dass es sehr herzlich ist. Es ist einfach warm, da sind viele Kulturen. Es gibt Schwarze, Araber, Türken. Deutsche waren auch viele da, die kommen jetzt wieder zurück.

Am Anfang war es so, dass ich gar nicht wusste, dass wir nicht viel Geld hatten. Ich meine, wir sind in einer kleinen Wohnung aufgewachsen, wir waren acht Leute in vier Zimmern. Aber das hat mir alles gegeben, was ich brauchte. Ich war immer ein Familienmensch. Man kann niemals abheben in unserer Familie. Meine Geschwister und Eltern haben mich immer in die Realität zurückgebracht. Der Sport hat mich auch sehr beeinflusst zum Guten. Mein Verein war in Lichterfelde, da habe ich viel trainiert. Man fährt etwa eine Stunde hin von Schöneberg, mein Gott, ich habe so viele Stunden in der Bahn verbracht. Die U2 war mein Leben. 45 Minuten reine Fahrzeit für eine Strecke. Und dann muss man noch so weit laufen. Das hieß jeden Morgen um sechs Uhr aufstehen. Meistens habe ich die Hausaufgaben in der U-Bahn gemacht. Und ich hab viel gelesen. Meine Schwester und ich haben uns in die Bahn gesetzt und uns in ein Buch vergraben. Ich glaube, da ist meine Liebe fürs Lesen echt groß geworden.

Meine Mutter hat mir früh gezeigt, dass man sich nicht alles gefallen lassen kann. Ich meine, wenn man aufwächst als Schwarze in Berlin, dann weiß man das früh und muss sich damit früh auseinandersetzen. Ich denke, dass es gut ist, dass ich mit meinem Vater aufgewachsen bin. Weil ich viel von meiner afrikanischen Seite weiß. Und das können viele nicht sagen, was schade ist. Vor allem viele Mixed Kids wie ich.

Ich wusste früh, dass ich die Einzige in der Klasse bin mit lockigen Haaren und dass Leute irgendwas von Tingeltangel Bob quatschen. Das sind einfach Sachen in der Schule, die passieren, wo man, wenn man so zurückdenkt und sich denkt: »Das ist doch vollkommen rassistisch, sowas geht gar nicht!« Aber es war halt so, und da muss man tough sein und zurück quatschen: »Guck dich doch an!« Man muss lernen tough zu sein, einzustecken und auch zurückzugeben. Viele kommen dann an und sagen: »Ah, das ist doch gar nicht so gemeint!« Naja, wie ist es denn gemeint? Auch so unterschwellige Bemerkungen. Man kann immer Witze reißen, aber wenn von Sklaverei in der Schule gesprochen wird, werden die Schwarzen angeguckt, so ist es halt. Von Schwarzen wird auch erwartet, dass sie alles wissen müssen über Rassismus. Das wissen halt auch nicht alle, die das entweder nicht studiert haben oder sich nicht damit auseinander setzen wollen.

Wir wurden schon streng erzogen, aber ich war immer ein Freigeist. Ich kann nicht nur zuhause bleiben. Ich möchte auch ausgehen. Meine Mum war immer vorsichtig und wollte, dass ich um zwölf zuhause bin. Meine ganzen Freunde konnten aber bis um zwei Uhr raus. Da gab es manchmal Auseinandersetzungen. Zurück betrachtet denke ich: »Oh man! Fünfzehnjährige Mädels sollten wirklich nicht um ein Uhr nachts allein auf der Straße rumlaufen.« Da hat man oft »bei der Freundin übernachtet«. Als ich ausgezogen bin, mit 17, konnte ich machen, was ich wollte. Da war ich aber auch schon fast erwachsen. Da musste ich mich um meine Sachen kümmern und dann wird man auch verantwortungsbewusster. Am College war es nicht mehr so, dass man dumme Sachen machen konnte. Mit 19 bin ich in die USA gegangen und habe Berlin schon echt vermisst. Ich meine, ich bin nicht nach New York gegangen. Ich bin nach Eugene gegangen, was komplett langweilig ist. Von der Stadt her gibt es da gar nichts. Ich hab das Essen vermisst. Ich hab die Leute vermisst. Es ist schon so, dass die Menschen in den USA offener sind, als die Berliner. Und der Sport spielt in den USA eine so große Rolle. Mir ist im Nachhinein erst bewusst geworden, wie sehr mein alter Trainer Heiko Zach sich darum gekümmert hat, dass ich wirklich im Basketball gut geworden bin. Das ist schwer, in Deutschland einen so zu pushen.

Mit 17 bin ich von zuhause raus und nach Freiburg gezogen. Ich hab dort in der ersten Bundesliga gespielt, weil es in Berlin nur eine zweite Bundesliga gibt. Ab da habe ich mich um alles allein gekümmert, fast. Meine Mum hat mir trotzdem immer noch geholfen, so mit organisatorischen Sachen. Aber sonst hab ich mich um alles gekümmert. Eigentlich schon seit ich 16 war. Dann bin ich ausgezogen und war in diesem Apartment und dachte: »Krass. Jetzt bin ich wirklich alleine.« Das sind kleine Sachen, an die man gar nicht denkt. Man muss seine Wäsche machen. Man muss sich ums Essen kümmern. Man kann nicht nur Fast Food essen von der nächsten Ecke. Und dann gab's noch die Herausforderungen, in einer neuen Liga zu spielen. Und es gab viel weniger Kultur in Freiburg. Das habe ich am meisten vermisst. Die Menschen waren supernett. Und es war viel schöner als Berlin, weil es sauber ist, nicht so dreckig. Berlin ist wirklich so räudig manchmal. Trotzdem vermisse ich einfach diese Straße. In Freiburg war alles perfekt, hatte man das Gefühl. Manche Leute sagen, die Leute aus Berlin sind frech oder ich weiß nicht, gemein. Aber ich denke, dass man sich nichts gefallen lässt und dass man einfach direkt ist. Viele Menschen sagen immer: »Oh, du bist viel zu direkt!« Aber man muss direkt sein, sonst kriegt man nichts. Sonst redet man nur um den Brei und ich weiß ganz klipp und klar, was ich will oder was ich brauche.

*Was war dein wertvollster Besitz als Kind?*
Mit 16 habe ich ein Prada Parfüm bekommen. Das hab ich immer noch. Ich war damals im KaDeWe und wollte ein Parfüm haben, konnte es mir aber nicht leisten. Ich habe mir einen Tester mitgenommen und meine Mum hat diesen Tester gefunden und gefragt: »Was ist das? Es ist voll schön!« Ich habe das dann zu Weihnachten bekommen und habe mich wahnsinnig gefreut! Ich habe das ein halbes Jahr nicht geöffnet und mich nicht getraut, es zu benutzen, weil ich einfach nichts verschwenden wollte. Das hab ich immer noch. Und ich benutze es auch richtig selten, weil es für mich jetzt so was Unantastbares ist. Es macht mich glücklich, wenn ich das rieche. Ironischerweise, weil es so ein Gegensatz zu meinem Leben damals war.

# »Esst ihr Hunde?«
## Giang (*2001), Friedrichshain

*Giang wurde im Friedrichshain als Sohn vietnamesischer Eltern geboren,
die als Gastarbeiter Ende der Achtziger in die DDR kamen und sich nach
dem Mauerfall im Blumenhandel selbstständig machten. Er berichtet von
seinem Leben zwischen den Kulturen, von vietnamesischer Strenge und
deutschen Vorurteilen, buddhistischen Glaubensvorstellungen und seiner
großen Liebe für Berlin als Ort der Freiheit.*

Ich bin Giang, meine Eltern kommen aus Vietnam, aber ich und mein
Bruder sind hier in Deutschland geboren und aufgewachsen. Mein Bruder ist zehn Jahre älter als ich. Wir leben ein bisschen zwischen den Kulturen. Bei uns zu Hause sind wir vietnamesisch aufgewachsen und draußen auf der Straße deutsch oder mit den ganzen anderen Nationalitäten,
die in Berlin sind. Von der Mentalität gibt es ziemliche Unterschiede. Das
fängt schon bei den Lebensmitteln an. In Vietnam werden Lebensmittel
als viel wertvoller angesehen als in Deutschland. Aber unsere Familie ist
sehr deutsch für vietnamesische Verhältnisse. Darüber bin ich glücklich,
denn meine Eltern waren schon sehr streng, aber was Freiheiten angeht,
hab' ich mehr Freiheiten gehabt als andere Vietnamesen, die hier aufgewachsen sind. Die deutschen Haushalte sind, wie ich finde, behüteter,
wenn dem Kind irgendwas zugestoßen ist oder es irgendwas gemacht hat:
»Alles wird gut!« In einem vietnamesischen Haushalt ist das strenger.
Wenn du irgendwas angestellt hast, das klingt jetzt hart, aber dann kommen die halt vielleicht mal mit einer Latschen, die schlagen nicht echt
zu, aber es ist eben schon so, dass man die Eltern da als autoritäre Person
sieht. Es ist schwer zu erklären, denn es ist schon auch sehr liebevoll. Es
ist in Vietnam so, dass die Älteren immer über einem stehen. Die Eltern
stehen über den Kinder, die Großeltern über den Eltern und umso älter
du bist, umso mehr haben die anderen Respekt vor dir. Und in Deutschland finde ich, dass man das nicht so stark beobachtet, dass die Jugend besonders respektvoll gegenüber den Älteren wäre.

Meine Eltern sind als Gastarbeiter nach Deutschland gekommen.
Meine Mutter mit 18 und mein Vater mit 23. Meine Mutter kam '87 nach

Deutschland und mein Vater ein Jahr später. Mein Vater hat hier in Berlin beim EAW gearbeitet. Das war eine Elektronikwerkstatt. Da musste er Radios montieren. Meine Mutter war zuerst in Auerbach in Sachsen und hat da als Schneiderin gearbeitet. Meine Ma kam in dem Alter, in dem ich jetzt bin, in die DDR, ohne die Sprache zu können, um da zu arbeiten. Die hat eigentlich nur gearbeitet, um der Familie dann alles wieder nach Vietnam zu schicken. Dann haben sich meine Eltern kennengelernt und meine Ma kam nach Berlin, weil sie mit meinem Bruder schwanger war. Das war damals ein bisschen kritisch, weil Gastarbeiter durften eigentlich keine Kinder bekommen. Wäre die Wende nicht gekommen, hätte mein Bruder nach Vietnam geschickt werden müssen als Baby. Aber mit der Wende durfte er bleiben. Meine Eltern haben dann einen Textilienladen übernommen. Heute haben wir einen Blumenladen in Friedrichshagen. Aber ab und zu, wenn Feiertage sind, dann müssen mein Bruder und ich da auch mithelfen. Früher hatten wir zwei Blumenläden, in Friedrichshagen und in Karlshorst im S-Bahnhof drinnen. Ein Restaurant hatten wir auch mal, aber das wurde dann zu viel, das haben wir nach ein, zwei Jahren wieder geschlossen. In Deutschland wohnen sonst meine beiden Onkel und eine Cousine, das war's. Der Rest der Familie lebt in Vietnam. Meine Familie väterlicherseits, die wohnt in einem Vorort von Hanoi. Und da kommen auch ursprünglich meine beiden Eltern her. Früher waren eigentlich alle arm in Vietnam, bevor es da wirtschaftlich bergauf ging. Mein Vater hat mir erzählt, dass er früher mit seinen Brüdern auf Bäume klettern musste, um Bananenblätter zu holen, um die als Teller zu benutzen. Und dass meine Mutter mit ihren fünf, sechs Geschwistern in einem Bett schlafen musste. Das finde ich schon krass. Ich muss das eigentlich mehr wertschätzen, was die alles machen, um mir und meinem Bruder dieses Leben zu ermöglichen. Die sind echte Arbeitstiere. Selbst sonntags arbeiten die. Mein Vater steht um sechs Uhr auf, dann kommt meine Mutter, und die Arbeit ist dann nicht vor zwanzig Uhr zu Ende. Viel Freizeit hatten meine Eltern nie, die haben das Kind bekommen, und dann mussten die wieder arbeiten. Wir wurden schon früh in die Kita geschickt. Aber das empfand ich nie als schlimm. Ich kam gut zurecht. Wir mussten früh selbstständig sein, mein Bruder mehr noch als ich. Weil mein Bruder sich auch um mich kümmern musste.

Ich war das typische Zweitgeborene. Sehr behütet. Mein Bruder hat eigentlich alles für mich gemacht. Wir haben früher viel zusammen gespielt und Filme geguckt und er hat für uns gekocht. Mein Bruder hat auch mehr von der Strenge abbekommen als ich, umso länger die in Deutschland leben, umso mehr hat das abgenommen. Bei ihm war das auch stärker mit den Noten, dass er gute Noten leisten musste. Bei mir war es relativ entspannt. Ich war noch sehr jung, als sie noch streng waren. Da hab ich nicht so viel von mitbekommen. Mein Bruder musste z.b. immer, wenn meine Eltern nach Hause kamen von der Arbeit, musste er immer Tee aufbrühen für die. Und wie gesagt, sich eigentlich immer um mich kümmern. Bei ihm war es auch noch stärker mit den Noten, dass er gute Noten ableisten musste. Bei mir war das relativ entspannt. Ich hab zum Glück nicht so viel von der Strenge abbekommen. Meine Eltern haben gemerkt: »Auch wenn er nicht die besten Noten hat, er findet schon seinen Weg.« Und das fand ich immer gut bei meinen Eltern, dass die uns so viel Freiheit geben.

Ich bin nicht wirklich religiös aufgewachsen. Aber es gibt ein paar Traditionen, die macht man als Vietnamese. Am Todestag deiner Großeltern verbrennst du Geld und Kleidung aus Papier. Das ist so gedacht, dass der Rauch in den Himmel steigt und sich dann im Himmel wieder zu Geld und Kleidung manifestiert, so dass die Großeltern das dann anziehen können. Wir beten auch. Aber du betest nicht zu einem Gott, sondern man betet zu seinen Vorfahren. Das ist eigentlich in jedem vietnamesischen Haushalt so, dass da ein Altar aufgebaut ist mit den Bildern der verstorbenen Großeltern. Und davor liegen kleine Opfergaben. Man legt da meistens Sachen hin, die die Personen gemocht haben, z.B. Zigaretten für meinen Opa. Mein Opa hat viel geraucht. Oder wenn man Obst und Früchte kauft zu einem bestimmten Anlass, dass man die nicht sofort isst, sondern man legt die erstmal auf den Altar und betet und dann sind die Früchte »gesegnet«. Vielleicht nicht »gesegnet«, aber halt, dass man die erst einmal »abchecken« lässt von den Großeltern. Es ist jetzt nicht so, dass jedes Essen, das ich esse, vorher auf den Altar gestellt werden muss, das macht man nur zum Tetfest[12] oder anderen Feiertagen.

[12] Vietnamesisches Neujahrsfest

*Was hat dich am stärksten geprägt?*
Mein Bruder hatte eine sehr große Rolle für mich, als ich klein war. Natürlich meine Eltern und ich glaube auch mein Cousin. Der hat meine Interessen für viele Dinge geweckt. Mein Interesse für Mangas und Anime. Mein Bruder und ich haben früher viele Animes zusammen geguckt und haben viel Nintendo gezockt, das war ein großer Teil meiner Kindheit. Das und meine Eltern und deren Werte. Immer respektvoll zu sein gegen andere. Ich bin jemand, der sich selber nicht zu ernst nimmt. Und im Gegenzug sollten die anderen sich auch nicht so ernst nehmen. In meinem Freundeskreis ist es so, dass die oft Witze machen aufgrund asiatischer Stereotype. Und da antworte ich dann mit deutschen Stereotypen. Aber früher war es oft so, da haben manche Kinder mich nie beim Namen genannt, sondern immer irgendetwas mit »Sching Schang Schong«. Oder: »Kannst du mich sehen?« Wegen meiner Augen. Aber ich hab das nie als Mobbing angesehen. Ich hatte viele Freunde, deswegen war das für mich nicht wirklich Mobbing, sondern einfach nur irgendwelche Kommentare, die die einfach so gesagt haben. Einmal war ich mit Freunden draußen. Da kam eine Frau auf uns zu und meinte zu mir: »Wie kann es denn sein, dass sie in deinem Land Hunde essen?« Da meinte ich: »Ja, es ist zwar nicht so üblich, aber da werden Hunde gegessen. Das ist richtig, ja.« Meine Freunde und ich haben versucht, ihr zu erklären, dass in Vietnam Tiere anders angesehen werden. Das dort alle Tiere Nutztiere sind. Und dass da kein Tier abgewertet oder hochgewertet wird wie hier. Und sie: »Nee, das kann nicht sein. Hunde sind Hunde, die isst man nicht.« Es gibt immer ein paar Menschen, die keinen Raum für Diskussionen offen lassen.

*Bist du erwachsen?*
Ich sehe mich immer noch als Jugendlicher. Man ist erwachsen wenn man zu hundert Prozent Verantwortung übernimmt für alles, was man macht und dazu zählt z.B. dass man alleine wohnt, sich selber versorgt, sein Geld verdient. Manche Kriterien erfülle ich schon, ich verdiene mein eigenes Geld, aber ich wohne noch bei meinen Eltern. Ich glaube, ich werde mich dann erst als Erwachsener ansehen, wenn ich ausgezogen bin und einen richtigen Beruf habe. Ich bin noch so hin und her. Mache ich ein Studium? Oder eine Ausbildung? Will ich eher kreativ

sein? Oder mach' ich lieber einen sicheren Job im IT-Bereich? Im Moment habe ich Innenarchitektur für mich entdeckt. Aber in Berlin gibt's keine Uni, die das anbietet, also nur Private. Und die sind zu teuer und aus Berlin weggehen möchte ich nicht. Dafür liebe ich Berlin zu stark. Jemand hat mal zu mir gesagt, und so verstehe ich auch Berlin: »Berlin is anything but German.« Ich war jetzt noch nicht in allzu vielen deutschen Städten, aber ich finde, dass Berlin etwas Abgegrenztes ist zu Deutschland. Schon allein durch die Techno-Szene. Ich finde Berlin steht für Freiheit! Freiheit auch von Nationalitäten und diesen Dingen.

*Gehst du viel feiern?*
Wir treffen uns mit Freunden und setzen uns entweder vor Spätis oder gehen in irgendeinen Club. Meistens irgendwelche Techno-Clubs. Jetzt bin ich gerade nicht mehr so viel in Clubs. Das war eher in der Abiturzeit, wo wir noch nicht 18 waren. Da war noch dieser Nervenkitzel, unerlaubt in Clubs reinzukommen. Wir sind über Zäune und Mauern geklettert, um reinzukommen oder haben Storys erfunden, dass wir 18 sind und haben den Einlassstempel von Handrücken zu Handrücken abgedrückt, dass wir reinkommen. Da war immer noch der Nervenkitzel da und jetzt, seit die Schule vorbei ist, ist das Feiern irgendwie anders geworden. Jetzt bemerkt man langsam, dass sich die Wege von allen ein bisschen aufsplitten und nicht jeder jetzt immer Zeit hat, sich zu treffen, und jeder Tag ist jetzt so irgendwie der gleiche. Früher in der Schule war es so, jetzt ist Wochenende, jetzt haben wir Freiheit von allem. Jetzt können wir machen, was wir wollen. Und jetzt ist jeder Tag ein Freitag. Es macht immer noch Spaß, aber es ist nicht mehr so wie früher, wo noch so starker Nervenkitzel da war, wo man den ganzen Stress der Schule rauslassen konnte. Das war schon 'ne geile Zeit. Ich bin zwar noch so jung, aber irgendwie fühlt man sich dann doch, also nicht alt. Aber diese Zeit, die vermisse ich schon ein bisschen.

www.berlinerkindheiten.de/2001-giang/

# Bildnachweis

JOHANNES ZILLHARDT, geboren 1981 im Ruhrgebiet, zog 2001 für seinen Zivildienst nach Berlin. Seitdem lebt und arbeitet er dort. Nach dem Studium der Kulturwissenschaften unterrichtet er als Dozent »Kulturelle Bildung« an Berliner Berufsfachschulen. Nebenbei entwickelt er Ideen für Projekte & Ausstellungen gemeinsam mit und für Partner und Partnerinnen aus Kultur, Wirtschaft und Bildung.

»Delius gehört zu den Stillen, Hartnäckigen. Präzision und Lakonie
prägen sein gesamtes Werk und auch diesen Band. Man spürt, riecht, hört
nicht nur das heutige Berlin, sondern auch das West-Berlin der Vergangenheit –
den Geruch der Kohleöfen zum Beispiel oder den Mief des möblierten
Zimmers in Berlin Steglitz ... Mit seinem trockenen Humor kann
Delius vieles aufs Zauberhafteste kombinieren.«
*Marie Luise Knott, Deutschlandfunk*

**www.transit-verlag.de**

FROHNAU ↑
Peter Neuhof [*1925]

HERMSDORF
Jutta Haase

WAIDMANSLUST

Hildegard Franke [*1914]

Tugay [*199

REINICKEND

Wolfgang Brümmer [*1

WED

Georg Immelm

Dang [*1970]

TIERGARTEN

Iman Reimann [*1973]

SPANDAU

Ernst Wendorff [*1918]

SPR

CHARLOTTENBURG

Allan [*1996]

Satou Sabally [*1998]

SCHÖNE

Armin von Hoyningen-Huene [*1942]

Katharina Wagenbach-Wolff [*1929]

Ursula Ziebarth [*1921]

FRIEDENAU

Dominique Wolf [

NIKOLASSEE
↓ Heinrich Heimpel [*1961]